我的骨頭會說話

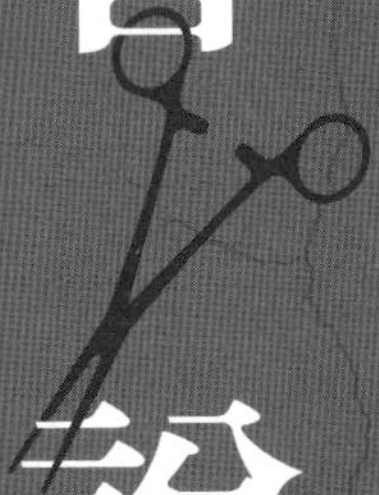

法醫真實探案手記 2

北方法醫
劉八百——著

suncolor
三采文化

—作者序—

法醫就是這樣的職業，身在黑暗，心向光明

——北方法醫·劉八百

我成為一名法醫，可能是偶然中的必然。我的父親是一名醫生，他永遠把病人放在第一位，有時下班回家了，還有人來找他看病，他總是放下碗筷就去看診了。

從小受父親影響，我覺得醫生是個偉大的職業，便也立志學醫，高考後填寫志願時，全部都填醫學院。同時，我對法醫的專業也很好奇，覺得聽起來很酷，就在志願裡勾了「法醫學」，最後我順利成為南方某大學法醫專業的學生。

入學後我發現，班上多數同學都是被協調過來的，身邊懵懵懂懂成為法醫的人不在少數。一位老師說，他當年認為法醫是「法國醫學」，以為將來有機會去法國當醫生，前途

無量，才開心地選了法醫。

在當時，法醫充滿神祕感，不那麼光鮮亮麗的職業，還經常會遭遇歧視。畢業後，我在北方某地公安局從事法醫工作，有次和老師做完驗屍去吃飯，一位高層還特意叮囑我們：「待會兒我們不要說自己是法醫，不然他們（同桌吃飯的人）會覺得彆扭。」

最初，我也不太願意和家人分享自己的工作，尤其是那些可能讓人不適的情景。但我很慶幸，我的家人非常理解我的工作。多年前的一個週末，我和未婚妻正在河邊散步，突然接到指令要檢驗溺水的死者，現場恰好就在附近。我安頓好未婚妻，步行幾百公尺去做驗屍，沒想到她竟一直跟著我到了現場。那是她第一次看到我工作，本以為她會心存芥蒂，沒想到事後她卻對我說：「你工作時的樣子真帥！」

如今，我已經記不清那個案件的情形，但我一直記得當時妻子眼裡的光。從業十八年來，我解剖的屍體已經超過八百具——這也是我的筆名「劉八百」的由來，我的工作能接觸很多社會陰暗面，因此見證的人性之惡也比較多。

人性之惡，可以讓優秀教師撕下為人師表的偽裝，將罪惡的雙手伸向自己的學生。其實這個老師此前就有很多劣跡，喜歡對女學生動手動腳，還被其他老師撞見過，但大家要麼沉默，要麼息事寧人，因為這是件「小事」，不能影響優秀教師的光環。所有人都嘆息女孩的不幸，可很少有人意識到：那些縱容過他的人其實也是幫凶。

人性之惡，可以讓人為兩千元滅人滿門，他躲在門後的陰影裡，舉起手中的鐵錘；人性之惡，可以為發洩欲望化身惡魔，他藏在青紗帳裡，露出凶戾的目光……他們貪婪、好色、自私、冷漠、偏見、霸道、虛偽和狡猾，他們將人性之惡展現得淋漓盡致。有光的地方就有陰影，看多了人性的陰暗和險惡，我反而更加珍惜陽光下的生活，其實法醫就是這樣的職業，身在黑暗，心向光明。

一直以來，我都是個不擅言談的人，喜歡把事情放在心裡，可工作年限久了，心裡的事越積越多，總會生病，說不難受是假的。有時我會給朋友講講已經破了的案子，排解一下，但療效有限。

有次一個朋友說，你經歷過那麼多驚心動魄的案件，為什麼不寫出來讓更多人看到呢？你不寫，這些案子就只能躺在檔案櫃裡了。

就這樣，我被慫恿開始嘗試寫這些案子，生活就此開了一個小口，有新鮮的空氣和光透進來，我能有個地方換氣，也算在日復一日的工作、生活裡找到了另一種寄託。

好像是冥冥之中的緣分，那年冬天，「天才捕手計畫」的負責人陳拙突然找到我，希望我給更多人講故事。

我猶豫了。「天才捕手計畫」對作者要求之高超乎想像，有時編輯會對著一個毫不起眼的細節反覆推敲、不斷印證，確保百分百還原案件真實情況，對我這樣懶惰的人來說，這非常苛刻。

我本想拒絕，但聽說我大學的同班同學廖小刀也將加入他們，就有點坐不住了。一番威逼利誘後，我誤上賊船。我想，我也需要在生活裡留著這道口，一一傾訴、記錄、保持熱血和衝勁。

只是沒想到，我的這些記錄，竟然能集結成這本書。上對這艘「賊船」，我深感幸福。謝謝你們一路看下來，陪著我把這些事說出口。也謝謝我的師父，您一直都是我最敬重的人。

我還想感謝那些為法醫實驗獻身的動物們：墜樓、窒息、溺水、縊死、中毒、空氣栓塞……活蹦亂跳的小白兔變成一具具冰冷的屍體，然後除了中毒的，其他小白兔還會被拿到學校後面掩埋。直到現在，我還很懷念牠們。

哦，差點忘了感謝陳拙，但我想他不會介意的。

最後說句正經話：「永遠保持對生命的敬畏之心，對自己的，對他人的。」

目錄

*為保護當事人隱私，書中人名及部分地名為化名。

01

老過道祕密交易

法醫一定要勇敢堅持自己的判斷，尤其是第一手接觸現場和屍體的法醫。我們的作用有時就像火把，四周一片漆黑的時候，得先勇於把自己點著。

案發時間：二〇一〇年十二月。

案情摘要：一個月內城中某條不足六百公尺的單行道上，三名妓女先後遇害。

死者：馬茹蘭、趙欣竹、李子菊。

屍體檢驗分析：

· 馬茹蘭：被懸掛於吊扇掛鉤，雙腳離床十公分，頸部有明顯兩道縊痕？

· 趙欣竹：上身穿著大紅色內衣，下身赤裸。未發現明顯機械性損傷和窒息徵兆，但口鼻有蕈狀泡沫。死亡原因？

· 李子菊：身體捆有綠白花紋繩，嘴部塞著毛巾。屍僵嚴重，無腐敗氣息，角膜透明，死亡時間不長。頸部有勒痕。

我所在的北方小城歷史悠久，出過不少名人，也留下許多有意思的地方，褲襠巷、行知巷、布政司街、北馬道……老城區甚至還保留著一段殘缺的城牆。

城牆邊有條巷子，周圍老人都管它叫「老過道」。誰也不知道「老過道」這名字是怎麼來的，但據說這條街在百年前就很出名，酒肆、茶樓、妓院、賭場匯聚於此，手頭有點錢的，都喜歡來這兒。

我剛做法醫的那幾年，老過道「風采」依然不輸當年。這條不足六百公尺的單行街，是轄區派出所最頭疼的地方。街邊布滿各種正規不正規的店鋪，提供各種能說不能說的貨品和服務。我們曾打掉一個黑社會性質組織，他們的據點就在老過道裡。

入夜後，這裡的霓虹燈能把夜空染成紅的，有時連街道也是紅的。如果說老過道上有一百扇門，那其中，一定有九十扇門背後是女人，其他十扇後面是打破了頭的男人。

我曾在夜裡到老過道現場，地上全是血和玻璃碎片，還零星散落幾塊帶頭髮的頭皮。我只能一邊勘查現場一邊自我安慰：「應該沒事，（這樣）人暫時死不了。」

二〇一〇年年底，老過道突然「爆發」，一個月內就在這片區域，四扇門後驚現四具屍體，都是女性。那段時間我幾乎天天往老過道跑，常常是看完現場轉頭就在街邊吃飯。真凶很可能就藏在老過道剩下的九十六扇門裡。

我一扇、一扇將那些緊閉的門敲開，卻發現門後，可能有比「凶手」更驚悚的東西。

門裡的祕密，我只窺得一二，卻永生難忘。

臨近元旦的一天早上，下雪了，我在辦公室盯著一組驗屍照片發愁，屋門忽然被推開，一張熟悉的面孔出現在我眼前。是近一個月經常打交道的民警老周，老過道這一片是他的「地盤」。

他身後忽地閃出一個中年女子，化著濃妝，嘴唇血紅，身上散發出一股令人窒息的香水味。她嗓門很大，嚷著要找自己失蹤的員工。她是老過道一家按摩店的老闆娘，前一天傍晚她下班時，店員李子菊和孫慶芳還在店裡，可今天一早就找不到人了。

我所在的刑警隊有三十多人，負責全區每年一千多起刑事案件，人手不足是常態。因此我還負責「未知名屍體系統」和「疑似被侵害失蹤人員系統」的記錄工作。

看著女人拿出李子菊、孫慶芳二人的身分證，我意識到問題可能比想像的嚴重。果然，我正記錄失蹤者資訊，指揮中心就發來指令：老過道附近出租屋裡發現一具女屍。

我立刻趕去現場，抵達時，急救的醫生正往外走：「人死了。」

雖然是白天，但屋外下著雪，屋內光線很暗。一面穿衣鏡正對屋門口，鏡前，一個裹著紅色羽絨服的女人，被一根綠白花紋的繩子捆成了「粽子」。

我慢慢靠近她，蹲在她身旁觀察了幾秒鐘。她的身體猙獰地扭曲著，嘴裡還塞了條毛巾。那情景只是看著都讓人覺得窒息。經過辨認，死者正是按摩店失蹤的店員之一：李子菊。看著李子菊青紫的臉，我一瞬間擔心起另一個失蹤女性孫慶芳，她還活著嗎？

環顧四周，出租屋裡很空曠，沒什麼擺設，除了地上有個碎酒瓶，沒發現太多有用的物證，我們能依靠的只有李子菊的屍體。

眼前的女人屍僵很嚴重，但身上並沒有散發出腐敗氣息，而且角膜是透明的，這意味著死亡時間並不長。最顯眼的是頸部的一道深色痕跡——從前頸延伸到後頸，典型的勒痕特徵。又是勒痕？

一種熟悉的感覺襲來，我腦海裡浮現出另一張女孩的臉。李子菊已經是這條街上死的第三個年輕女孩了。

當月早些時候，我們曾接到報警，老過道一家三溫暖死了人，說是自殺。等我趕到那家三溫暖，推開二樓的其中一扇門——一個女孩懸掛在吊扇的掛鉤上，長髮遮住了臉，雙腳離床大概十公分。

痕檢技術員剪斷那條綠白相間的繩索，我和助手在後面托住屍體，用盡全身力氣才不至於讓她跌到床上。隨著屍體放平，女孩的長髮滑向兩邊，一張清秀的臉露了出來：五官精緻，皮膚白皙，可以想見那雙大眼睛水汪汪的樣子。

死者馬茹蘭，和李子菊的工作類似，是三溫暖的技師。老闆對馬茹蘭的死很不解：

「我對她一直挺好，怎麼一聲不吭就上吊了呢？」

房間並不凌亂，沒有明顯的打鬥痕跡，我們在她床邊的垃圾桶裡找到些揉成團的衛生紙和一個用過的保險套。

半透明的套子裡有些許渾濁液體，痕檢技術員阿良看到的時候雙眼放光，跟發現了寶貝似的。

我大致查看了屍體表面，除頸部有明顯縊痕外，身上並沒有其他致命損傷，也沒發現明顯的抵抗傷，乍看確實像自殺。可很快我就覺得有點不對勁。馬茹蘭頸前有兩道縊痕，但上吊的繩索明明是單股的。

躺在解剖臺上的馬茹蘭毫無生機，臉色蒼白，嘴角有一絲淺淡的血痕，但依然能看出她生前是個好看的女性。解剖發現，馬茹蘭窒息徵象明顯，沒有其他損傷，表示她就是頸部受力，窒息死亡的。

但仔細看，兩道縊痕走向並不一致，一條垂直向上，一條向斜後方。根據縊痕的形狀，我推斷兩條縊痕都是現場那條綠白相間的繩索造成的。斜後方那道發生在前，垂直向上那道發生在後。

在此之前，我沒有見過「雙縊痕」這種情況，垂直向上那道肯定是我進門時看到的「上吊」造成的，但斜後方那道，我卻推斷不出形成過程。

用繩子勒死的我見過不少，可在頸部留下的痕跡一般都是一條水平線，因為這樣最省力。向斜後方勒人並不是最省力的角度，致死的非常少見。

「這不是『空手套白狼』嗎？」

案情分析會上，偵查員大韓找來一條繩索，同另一名偵查員當場演示。只見大韓用繩索套住另一名偵查員的頸部，然後背對著偵查員，把繩索扛在肩上收緊，由於大韓個子較高，另一名偵查員頸部就形成了一道斜後方走向的印痕。

大韓說這姿勢還有一種俗稱，叫「背娘舅❶」。案情一下子明朗了，我們一致認為，馬茹蘭是被一個比她高的人，用「背娘舅」的方式勒死或勒昏，然後再懸吊到天花板上，偽造成自縊死亡現場的。

根據馬茹蘭頸部勒痕的角度、她自己的身高，以及模擬實驗，我推斷凶手身高在一百七十四公分左右。那條繩索本來是馬茹蘭的曬衣繩，凶手還是「就地取材」。

馬茹蘭是妓女，我在驗屍時特意多取了一些拭子，包括口腔拭子、乳頭拭子和陰道拭子，以備之後比對。既然馬茹蘭死在店裡，嫌疑人是嫖客的可能性很大。

---

❶背娘舅：盜匪跟在目標者的背後，趁其不備以繩索套在對方頸部背起就走。此時，被害人因頸項被繩索勒緊，既無法喊叫也說不出話來，走上十來步被害人如同上吊一樣窒息而死。

我們了解到，案發那晚老闆十點多先走了，店裡除了馬茹蘭之外，還有個和馬茹蘭關係很好的女孩。兩人都來自當地鄉下，二十幾歲。

我們把馬茹蘭的閨密請到局裡接受詢問，她是最後一個見到馬茹蘭的人，甚至可能是見到過凶手的人。

閨密說，那天晚上馬茹蘭和她一共接待了四位客人，忙完就十一點多了。兩人一起吃了飯，之後她先離店回家，留馬茹蘭在店裡收拾、鎖門。

我解剖時發現，馬茹蘭的胃裡有未消化完全的食糜，說明她在吃完飯後不久就死亡了。看來案發時間就在閨密走後，馬茹蘭尚未離店的間隙。

馬茹蘭的閨密沒有見到凶手的真面目，我們只能拿著這些線索，繼續找有可能的證人。老過道晚間的人流量大，監視器設施又少，逐一找人難度很大。我們決定，先圍繞馬茹蘭的社會關係展開調查。

馬茹蘭老家在山區，父母都是農民，家裡還有弟弟妹妹，但家人平時和馬茹蘭的聯繫很少，不知道馬茹蘭和什麼人有矛盾。

馬茹蘭的閨密回應，馬茹蘭有個交往多年的男友，學歷和工作都不錯。馬茹蘭怕男友不樂意，一直隱瞞自己的真實工作，只說在老過道上班。就在案發前一週，馬茹蘭曾向她傾訴，說男友最近一段時間對她有點冷淡，很少來找她，準備抽空找男友好好談談。

結果在那幾天後，馬茹蘭腫著半邊臉來上班，問怎麼回事她也不肯說。閨密堅信馬茹蘭是被男友打了，「幹我們這行，找個玩伴不難，但找個真心對我們好的男人不容易。」

馬茹蘭男友在一家規模不小的公司上班，大韓直接去男人的公司，把人帶回了局裡。採血時我仔細打量著眼前的男人，身材高大，西裝革履，鷹勾鼻、薄嘴唇，看起來有些陰冷。搜查馬茹蘭的住處時，我們曾在客廳顯眼位置看到過馬茹蘭和男人的一張合影。兩人看起來很般配，只不過馬茹蘭笑得很燦爛，男友卻很冷酷。

我們查了馬茹蘭的通話紀錄，案發當晚馬茹蘭打過一通電話給男友，兩人聊了兩三分鐘。此外還有兩個未接電話，都來自同一個電話號碼，但那個號碼已關機，也沒登記身分資訊。

調查過程中，男友堅稱：「我和她只是普通朋友，好幾天沒見面了。」

經證實，案發那晚男人確實和兩個同事在公司加班到凌晨，第二天一早還談成了一筆大單。我們在馬茹蘭案現場提取到的衛生紙和保險套，分別檢驗出了兩名男性的DNA，而馬茹蘭男友的DNA和這兩份都不吻合，只能暫時排除嫌疑。

偵查工作繼續進行，可誰也沒想到，就在我們努力追趕凶手的時候——距馬茹蘭被殺不到一週，凶手敲開了老過道上另一個女孩的門。那是老過道上死的第二個女孩。

這次是更加讓人捉摸不透的方式，現場的詭異程度、勘查的困難程度，一度讓我甚至是全刑警隊，迷失了方向。

馬茹蘭案發生後，我們沒法安排警力駐紮在老過道，一是老過道的大小門店還要做生意，二是公安局也沒有那麼多警力，並且誰都沒預料到之後還會有第二起、第三起。

彼時，第三起案子的受害者李子菊還未遇害，仍然在老過道賣力工作，派出所民警老周領著我們徑直掠過老過道一扇扇門，趕往第二個女孩的死亡現場。

那是老過道深處的一家理髮按摩店，門口燈箱上「乾洗按摩」四個大字招搖生姿。進門是大廳，屋裡的陳設和普通理髮店沒啥兩樣，沙發、茶几、理髮椅，還有一個北方取暖常用的火爐。我們本想從電腦裡調監視器畫面，老闆遲疑片刻，說：「最近監視器壞了。」其實老闆心思大家都懂，幹這種生意怎麼可能留下監視器呢，門口攝像頭大概只是個擺設。

二樓有五個小房間，裡面各有一張床，死者趙欣竹就住其中一個房間。據老闆說，目前店裡只有趙欣竹一個店員，為了工作方便，平時她吃住都在店裡。我探頭往那屋裡看了一眼，東西挺多，有個簡易衣櫥，還有個行李箱，堆著許多衣物和鞋子。

床上的被子隆起，此刻趙欣竹「安詳」地仰面躺在床上，棉被蓋住她的臉和身體，淺黃色的鬈髮均勻地鋪散在枕頭上。掀開棉被，趙欣竹的上身穿一件大紅色內衣，下身赤裸，右腿伸直，左腿略微彎曲。是剛剛接過客？

但我注意到，她的左手臂怪異地蜷曲著，遮擋在眼前，像是不想看到什麼。當時究竟發生了什麼？

老闆說，前一天晚上趙欣竹獨自在店裡值班，他早上來開店門時，店像往常一樣關著鐵捲門，沒什麼異常。

他開門後沒看到趙欣竹，就吆喝了幾聲，沒回應，於是到二樓查看，發現趙欣竹就是這個姿勢在床上躺著。他又叫了幾聲，沒反應，伸手一摸額頭，冰涼。電熱毯也沒開。

「可能是生病或煤氣中毒吧。」屋裡的陳設都很正常，現場也沒有發現明顯翻動或搏鬥的痕跡。老闆和派出所的老周一致認為，這就不是一起「案子」。

我沒急著下結論，摸了摸一樓火爐的煙囪管子，涼的。打開爐蓋，裡面有一些燃燒不充分的衛生紙，還有一個繡花鞋墊和一個保險套。從大小看，那是一個女用鞋墊，色彩鮮豔，繡著一對鴛鴦。爐子旁還擺了很多鞋墊，但沒有一個和爐子裡邊的這個樣式一樣。為什麼這個鞋墊會孤零零出現在火爐裡？

我將趙欣竹的屍體帶回了解剖室。那段時間，恰好解剖室的無影燈出現故障，照明條件不是很好，我一路忙到傍晚才完成，心裡多少有點不踏實。屍表沒發現明顯損傷，解剖也沒發現明顯的機械性損傷和窒息徵象。按照常規判斷，死因確實只剩下中毒和自身健康兩個原因了。

但四周的空氣裡分明有疑惑在隱隱浮動，就像此刻充斥著我鼻腔的福馬林一樣。這種感覺太熟悉了——馬茹蘭案，一開始不也覺得不是「案子」，是自殺嗎？

翻動屍體時，趙欣竹的口鼻突然湧出許多蕈樣泡沫，我心裡一驚：這種像蘑菇一樣的泡沫，在溺死者身上最常見。溺死？可現場壓根兒沒有水啊。這屍體裡還藏了多少祕密？趙欣竹到底怎麼死的？

那一晚我並沒有意識到，原來這個躺在解剖臺上的女孩，將會給我的法醫生涯帶來怎樣的震撼。

這起案件從一開始就爭議不斷，很多疑問一直梗在我心頭，直到開案情分析會那天，我仍然沒能找到答案。

彙報之前，我心裡沒底，在電腦上反覆查看驗屍照片，發現趙欣竹肺葉上有兩個很小的出血點。單純幾個出血點定不了死因，但我彙報時還是專門說了這個情況。

「窒息徵象不明顯，但可能存在缺氧窒息過程。」這是一句模稜兩可的話，刑警大隊長聽出了問題所在，盯著我發問：「那人到底是怎麼死的？」

那一刻，所有的疑問在我的腦子裡纏繞、打結，我只能硬著頭皮說下去——「可以初步排除機械性損傷，其他的不好說。」

反正不是打死的、砍死的、捅死的、錘死的……但怎麼死的，真沒法確定。這句話一下給我惹了麻煩，會議室裡頓時噓聲一片。

作為一個法醫，現場看了、屍體驗了，人怎麼死的卻弄不明白？我知道這麼說一定會有同事覺得我水準不行，可驗屍線索就這麼多，我只能尊重事實和證據，不能加入太多推測和假設。

大隊長臉色陰沉，轉頭問我師父。我的師父余法醫作為法醫元老，一開口就讓整個會議室安靜了下來：「這案子我沒參加解剖，就根據驗屍照片談談我的看法吧。」

我的臉火辣辣的，會後回到辦公室，正盯著電腦發呆，忽然肩膀被人拍了一下，回頭一看是師父。

他在我對面徑直坐下，說：「你做得很對。」

「你要記住，法醫工作很重要，但法醫不是萬能的，」師父語重心長地跟我說，「我們不可能永遠正確，但想無愧於心，一定要堅持自己的觀點。」

師父的幾句話給了我很大的信心。法醫是個很講究傳承的職業，他的工作方法和為人處世的方式都對我影響很大。

大家最終還是綜合參考了我和師父的意見，認為趙欣竹的死因存在爭議，不好下定論，暫時按照命案標準展開調查，對相關物證檢材進行檢驗。

因為不排除自身健康原因導致死亡，我們提取了趙欣竹的內臟進行病理學檢驗。在等待病理結果的時間裡，火爐內的衛生紙和保險套檢驗出了同一名男性的ＤＮＡ，推斷年齡在二十三歲左右。

由於趙欣竹工作的特殊性，我們考慮嫌疑人很可能也是嫖客。再加上馬茹蘭案中檢出的兩名男性，手頭這兩起案子一共有了三名嫌疑人。

凶手會不會就在他們當中？

一個叫董小飛的嫌疑人直接被比中，他的ＤＮＡ資料與馬茹蘭案現場衛生紙上提取到的ＤＮＡ一致。董小飛是個承包商，長得人高馬大，脖子上掛著條金鍊子，看著挺唬人。

偵查員帶他回局裡的時候，他很不配合，嚷嚷著要打電話給高層，但很快就放棄了。在證據面前，董小飛不得不承認在老過道嫖娼的事實。訊問室裡，董小飛無精打采，不時唉聲嘆氣，不停念叨最近很不順。

這已經是他當月第二次進「局子」了，還都是因為同一天的事，就是馬茹蘭死那天。說起那天的事，董小飛感覺像坐雲霄飛車一樣。

那天上午，他順利地討到了一筆工程款，決定犒勞犒勞自己，午飯後就開車去了老過道。他在老過道轉了好幾圈，物色到一個滿意的女生。

在我們提供的一堆照片中，董小飛一下子認出了馬茹蘭：「沒錯，就是她，最好看。」說完他還咂了一下嘴，像是真心讚嘆。

那天董小飛大方了一把，花了三百元，然後心滿意足地離開老過道，打電話邀了幾個朋友，準備晚上在家一醉方休。

回家路上，董小飛說自己還想著老過道上的那點事，沒注意路口竄出一輛電動車，把人家頂出去十多公尺遠。

好在對方傷得不重，董小飛被帶到交警隊詢問，採血化驗沒檢出酒精反應，就是把他的車暫扣了。一週後，也就是我們找到他時，董小飛剛把車從交警隊提出來，就又被請進了公安局。

董小飛的供述沒什麼漏洞，驗屍結合案情調查，馬茹蘭的死亡時間應該在夜裡十點左右，而董小飛那晚在交警隊一直待到十一點多才離開。

董小飛的嫌疑被排除，他只是個案發時間在老過道尋歡的普通嫖客。而另一名根據馬茹蘭案保險套比對上的嫌疑人，就沒那麼容易對付了。

此人拒不承認到過老過道，更不承認去過馬茹蘭所在的那家溫泉會館，來局裡的時候衣著整齊，戴副眼鏡，長得一表人才，就是問什麼都不說。

男人叫黃一鳴，當地公家機關工作人員，是個「正經人」。

「他肯定是有顧慮。」大韓針對黃一鳴的身分特點，制定了新的偵訊方案。經過半夜鏖戰，黃一鳴終於承認自己去老過道嫖了娼，但堅決不承認自己殺過人，而且堅稱自己那晚去的是一家按摩店，沒去馬茹蘭所在的那家溫泉會館。

為了弄明白黃一鳴在案發當天的活動軌跡，我們再次去了老過道。夜裡的老過道像往常一樣熱鬧，儘管我們穿著便衣，但因為近來整條街命案頻發，我們去的次數實在是多，許多人隔著自家店鋪的門窗打量我們，有幾個女孩甚至對著我們一行員警招手。

根據黃一鳴的供述，我們找到了他當晚去的那家按摩店，距離馬茹蘭工作的溫泉會館五、六十公尺遠，屋裡燈光曖昧。

老闆一開始有些慌，聽說是為了查別家女孩被殺的案子，立刻配合，安頓好顧客就把所有服務員都叫來讓我們詢問。

一個女孩一下認出了照片上的黃一鳴。女孩說案發那天晚上，黃一鳴大約八點鐘到了按摩店，做完兩次服務後，九點左右就離開了。隨後她清理了一下房間，就出門扔垃圾。黃一鳴用過的保險套應該是這時候被丟掉的。

按常理推測，黃一鳴在按摩店已經接受了兩次服務，不太可能短時間內再去溫泉會館。而且根據調查，當晚九點三十分左右，黃一鳴已經回到家中。黃一鳴的做案嫌疑也被暫時排除。

但我驚訝地發現，黃一鳴的妻子再有兩個月就到預產期了，而這個男人近半年來去過老過道不下十次，最近一次就是案發那晚。

黃一鳴被帶離刑警隊時佝僂著身子，臉色蠟黃，沒了來時的神采。他的家庭會發生怎樣的變故，誰也說不準，但十之八九得另找工作了。

我忽然覺得，整個查案過程就像在開門，每扇門的背後都有一個被鎖住的祕密，我本以為藏著真凶的那扇最危險，卻沒想到另外的門裡也各有各的慾念和罪惡。

最有嫌疑的幾個人被一一排除，如果馬茹蘭的男友、董小飛、黃一鳴都不是凶手，那凶手究竟是誰？

還有一個困擾我的疑點，黃一鳴在其他按摩店使用過的保險套，最後又為什麼會出現在馬茹蘭被害的現場？

我能想到的，只有「掉包保險套」。而擁有這樣的反偵查意識，我們面對的，究竟是一個什麼樣的凶手？

不久，我們局針對這個縝密又詭詐的凶手，專門組織了一次大規模行動──「垃圾站尋套」。因為被害人工作的特殊性，哪怕是現場提取到的男性DNA，也不能完全確認和案件有關──馬茹蘭案中，凶手就知道把垃圾桶裡別人的保險套帶回現場混淆視聽，那麼他很可能已經把自己用過的保險套帶離了現場。

我們索性把老過道附近所有的垃圾桶和垃圾站搜了個遍，一共收集到一百多個保險套，接下來逐一送去檢驗，把DNA實驗室忙壞了，卻沒有一個和馬茹蘭身上遺留的DNA一致。

唯一的收穫是，這些保險套檢驗出的DNA，意外比中了兩個外地逃犯，協助弟兄團體破獲了一起殺人案、一起搶劫案。專案組一分為二，一組同事繼續偵破馬茹蘭案，另一組同事則集中精力偵辦趙欣竹案。

老過道接連死了兩人，很多店乾脆關門大吉，店裡的女孩跳槽的跳槽、跑路的跑路。沒人知道，凶手下一個會敲開誰的門。

趙欣竹案早些時候送檢的結果出來了，體內一氧化碳含量很低，無法確定是一氧化碳中毒死亡，還要結合其他情況分析。病理檢驗未發現明顯病變，可以排除一些常見疾病導致的死亡。

這起案子正慢慢陷入緝凶之外的另一種僵局——因為無法確定死因，案件無法定調，偵查也就沒法開展。一場前所未有的爭論在公安局內部展開。

一派贊同派出所民警老周的看法，認為這就是一起意外死亡，有四點理由：一是現場沒有翻動痕跡，包包較整齊；二是死者身上沒有明顯損傷和搏鬥痕跡；三是店主回應沒有異常情況；四是解剖沒有發現明顯死因。

另一派則認為這是一起殺人案，理由似乎也很充分：一是鐵捲門鑰匙少了一把；二是死者衣著有點不正常，只穿胸罩沒穿內褲；三是室內很冷但電熱毯沒開，不合常理。

兩派誰也說服不了誰，而我作為主辦案件的法醫，就是因為給不出結論，只能被夾在兩種觀點中間。偏偏禍不單行，趙欣竹死亡僅兩天後，我就接到了第三個女孩李子菊被害的那通電話。

當我看到出租屋裡被捆成粽子的李子菊時，真的頭皮發麻。如果說馬茹蘭案現場有偽裝，趙欣竹案死因有爭議，那眼前李子菊的死毫無疑問是他殺，連派出所老周都能一眼看出這是個「案子」，命案！

又死了一個，又是妓女，又是脖子上的勒痕，甚至捆人用的都是馬茹蘭案現場上吊的那種綠白相間的繩子。我們整天在老過道閒晃，凶手竟然還敢在我們眼皮子底下做案！

解剖室裡，李子菊母親癱坐在地上，哭個不停，父親眉頭緊鎖，一臉苦相。這對農民夫婦並不知道女兒的具體工作，李子菊從沒說過，他們也從沒問過，只知道女兒是家裡的經濟支柱。

李子菊還有個哥哥，小學時淹死在村邊水塘了，從那以後她就很懂事，擔起許多家務活，讀書也好。但為了供弟弟上學，李子菊上完初中就進城打工了。老過道裡，這樣的女孩不在少數，她們早早出來賺錢，靠出賣自己的身體撐住一個家。

談起女兒，老李一臉愧疚：「我女兒隨了她娘的性子，倔，什麼苦都自己扛，從不和家裡說。」

除了儘快抓住凶手，老兩口沒提更多要求，李子菊父親在刑警隊抽了一下午菸，臉上的皺紋似乎更多了，反覆說：「我對不住這妮子。」

看著李子菊蒼老的父母，我忍不住擔心起孫慶芳。這個女孩現在仍然下落不明，我只能祈禱，不要在老過道的某扇門後看到她的屍體。

當晚案情分析會上，大隊長把近期老過道的幾起妓女被殺案，進行了併案分析。三起案子的地點都在老過道，兩兩之間相距不過幾十公尺；死者都是二十歲出頭的妓女；做案手法也很接近，尤其是馬茹蘭案和李子菊案，都是用繩索勒頸或縊頸，且繩索類型、花紋相似。

我們一致認為，馬茹蘭案和李子菊案兩起案件極可能是同一個人幹的。趙欣竹案雖然死因暫時無法確定，但不排除他殺的可能性，也一起併到妓女被殺系列案件中一併偵查。

除了儘快偵破這幾起案件，當務之急還要儘快找到失蹤的孫慶芳。孫慶芳的手機一直打不通，活不見人死不見屍，大家都覺得她凶多吉少。

李子菊被發現的出租屋，是案發前一天剛租出去的，房客也沒留下身分資訊，我們根據房東提供的房客的電話號碼打過去，沒打通。

現在命案已發生，租房的小夥子人間蒸發，嫌疑非常大。這傢伙很可能早有預謀。出租屋附近的幾個監視器影像都模糊不清，好在房東租房時見過那個年輕人，讓我們看到了一絲曙光。

專案組安排民警展開全面調查——一組同事組織轄區各個派出所，對案發現場周邊的重點人員及租住房屋、旅館人員進行走訪；另一組同事在進出城區的主要道路上設置檢查哨，展開攔截盤查工作。

同時，民警根據房東的描述，確定了犯罪嫌疑人的外貌特徵，並找畫像專家畫了一幅肖像。看著那個肖像，專案組的好幾個同事都覺得面熟：濃眉大眼，一臉橫肉。

大韓猛地一拍大腿：「得來全不費功夫！」原來，當年夏天，當地曾發生系列盜竊電動車案，大韓他們通過監視器鎖定了一名嫌疑人，當時也找專家畫了一幅肖像，只是後來一直沒有抓到人。

我們手裡這起系列案的嫌疑人，同當初盜竊電動車的嫌疑人，眉眼、臉型都非常相似，大韓還特意把我叫過去，讓我從專業角度再看看。我看了一眼，簡直像雙胞胎。

那天，整個刑警隊一個月來第一次有了笑聲。系列案件雖然偵破難度大，但只要揪住其中一起，往往就能以點帶面，全面突破。

專案組拚盡全力，找到幾個和畫像相似度很高的人進行分析研判，最後焦點集中到一名叫小鵬的年輕人身上。與此同時，李子菊的陰道拭子DNA檢驗鑑定結果出來了，是混合精斑！DNA實驗室的主任說：「至少是兩個人，很可能是三個人的。」

混合精斑是短時間內和多人發生關係才會形成，也就是說，凶手不止一個人，小鵬還有一個到兩個同夥。但受當時技術條件所限，沒法對混合DNA進一步分離和確認，也沒法上網比對。

另一邊，研判組根據小鵬的活動軌跡和通話紀錄，發現了另外兩名同他接觸密切的嫌疑人蹤跡。其中一個叫瘦猴，十九歲，近期經常在市區一家網咖上網；另一個叫富老大，三十八歲，當地人，家在城郊結合部❷。

我們很快把小鵬和瘦猴抓獲，但另一名嫌疑人富老大相當狡猾，專案組民警兩次抓捕都撲了空。第三次專案組接到一條線索，富老大在當地人民公園出現了。我們立刻趕往監控，守好主要進出口後，三人一組進行地毯式搜索。

我們人手一張富老大的照片：長臉窄下巴，眉毛又稀又短，臉上坑坑窪窪的。

「救命啊！」忽然，公園深處響起一個女人的呼救聲。

我全速跑過去，看到一堆同事正圍著一個女人，那女人氣喘吁吁，操著一口東北口音。「有個男的搶了我的包，往東跑了。」

我有些納悶，我剛從東邊過來，完全沒看到可疑人員啊，再一看那個女人，竟覺得她很面熟。

女人長相俊俏，三十歲左右，圍一條黑白相間的絲巾，看起來挺精緻，但外套卻不太合身，袖子很長，看起來還有些破舊。

到底在哪兒見過？我一下想起來了，孫慶芳！那個和李子菊一起失蹤的女人。「孫慶芳？」我試探著叫了一聲，女人立刻向我這邊看來，神情慌亂，但馬上回過神來說：「往東邊跑了，你們快去抓他啊！」

孫慶芳一個勁兒地指著東邊，示意我們去追。我向大韓使了個眼色，輕聲告訴他，這女人是老過道失蹤的那個，大韓一揮手，兩名同事走上前準備控制住她。

「你們是幹什麼的？」女人後退一步，忽然轉頭，自己拚命向東邊跑，邊跑邊喊救命。我一下攔住她的去路，一靠近一股菸草和香水混合的古怪氣味衝進了我的鼻子，這女人身上怎麼有鴉片味？再去看她的外套，越發覺得古怪。

這是穿了件男人衣服吧？菸味正來自外套。這時，大韓手中的對講機響起：「抓住大魚了。」

---

❷城郊結合部：城市現有的各項功能已經不能滿足不斷增長的人口及需求，在原有的行政區域基礎上將周邊的郊區劃入城市區域。

只見幾名同事押著一個身穿紅色羽絨服的人，從西邊遠遠走過來——那人乍看是個女人，可走近了再看，竟是穿了女人衣服的犯罪集團成員之一：富老大。

我一下子明白了，孫慶芳和富老大互換了衣服，跟我們玩了一齣「聲東擊西」。孫慶芳給我們指東邊，富老大趁機往西跑。

「太可惡了，差點讓這傢伙蒙混過關。」

我們終於抓到了最後一個嫌疑人，還意外找到了從命案現場失蹤的孫慶芳。

但她為什麼要幫富老大逃跑？又為什麼會和富老大在一起呢？

「都是他們逼我的，」孫慶芳在偵訊室裡流下了眼淚，「要不然我就得死。」

孫慶芳說那天晚上很冷，一個客人也沒有，她和李子菊在店裡看電視，忽然門被推開，三個男人裹著一股寒風闖了進來。

孫慶芳打量了一眼三人，領頭的男人留著兩撇小鬍子，年近四十，後面跟著兩個年輕的，一個像沒長大的孩子，娃娃臉，招風耳，一雙小眼睛從進了屋就游移不定；另一個身材魁梧，皮膚黝黑，濃眉大眼，一臉橫肉。

李子菊起身招呼：「帥哥，你們想做什麼服務？」

後面兩個年輕小夥子閉口不言，領頭的男人嗓音沙啞，說起話來像破鑼：「妳這裡有什麼服務？」

「我們這裡啥服務都有，你們想怎麼玩？」孫慶芳盯著眼前這個男人，心裡盤算著今晚的收成。

男人問：「出臺包夜多少錢？」

「最近不大安全，我們一般不出臺。」白天的時候，老闆娘還提到近期老過道發生的案子，特意叮囑孫慶芳她倆晚上值班要注意安全。可送上門的生意不能不做啊，遲疑片刻後，孫慶芳反問了一句：「地方遠嗎？」

男人說的地方離老過道很近，孫慶芳一咬牙，乾脆報了個偏高的價格：「你們仨，每人三百。」

「好，妳倆跟我一塊兒走吧。」男人似乎對價格很滿意，孫慶芳卻搖了搖頭：「只能一個人去，我倆都去不是這個價。」

「妳說多少錢吧！」男人有點不耐煩了，身後一個青年對他說：「哥，我先去把車開過來。」

這是個難得的「大活」，孫慶芳不想失去眼前這賺錢的機會，看了李子菊一眼，李子菊也點點頭，孫慶芳心領神會。

「我倆都去的話，應該是一千八，就收你們一千五得了，不過得先付錢。」

男人二話不說，從兜裡掏出一疊錢，數出十五張遞給孫慶芳。孫慶芳簡單收拾了一下，就和李子菊坐上了三個男人的麵包車。

這個價格比市場價高不少，但精明的孫慶芳壓根兒想不到，這夥人根本不在乎。無論她出什麼價，這夥人都會把她們帶走。

前不久，富老大過三十八歲生日，請手下兩個小弟小鵬和瘦猴吃火鍋。回到住處凌晨兩點了，富老大躺在床上，怎麼也睡不著，就把小鵬和瘦猴喊起來，說有事商量。

富老大問他倆，除了偷還有什麼賺快錢的門路？瘦猴嘿嘿一笑，說：「可惜咱都是男的，要是女的就不用犯愁了。」

本是一句玩笑話，卻說到了富老大心裡。富老大拍了拍瘦猴的肩膀，說雖然咱不是女的，但咱可以從她們手裡弄錢啊。「小偷小摸成不了大氣候，要幹咱就幹大的！」富老大慷慨激昂地闡述了自己的計畫：綁架妓女，從她們手裡弄錢，那些妓女本身就幹著非法勾當，遭了殃也不敢報警。

小鵬提了個建議，用裸照敲詐：「以後只要缺錢了，咱隨時敲她一筆。」

瘦猴又補充說，讓綁架來的小姐拍色情片，可以賣影片賺錢。他們有部DV，瘦猴一有空就拿出來玩。

富老大對兩個小弟的提議很滿意，三人一拍即合，第二天就開始到老過道踩點，還在老過道附近租了個房子作為「辦事」的據點。

不明所以的孫慶芳和李子菊成了富老大三人的第一個目標，她們即將被帶去的，就是那個剛租好的房間。

車停了，孫慶芳眼前是一處平房。推開平房的門，屋裡昏暗陰冷，沒有暖氣，只有一張床和兩把椅子，簡陋得可怕。李子菊不太高興，抱怨道：「你這裡太冷了，連個暖氣也沒有。」

「收了錢就得辦事，不願意就走！」見富老大脾氣挺大，孫慶芳趕緊朝李子菊使眼色，示意她別再說話。

富老大朝孫慶芳揚了揚頭，孫慶芳心領神會，很配合地走向他；小鵬走向李子菊，李子菊板著臉，面無表情地脫下外套。

瘦猴則負責錄影。當看到瘦猴手裡拿著的ＤＶ，孫慶芳和李子菊都表示反對，李子菊用手擋住臉，語氣很強硬：「不准拍！」

孫慶芳也停下動作，指責富老大：「你們這樣就不厚道了，咱出來玩就好好玩，幹麼錄影呢？」

富老大轉過頭朝瘦猴使了個眼色，說每人再加五百，只拍身體不拍臉。孫慶芳和李子菊簡單商量了一下，答應了這個條件。

等富老大和小鵬都忙完，瘦猴想和李子菊發生關係，但李子菊並不配合，一邊穿衣服一邊說：「我累了，今天就這樣吧。」

富老大很惱火：「錢都收了，妳想反悔？」小鵬二話不說，衝到客廳拿了把砍刀走進來。李子菊並不服軟：「你敢動我一根指頭試試？」

孫慶芳一看情況不對，連忙賠笑，對小鵬說：「我妹妹這兩天身體不舒服，我和您玩也一樣。」

李子菊接著說自己想先離開，可富老大不讓：「等會兒我們把妳們倆一塊兒送回去。」說完搬了把椅子坐在門口，悄悄反鎖了門。

等瘦猴和孫慶芳忙完，小鵬才放下DV，李子菊早就等得不耐煩了，讓富老大趕緊把剛剛說的錢結了。

「先別急著走，咱把帳算算。」富老大坐在椅子上，蹺起二郎腿，絲毫沒有讓兩人走的意思。

孫慶芳看這架勢不對，連忙說不用加錢了，就算交個朋友了，以後常去玩。李子菊也不再說話，等孫慶芳收拾好了，兩人一起往門口走去。

這時，門邊的小鵬向前走了一步，像堵牆一樣擋在她們身前，手裡緊抓著那把明晃晃的砍刀。孫慶芳隱隱覺得恐怕凶多吉少了，連忙從包裡掏出來時那一千五百元，遞給富老大。富老大接過錢揣進兜裡，卻依然沒挪動座位。

壞了！孫慶芳害怕極了，說話聲音都有些抖，央求三個男人：「大兄弟，咱無冤無仇，我倆還陪您玩了一晚上，讓我走吧。」

「你想幹什麼？」李子菊是火爆脾氣，臉都漲紅了，她徑直衝向富老大和小鵬，推了小鵬一把，「讓開！」

小鵬身強體壯，一把握住李子菊的手腕，李子菊大喊救命，拚命掙扎，小鵬和瘦猴合力把她按在床上，拿起繩子綁住了她的手腳，然後搜出她的手機關了機。瘦猴隨手拿起一塊枕巾塞到李子菊嘴裡，小鵬還不解氣，狠狠打了李子菊一耳光。李子菊只能發出嗚嗚的聲音，再也沒法喊救命。

孫慶芳嚇得蹲在地上一個勁兒求情：「別打了，你們想幹啥我都答應，求求你們別打她了。」

富老大讓兩個小弟把孫慶芳帶到另一個房間綁起來。其間孫慶芳一直在試圖自救：「你們是為了錢吧，我包裡有張卡，裡面還有幾千元……」

如願綁了妓女的三個男人在客廳商量，下一步怎麼辦？原來的計畫是，拍了裸照和影片後敲詐她們一筆錢。小鵬建議各敲她們一萬元，瘦猴覺得各要兩萬元也行，但富老大卻忽然改了主意。

富老大想，不能把這事做成一次性交易了，從今晚來看，以後再以同樣的方式把老過道的妓女騙出來恐怕很難了，他們需要一個幫手，最好是個妓女，能和他們裡應外合把更多妓女騙出來，這樣才能保證財源滾滾。

至於如何才能讓妓女心甘情願地加入他們，富老大有自己的辦法：「讓一個小姐殺掉另一個，活著的那個就不得不加入我們。」

至於要殺掉誰，三人意見一致。根據剛才嫖娼的感受，三人一致認為和孫慶芳辦事比較舒服。

李子菊性子急、不聽話，孫慶芳更順從、更「懂事」。而且李子菊是當地人，萬一找到幫手反抗，富老大他們不好對付，而孫慶芳是東北人，在當地親戚朋友少，比較容易掌控。單論樣貌，孫慶芳也比李子菊漂亮。

最終，他們決定留下孫慶芳，讓她加入犯罪集團。富老大來到孫慶芳房間，拿匕首在孫慶芳眼前晃了晃，並問她：「想死還是想活？」

「大哥，你想幹啥我都答應你。」孫慶芳控制不住地渾身發抖，「我把身上錢都給你行不？」

富老大不出聲，孫慶芳臉色更白了，接著說：「要不這樣吧大哥，以後你來找我玩，我不收費。」

富老大笑了，跟孫慶芳說了自己的計畫。孫慶芳嚇得張大了嘴，卻說不出一句話。她心裡很清楚，自己知道了這夥人的祕密，要是不加入他們肯定走不出這間屋子……

孫慶芳正在糾結，富老大突然起身，嘴上念叨：「算了，我去勸勸那個小妮子吧。」

那一刻，求生的欲望超過了一切，孫慶芳強忍著心裡翻上來的掙扎，吐出兩個字：「別去。」

富老大樂了，給孫慶芳鬆綁，然後喊瘦猴——「準備錄影。」

孫慶芳艱難地走到李子菊面前，盯著這個小自己十歲的妹妹，心裡猶如刀絞。可富老大他們不給她太多時間去想，一把明晃晃的砍刀架到了她的脖子上。

「對不住了，子菊，來世咱還是好姐妹，我給妳做牛做馬。」孫慶芳接過繩子，慢慢伸向李子菊的脖子。

李子菊渾身被捆著，看著越逼越近的孫慶芳，只能瞪大眼睛，拚命使勁搖頭，四肢劇烈掙扎。

「不想死就快點！」小鵬惡狠狠地訓斥孫慶芳，孫慶芳嚇得一哆嗦，她不忍直面李子菊，就繞到她身後，用繩子在李子菊脖子上纏了一個圈。

一開始，孫慶芳不敢用力，小鵬見狀用砍刀在她脖子上劃了一下。孫慶芳頓時覺得脖子一涼，嚇得跌坐在地。

「我和妳說沒有第二次了，再這樣妳倆都得死！」小鵬用砍刀指著孫慶芳，孫慶芳哆哆嗦嗦地從地上爬起來，再次握住了繩索。李子菊猛地回頭看了孫慶芳一眼。

孫慶芳說自己永遠忘不了李子菊那個眼神，那裡面包含了太多東西，可她又說不出具體是什麼，只是心裡一酸，也流出了眼淚。

不知為何，李子菊忽然不反抗了，慢慢把頭轉了回去。小鵬再次舉起了砍刀，嘴裡喊著「一……二……」砍刀在燈光下映得慘白，孫慶芳緊咬住嘴唇，手上使了力。

「對不起，對不起，對不起……」孫慶芳帶著哭腔對李子菊說了很多遍對不起。李子菊睜大眼睛看著前方，緊閉著嘴，沒有明顯的反抗。兩個女人的臉在拉扯和驚懼中都變得猙獰，李子菊的臉憋得通紅，孫慶芳額頭的青筋和手上的青筋都高高鼓起。

幾分鐘後，李子菊癱軟在孫慶芳懷裡，一動不動。不知何時閉上了眼睛，像熟睡的孩子。這個直爽的女孩最終死在她關係最好的「孫姐」手裡，臨死前的她一定還有很多話想說吧。

孫慶芳鬆開繩子，大口喘著氣，臉色蒼白，渾身不住地發抖。富老大示意瘦猴關上DV，對孫慶芳說：「好了，妳現在和我們就是一夥的了，只要妳聽話，妳殺人的事就沒人知道。」

接下來，當著孫慶芳的面，富老大與瘦猴先後和剛死尚溫的李子菊發生了關係。而這次，李子菊已經沒法拒絕了。

孫慶芳蜷縮在一旁瑟瑟發抖，她覺得自己像掉進了冰窖，只能眼睜睜看著這一切，什麼也做不了。活人的罪惡和慾念，那是比「死亡」更驚悚的東西。

我們在富老大三人的住處發現了那臺記錄了他們罪惡的ＤＶ。錄影完整記錄了孫慶芳殺人的過程，同時也反映了她被脅迫的事實。有了錄影，加上幾人的口供，證據鏈已經完備，李子菊案宣告破案，我們暫時鬆了一口氣。

但蹊蹺的是，馬茹蘭、趙欣竹這兩起案子，他們全程隻字未提。我們比對了三個人和前面幾起案件現場提取到的嫌疑人ＤＮＡ資料，竟無一比中。但這並不代表他們和案件無關，只能說明他們沒有在死者身上或現場留下痕跡。

根據這夥人的供述，我們找到了他們購買做案工具的地點，一家離老過道不過幾百公尺遠的雜貨鋪。店裡商品種類繁多，老闆拿出一個小本子翻了翻，那種綠白相間的繩子，十二月一共賣出去兩條，第一次賣了五公尺，第二次賣了十公尺。

老闆只記得兩次買繩子的人都是年輕小夥子，至於小夥子長什麼樣，兩次是不是同一個人，他已經記不清了。而現在，那兩條繩子，一條捆在李子菊身上，一條勒上了馬茹蘭的脖子。

凶手究竟在不在這三人當中？是他們拚死抵賴，還是真凶仍躲在老過道的某扇門後面，我們並未找到？

富老大三人被關進看守所後，又被提審了很多次，我們還詢問了他們各自同牢房的在押人員，也沒挖到新線索。

但在多次偵訊留下的筆錄裡，我注意到，他們三人不約而同地提過同一件怪事——在老過道踩點的時候，他們都看到過一個稜角分明、身材健碩的男人出現在老過道。因為作賊心虛，三人都覺得那人應該是個便衣員警。

但我們整個轄區，從來沒有這樣一個同事。年關將近，當地人心惶惶。為了儘快偵破另兩起案件，高層決定向上級申請支援，邀請省裡的法醫專家來指導工作，協助破案。

省裡專家來的那幾天，我一直跟著。專家們聽了案件的彙報，又重新勘驗現場，針對現場情況提了一些疑問。光是圍繞趙欣竹屋裡那個火爐，就提了一串新問題。

為什麼火爐裡會有衛生紙、保險套和一個鞋墊？火爐內的火是什麼時候熄滅的？爐內的物品什麼時候放進去的？在裡面放了多長時間？鞋墊是怎麼來的？為什麼只有一個？另外一個鞋墊去哪兒了？是不是被燒沒了？

我全程高度緊張，很怕是前一階段的工作出紕漏，身上直冒冷汗。但事後回想起來，那幾天應該也是我法醫生涯裡成長最快的一段時間。在專家指導下，我重新對屍體解剖檢驗。那是我從業以來最詳細、最全面的一次驗屍，我第一次進行了一項極罕見但至關重要的檢驗——顳骨岩檢驗。

顳骨岩（Petrous part of temporal bone）是人腦袋裡的一小塊骨頭，形狀像一個放倒的三角錐，裡面有豐富的細小血管分布，連通人的聽覺器官和平衡器官。當我打開趙欣竹的顳骨岩，看到上面那一抹紅時，腦袋嗡的一下。我怎麼遺漏了這麼重要的地方！

顳骨岩出血，意味著有窒息過程。窒息過程發生時，人的血壓會升高，引起顳骨岩腔內小血管破裂出血，導致顳骨岩變紅。這一發現直接敲定了此前我不敢下結論的一件事：趙欣竹是窒息死亡。

我當時曾發現肺部有兩個小的出血點，但並沒有堅持窒息的判斷。專家們在重新看趙欣竹臟器的病理切片時，也發現了一些慢性窒息的表現，他們特意安慰我說，法醫是個需要積累經驗的工作：「我再年輕個十幾歲，可能還不如你做得全面細緻。」

這讓我臉上和心裡一瞬間都熱呼呼的。顳骨岩檢驗，長期以來是法醫工作中容易被忽略的一項。我求學時教科書上沒寫，入行之後師父也沒教過，平時碰到的絕大多數案子，窒息徵象都很明顯（如心、肺有出血點，口唇顏面紫紺等），不用看顳骨岩就能確定窒息而死。

所以以前的法醫們沒有養成檢查顳骨岩的習慣，有些可能根本不知道有這個方法。這絕對是一次困難的檢驗，但我非常受鼓舞。在最後一次專家組會議上，省裡的專家拍板給案件定了調：趙欣竹的死就是他殺。

這是一起非常不典型的窒息死亡案件，極有可能是有軟物襯墊（比如枕巾）造成的間歇性窒息。

我將馬茹蘭、趙欣竹兩起案子的資料放在一起比對，一個細節突然跳了出來——這傢伙似乎有一個「癖好」，不帶做案工具。或者說，他很擅長「就地取材」殺人：曬衣繩、枕巾，都不會讓人直接聯想到殺人工具，卻是身邊觸手可及的東西。

回頭去看李子菊案，殺人犯罪集團中實際動手的是被逼無奈的孫慶芳，另外三人的犯罪習慣更偏向前期計畫、踩點、準備工具、再動手——這和馬茹蘭、趙欣竹案「就地取材」殺人存在差異，更像是一起獨立案件。

會不會富老大三人口中，那個跟他們多次打過照面的男人真的存在，就是這個漏網之魚？他才是老過道妓女連環被殺案的真凶？

「就地取材」這個關鍵的特質，一下讓我聯想起當月月初另一個案發現場。單論慘烈程度，那個現場在我看過的案例裡面能排進前五。凶手簡直把「就地取材」四個字發揮到了極致。

十二月四日，比馬茹蘭、趙欣竹被殺還要更早的時候，老過道周邊曾發生過一起案子。案發地是距老過道大約兩公里的一處平房，距後來的幾個案發地點也比較遠。

那起案件的被害人叫丁建梅，跟丈夫一起做點酒的小買賣，出事的地方是他們租來的，平時很少住在那裡，主要是為了存放一些酒水。實際到現場那天，隔著老遠，我就能聞到空氣中瀰漫著濃濃的血腥味。門口的對聯已經殘缺褪色，隱約能看出「喜迎平安福」幾個字。

丁建梅家東側臥室的鋁合金紗網已經變形，痕檢技術員在窗框上發現許多觸摸血痕，就像是有人用手摸過一樣，但沒有提取到指紋。痕檢技術員有些無奈地告訴我：「嫌疑人戴了手套。」

中心現場位於西側向陽面臥室，臥室的門上有個洞，隱約能看出腳的形狀。一進屋，地上兩個猩紅的血腳印，一個殘缺不全，一個相對完整。

人的腳掌踩壓地面時，在重力作用下形成痕跡。壓痕中的壓力面位置，隨年齡移動，如同人長在腳底板上的「年輪」，記錄一個人的年齡資訊。隨著年齡的增長，人的足跡重心會從前往後移動。

年齡越小，足跡前掌重壓面越小，且靠前、內側，隨著年齡增大，壓力面則向後、外轉移，且面積增大，但老年人（五十歲以上）的壓力面還會由外後向內前轉移。依據這一變化規律，結合足跡掌和跟部的壓力面形態、位置及大小，我推測嫌疑人大約二十五歲。

床頭櫃上的檯燈還亮著，昏暗的燈光下，我的眼前出現了一間像被血粉刷過的屋子，幾乎所有東西都濺上了血。床單暈滿了血，一臺老式電視機突兀地砸在床上，螢幕上噴濺的血跡像在上演一齣恐怖電影。

地上的血泊讓人無處下腳，一個瓦斯罐泡在裡面，幾乎已經被血染成了紅色。還有把菜刀掉在地上，刀柄彎曲，刀刃已經彎了，上面黏著的長髮讓我無法控制地想，它曾重重砍在一個女人的頭上。凶手把目之所及所有能碰到的東西全用上了：電視機、瓦斯罐、菜刀……一股腦兒全招呼到了丁建梅身上。

我還在枕頭旁找到了一截手指，兩個指節，斷端很齊整，應該是被一刀砍下的。現場所有同事的表情都很凝重，太殘忍了。我們趕到前，丁建梅已經被送往醫院搶救了，但勘驗還未結束就傳來消息，沒搶救過來。

出動的正是轄區派出所的老周，他十分懊惱，一直在罵報案中心隊員。後來我才知道，丁建梅是在打報警電話過程中被殺的。聽筒這邊的接線警員經歷了一場進行式的「殺人直播」。

公安局指揮中心，一段模糊不清的電話錄音記錄了丁建梅被殺前的五十秒——

「喂，你好，一一〇。」

「喂，我是李家莊。」丁建梅先說了個村名，此時語氣還比較平靜，能感覺到她壓低了音量。

「哪裡？」

「那個……」丁建梅還沒答完，就聽到咚一聲響，她的聲音忽然變小，應該是在和闖入者對話。

背景音裡——「你過來幹啥，把我家東西弄壞了……」闖進家中的人可能已經來到丁建梅面前。

緊接著，傳來手機的按鍵聲，應該是丁建梅在和闖入者搶奪手機。一個男人的聲音突然響起，非常模糊，似乎是讓她「拿出錢來」，丁建梅反抗說：「你看看哪有錢？」

這是丁建梅的最後一句話，幾秒鐘後電話被掛斷。雖然該案現場慘烈，做案手法簡單粗暴，但除了兩個血腳印，嫌疑人沒留下任何有用的痕跡。

此後半個月裡，老過道接連發生了三起命案，我們的工作重心被轉移，丁建梅案暫時陷入僵局。此刻，回想起丁建梅死前的最後一句話——「你看看哪有錢？」我猛地驚醒，殺害丁建梅的凶手，是為錢而來。這和我們新近掌握的趙欣竹案的線索不謀而合。

案發前趙欣竹曾和一名老鄉一起逛商場，還買了兩個金戒指和一支諾基亞手機。但我們並沒有在案發現場找到這些東西，凶手很可能是臨時起意，衝著錢來的。

丁建梅、馬茹蘭和趙欣竹三起案件似乎產生了某種連結，我們試著把尚未偵破的三起案子併案，找到了很多依據——

三起案件都發生在老過道及其周邊；做案手段相似，嫌疑人都未攜帶工具進入現場，而是現場取材；嫌疑人心理素質好，反偵查意識強，而且按照案發時間順序，嫌疑人的反偵查水準越來越高，做案手法越來越嫻熟，留下的有效痕跡越來越少；兩起案件都有財物丟失現象，嫌疑人動機有圖財成分；通過對嫌疑人的刻畫，我們發現三起案件的嫌疑人特徵比較接近。

馬茹蘭案和趙欣竹案，我們分析嫌疑人大約二十三歲，身高一百七十四公分左右；丁建梅案通過那兩個血鞋印，推測嫌疑人身高在一百七十五公分左右，大約二十五歲。遊蕩在老過道的凶手形象漸漸明晰，我們手握他的DNA資料、鞋印，現在，只差一個穿上那雙鞋的人。

一次浩浩蕩蕩的查鞋行動開始，我們搜查了城區大大小小三百多家店鋪，最終找到了和那個血腳印花紋一致的鞋子。那是個小眾品牌的戶外越野鞋，價格不菲。店主說，這牌子全市只有他家有，我們查了銷售紀錄，城區只賣出四雙，都有刷卡紀錄。

這個消息讓大家興奮起來。我很快和四名買家見了面，給他們都採了血，但結果出乎意料：四人的DNA都和趙欣竹案嫌疑人的DNA對不上。

偵查員對他們逐一審查，都排除了嫌疑。問題究竟出在哪兒？難道是我們弄錯了？丁建梅案的嫌疑人和馬茹蘭、趙欣竹案的不是同一個人？

大家不死心，專案組把範圍擴大到了全省，發現即便在全省，這雙鞋賣出去的數量也很少，可以逐一調查。專案組兵分多路，在各地市追蹤買了這雙鞋的人。整個刑警隊熬紅了眼，關鍵字只剩一個：鞋。

二〇一一年二月底的一天，大韓忽然打電話給我：「嫌疑人抓住了。」此時距離老過道四個女孩被害，已經過去兩個多月。

掛斷電話，我急匆匆往局裡趕，發現自己眼眶竟然濕潤了，終於見面了。不同於我的想像，我面前的年輕人肩寬背闊，手臂粗壯，一看就很有力氣，但靠近他，卻感受不到殺人犯的戾氣。他就安靜地坐在偵訊室裡，伸出厚實的手掌，看我給他採血、檢驗，眼神平靜溫和，異常沉默，好像已經把所有的罪惡，連同真相一併封在了自己肚子裡。

他叫楊劍宇，只有二十三歲。我連夜檢驗了提取的DNA樣本，結果令人振奮，楊劍宇的DNA與趙欣竹案嫌疑人的DNA比對一致！血腳印和DNA都對上了，這說明丁建梅、趙欣竹兩起命案都是楊劍宇幹的。鐵證如山，我心裡有了底。

只差併案調查的馬茹蘭案了。

馬茹蘭案雖然有眾多生物跡證，但缺乏認定楊劍宇做案的直接證據。現在，我們需要聽他親口講出來。但楊劍宇的「硬氣」程度超出大家的想像，看著很溫和的一個人，卻是我們遇到過的最「硬」的幾個嫌疑人之一。

他先說了自己的一些基本情況、行動軌跡之類的，然後一口咬死：「我從沒去過老過道，也沒幹任何違法犯罪的事。」這些說詞其實在我們預料之中，畢竟三起命案，足夠死好幾次了。

接下來很長時間，楊劍宇都懶得答話，一般嫌疑人或多或少對員警會有畏懼，但楊劍宇不同，總是抬頭和偵訊的民警對視，眼神裡充滿不屑。為了尋找偵訊突破口，專案組專門調查了楊劍宇的社會關係，發現楊劍宇曾經當過兵。

我們一下抓到了突破口，一位轉業的派出所老民警一拍大腿，打了個電話，沒一會兒，竟然把楊劍宇的老長官找來了。偵訊室裡，楊劍宇看到昔日的長官，眼睛一下睜得老大，立刻低下頭，不敢直視對方。

「你小子長本事了！」老長官是個暴脾氣，開口就罵。楊劍宇頭更低了，他雙肩止不住地顫動，竟抽泣起來，他的心理防線很快崩潰，開始供述自己的罪行。大家一直擔心，沒有直接證據認定的馬茹蘭案拿不下來口供怎麼辦，但出乎我們意料，楊劍宇首先講起了這個女孩。

楊劍宇初來當地的時候是個標準的「老實人」，老闆和工友都覺得他人不錯，踏實穩重，脾氣也溫和。但幾個月後，楊劍宇就成了老過道的常客——因為他碰上了一個女孩：

馬茹蘭。

楊劍宇曾經交過一個女朋友，是他的初中同學，兩人感情很好。可沒多久楊劍宇就聽另一名同學說，自己熱戀中的女朋友在「做小姐」。楊劍宇起初不信，後來忍不住偷偷跟蹤，發現女友打扮得花枝招展，進了一家夜店。

楊劍宇腦子一熱，跟了進去，拉著女友往外走，女友卻讓他離開：「你以為你養得起我嗎？」

楊劍宇沒再繼續糾纏，初戀無疾而終。之後楊劍宇再沒談過戀愛，他十分後悔當初對女友的工作抱有成見，沒有盡力挽留，心裡一直放不下對方。

第一次看見馬茹蘭時，楊劍宇差點把對方認成初戀，兩個女孩太像了。他給馬茹蘭看自己初戀的照片，馬茹蘭自己也十分驚訝，開玩笑說：「她會不會是我失散多年的雙胞胎姐妹？」

馬茹蘭溫柔大方，性格活潑，楊劍宇在她身上看到了初戀女友的影子，「一定是上天安排我們在一起」。從那之後，每次去老過道找馬茹蘭，楊劍宇都會帶小禮物。

某一天夜裡，楊劍宇問馬茹蘭，自己能不能做她的男朋友。馬茹蘭笑了笑，既沒同意，也沒拒絕，只說兩人認識時間太短，一切看緣分。楊劍宇執拗地認為，馬茹蘭沒有拒絕就是默認。

之前，楊劍宇會把工資分成三份，一份是自己的日常花費，一份是給在當地上大學的弟弟的生活費，還有一份寄給父母。那段時間，楊劍宇沒匯錢給父母，還縮減了自己的日常花費，省出來的錢都給馬茹蘭。

馬茹蘭一開始會拒絕，後來慢慢也接受了，只是叮囑他別亂花錢。楊劍宇覺得這是馬茹蘭在關心他。其實馬茹蘭連他的電話號碼都沒存——我們在馬茹蘭手機上看到的那個未登記資訊的號碼，後經核實就是楊劍宇。

案發前一段時間，母親催他回家相親，楊劍宇說自己已經有交往的女朋友。母親又問楊劍宇缺不缺錢，他寄回家裡的錢一直幫他存著，需要的話就給他匯過來。楊劍宇有些哽咽，嘴硬說不缺錢。

一週後，楊劍宇收到三雙繡花鞋墊，是母親親手縫的。兩雙男式的，楊劍宇和弟弟一人一雙，而女式的那雙，是母親送給她的見面禮。楊劍宇帶著母親縫的鞋墊滿心歡喜去找馬茹蘭，但馬茹蘭那天卻興致不高，接過鞋墊隨手扔在了一邊，臉上沒有一絲笑意。

楊劍宇識趣地離開了，心裡卻一直有些鬱悶，他怕馬茹蘭變心。楊劍宇想找機會跟馬茹蘭談談。有一天，他看店裡關著門，就在門口等。沒一會兒，馬茹蘭挽著一個男人的手臂出來，兩人有說有笑，男人臨走還拍了一下馬茹蘭的屁股。儘管知道馬茹蘭的工作，可那一刻楊劍宇還是心如刀絞。

此後幾天，楊劍宇陸續看到好幾個男人來找馬茹蘭，馬茹蘭對每個人都是笑臉相迎，甚至還和其中一個男人一起離開了店。楊劍宇一路跟蹤，發現他們一起去吃飯。隔著窗戶，楊劍宇看到兩人舉止親暱。他當即給馬茹蘭打電話，但馬茹蘭直接掛斷了電話。

一股說不出的惱怒在楊劍宇的心中翻騰，他說自己並不心疼錢，也可以理解馬茹蘭的工作內容，但他不能容忍馬茹蘭同時和好幾個男人曖昧，更不能容忍馬茹蘭對其他人比對自己更好。

當天晚上，楊劍宇先給馬茹蘭打電話，馬茹蘭一如既往沒接電話，於是他直接去了馬茹蘭店裡。

「願不願意和我回趟老家？」像往常一樣發生完關係，楊劍宇忍不住說。

但下一秒，就被馬茹蘭毫不猶豫地拒絕了：「大哥，你想多了吧。我幹這一行，怎麼配得上你，你將來得找個好女孩結婚。」

「妳是我女朋友，跟我回家不是天經地義嗎？」楊劍宇盯著馬茹蘭，又重複了一遍，「妳，就是好女孩！」

馬茹蘭卻笑了：「你真有意思，你是我的顧客，哪有顧客和小姐談戀愛的？」

楊劍宇腦子嗡嗡響，想到自己付出了這麼多，就是一個「顧客」？他質問馬茹蘭「那些男人」是怎麼回事，馬茹蘭一下變了臉，指著楊劍宇的鼻子讓他別胡說八道：「我有男朋友！」

「妳男朋友是誰？」楊劍宇瞪著眼，拳頭慢慢握緊。

馬茹蘭扭過頭，背對著楊劍宇說：「反正不是你！你以後別來找我了。」

她從抽屜裡拿出楊劍宇送她的那雙繡花鞋墊，扔在地上，說：「東西你都拿走吧，我說不要，你非給我不可。」

這句話無異於火上澆油。楊劍宇感覺，身體裡有什麼東西忽地一下燒起來了。楊劍宇沉默地蹲下身，地上的鞋墊是母親縫的，要給未來老婆的，他給了馬茹蘭，卻被馬茹蘭丟在地上。

她這不是踩他的臉嗎？為了給馬茹蘭花錢，他把給父母的錢都停了，馬茹蘭怎麼能這樣對他？

起身的時候，他一眼瞄到了屋裡的曬衣繩。這也是他買的，還是他給拴上的。有次馬茹蘭抱怨屋裡沒有曬衣服的地方，他第二天就跑到附近雜貨店買來繩子，做了那條曬衣繩。那家雜貨店當月只賣出兩次那種繩索，第二次賣給了富老大犯罪集團，而第一次正是賣給了楊劍宇。

楊劍宇平復了一下，從口袋裡摸出一副平時幹活的手套戴上，一用力扯下頭頂的曬衣繩。馬茹蘭的幾件衣服應聲落地，下一秒繩子已經套上了馬茹蘭的脖子。

馬茹蘭毫無防備，根本沒法抵抗，他看著她的雙腳蹬亂了床單。楊劍宇默默背過身，畢竟是喜歡過的女孩，他不忍心就那麼看著她嚥氣，索性背對馬茹蘭把繩索扛在肩上，才敢用力。背上的人好像不動了，楊劍宇鬆了勁，轉過身用手闔上了那雙睜得老大的眼睛。他覺得那一刻的馬茹蘭就像睡著了，依然那麼優雅、美麗。

楊劍宇心情很複雜，有沉重、難過，但還有一絲快感。他站在馬茹蘭身前看了一會兒，藉著昏暗的燈光，把床單、被褥、地上的衣服都整理好，然後把繩子拴到屋頂吊扇的掛鉤上。最後一次抱起馬茹蘭，把她的脖子套進那個他親手打的「上吊結」裡。就這樣，馬茹蘭的脖子上形成了兩道縊痕。

不得不承認，楊劍宇是我見過最縝密的犯罪嫌疑人之一，他有超強的心理素質和豐富的反偵查經驗。殺完人後，他沒有急著走，而是重新撿起了地上的鞋墊，把鞋墊墊進了自己鞋裡。

他打開馬茹蘭的包包，看到有不少現金和購物卡。他都裝進了自己褲兜。包包裡還有個精緻的髮飾，楊劍宇盯著那個髮飾愣了一會兒，「那是我第一次送給她的禮物，我得收回來」。

隨後，他不忘把垃圾桶裡自己用過的保險套撿出來，扯了張衛生紙包好，也裝進口袋。環顧一周，確認沒什麼遺漏了，楊劍宇離開了馬茹蘭的溫泉會館。路過老過道一家按摩店時，一個女人正出來倒垃圾，楊劍宇突發奇想，從那一堆垃圾裡找了一個用過的保險套，又折返了回去，把那個撿來的保險套扔進了馬茹蘭房間裡的垃圾桶。

這個保險套確實幫楊劍宇誤導了我們，找上了另兩名「嫌疑人」。再次離開，想到以後再也不會來這裡找馬茹蘭了，楊劍宇特意回頭，又看了一眼。

殺死馬茹蘭之後一段時間，楊劍宇沒再去老過道，一是害怕被抓，二是他對馬茹蘭還有感情，一走到那條街心裡就難受。

他變得脆弱、偏執、極不穩定，只等一個引爆的瞬間。十二月底的一天，楊劍宇剛領了薪水，想一個人靜靜，於是獨自一人閒晃，不知不覺就到了老過道附近。老過道還是那麼繁華，燈紅酒綠，可再也沒有那個讓他心動的女人了。

那晚，楊劍宇本來想在網咖包夜的，打開網頁瀏覽新聞時，正好看到當地貼文裡有人說最近治安不太好，老過道裡有妓女被殺了，描述得很誇張。正看得起勁，網頁忽然彈出一些色情廣告，他點了進去，結果看得渾身燥熱。

晚上十點鐘，他從網咖出來，看到路邊有家按摩店，招牌上寫著「乾洗按摩」。玻璃門關著，店裡沒人卻亮著燈。他下意識推門，走進按摩店，趙欣竹正坐在爐子邊看電視。

她抬頭打量了他幾秒鐘的時間，問：「要做什麼服務？」他和她對視，明知故問：「有什麼服務？」

「有按摩，有特殊服務。」然後她的眼睛又回到電視上，似乎對這樁買賣不是很上心。「做服務八十，按摩和服務一起一百。」

「先做按摩，再做服務。」楊劍宇想，按摩和服務一起一百元，肯定是先做按摩比較划算。

趙欣竹鎖了店門，領著楊劍宇上了二樓。

「我技術怎麼樣？」趙欣竹一邊給楊劍宇按摩一邊找話跟他聊，似乎是想把楊劍宇發展成回頭客。

「以前怎麼沒見過你呢？」趙欣竹問楊劍宇，「聽你的口音不像是當地人，老家是在哪裡呢？」

楊劍宇不想回答趙欣竹的問題，主動岔開了話題：「聽說老過道最近不太安全？」

「可不是嘛，已經死了兩個人了，有些姐妹去了火車站，有些就直接不幹了。」

「抓著人了嗎？」楊劍宇問。

趙欣竹嘆了口氣，說員警不管用，還是得靠自己小心，「那些長得凶的，我都不敢往屋裡領。」

「妳看我像壞人嗎？」楊劍宇笑著問趙欣竹。

「壞人臉上也沒寫字啊，不過你肯定不是壞人。」趙欣竹調侃說以前跟著街上的老頭學過相面，「你一看就是好人，要不然我要價也不可能這麼低。」

兩人有說有笑，十多分鐘後，趙欣竹停下手上的動作，問楊劍宇：「服務還做不做？」

「做！」

趙欣竹脫了衣服在床上躺下，說：「來吧，你上來。」

楊劍宇有點惱火，他今天是來享受的，「我花錢了，妳得給我服務。」

「你才花多少錢。」趙欣竹捂著嘴笑了起來。

「妳說我花多少錢？」楊劍宇有點不高興了，他覺得趙欣竹瞧不起自己。

「才一百啊。」趙欣竹的笑容也漸漸凝固，從床上坐起來。

「一百元的服務就是這個樣，你想玩花樣得另外加錢。」

「剛剛不是說八十嗎？」楊劍宇一聽價碼變高，聲調也變高了，「妳剛才說的做服務八十！」

氣氛驟降，趙欣竹語氣也冷下來：「八十不幹，這都給你按摩完了，按摩加服務就是一百。」

「不幹就穿衣服！」一股火氣從楊劍宇心頭竄起來，雖然今天剛領了薪水，但他不是個揮霍無度的人，這不是騙人嗎？楊劍宇覺得趙欣竹這是坐地起價，偵訊民警給他算了好幾次帳，也沒能讓他扭過彎。當然，這可能也只是他給自己找的一個藉口。

後來的事情更離譜，楊劍宇說趙欣竹指著他罵，罵得很難聽，還說衣服都脫了，不做也得做！光著身子就從床上跳起來，摟住他，搶他衣服。沒法脫身，他一下急了，跟趙欣竹扭打起來，趙欣竹像瘋了一樣朝他撲過來，他抓住趙欣竹兩隻手，一下把趙欣竹摔倒在地，雙手掐住了她的脖子。

一開始他力道並不大，只是想嚇唬嚇唬她，掐了一會兒就鬆手了。結果趙欣竹躺在地上又開始罵，他就用右手掐住趙欣竹的脖子，左手從床上胡亂抓了一條枕巾，蓋在趙欣竹嘴上。楊劍宇說自己很快又鬆開了手，但躺在地上氣喘吁吁的趙欣竹嘴裡還是不依不饒：「你個畜生，有本事你別走，我找人弄死你！」

楊劍宇又把枕巾蓋在趙欣竹嘴上，再次掐了下去。「本來想給她留條活路，她自己找死，怨不得我。」

楊劍宇一次比一次用力，一次比一次時間長，如此反覆掐了六七次，趙欣竹終於不再動彈，閉上眼睛，口吐白沫，嗓子裡咕嚕咕嚕的，像是在打呼嚕。

「我當時沒考慮那麼多，只要那個小姐不罵我就行了。」楊劍宇說，掐死趙欣竹只是不想讓她再繼續罵自己，他覺得自己受了侮辱。「我這人就這樣，別人打我、欺負我都沒事，就是不能罵我。」

楊劍宇趁著趙欣竹不再反抗，把身子癱軟的她抱到床上，發生了關係，他覺得自己花了錢，怎麼也得把事辦完。之後，楊劍宇坐在床上抽了一支菸，漸漸冷靜下來。他穿好衣服，把菸蒂和用過的保險套扔到一個紙杯裡，又拿了個新紙杯接了水，往趙欣竹嘴裡灌，想清理掉自己的痕跡。

「誰讓妳嘴不乾淨！」此時趙欣竹還有微弱的呼吸，那些嗆進氣管裡的水在她的口鼻部形成了我看到的蕈樣泡沫。

為了徹底清理現場，楊劍宇把趙欣竹抱到一樓的沙發上，然後在二樓掃地、拖地、整理被褥。回到一樓時，他看見趙欣竹嘴角有粉紅色泡沫，用紙給她擦了一下，但過沒一會兒又有泡沫溢出來。他不知道這是怎麼回事，索性去廁所接了半桶水，托住趙欣竹的頭放進水桶裡洗，反覆折騰了四次才不再有白沫。

清洗過程中，楊劍宇右腳的鞋被打濕了，裡面給馬茹蘭的女式鞋墊也濕了一半，楊劍宇脫下鞋子把鞋墊拿出來，放到火爐上烤。

他找了一塊毛巾擦乾趙欣竹的身體，然後把趙欣竹放回到二樓的床上，再給她穿好胸罩。穿衣服的時候，還趁機把趙欣竹脖子上的項鍊摘下來，放進了口袋。雖然趙欣竹早就閉了眼，但楊劍宇總覺得趙欣竹好像在看著他，所以一把扯過被子給趙欣竹蓋上，還蒙住了她的頭。

忙完一切，他拿著裝著所有罪證的紙杯下樓。那個繡花鞋墊一時半會兒烤不乾，他急著想走，只好捨棄。鞋墊和裝著保險套、菸蒂、衛生紙的紙杯被一起丟進爐子裡。

離開時，他發現鐵捲門鎖上了，於是又返回二樓房間，翻找鑰匙，最終在趙欣竹的包裡找到了鑰匙，還捎帶拿走了趙欣竹包裡的提款卡、兩枚戒指、兩部手機。

凌晨時分，老過道已經空無一人，寒風吹過，發出嗚嗚的響聲。楊劍宇貼著牆邊快步走出老過道，消失在夜色中。

這幾乎是一次完美犯罪。誰也不清楚楊劍宇走後發生了什麼。我在勘驗趙欣竹案的現場時，發現爐子裡的煤炭並沒有燃盡，可爐火卻熄滅了。分析原因，可能是楊劍宇扔進去的物品堵塞了爐腔，導致爐內缺氧；也可能是鞋墊太濕，熄滅了爐火。

爐火熄滅了，重要物證得以保全，楊劍宇的罪行無所遁形。楊劍宇說他非常後悔連續殺人，但那段時間所有事都湊巧了，他心裡很煩，特別壓抑，就像魔怔了一樣，總想著釋放一下。

「我其實很同情小姐，並不恨這個工作，我愛過的兩個女人都是小姐，我知道她們和我一樣都不容易，都是靠身體吃飯。」

他甚至覺得自己和馬茹蘭、趙欣竹同病相憐。但楊劍宇一直拒不承認去過丁建梅的出租屋。我們堅信證據不會說謊，留在現場的血腳印說明楊劍宇肯定到過那裡。

直到半年後的一次提審，楊劍宇忽然問了大韓一個問題——「那女的是不是懷孕了？」大韓一愣，抬頭盯了楊劍宇幾秒鐘，點了點頭。得到肯定答覆後，楊劍宇低下頭，遲遲不說話，表情複雜。

幾天前，牢房裡放了一部電影，一個孕婦被日本鬼子用刺刀殺害。楊劍宇說自己看了那個畫面，一整夜都沒睡著。

楊劍宇一直不後悔殺死馬茹蘭和趙欣竹，因為馬茹蘭欺騙了他的感情，趙欣竹不講誠信還不依不饒地罵他，兩人都該死。但他說，自己有點後悔殺死丁建梅。

二〇一〇年十二月四日，丁建梅被害的日子，老過道連環案的第一案，那是一切罪惡的開始。那段時間，楊劍宇為了追求馬茹蘭下了血本。正是用錢的時候，工資卻遲遲發不下來。恰好當地一家彩券投注站的一等獎六百多萬元，整天做宣傳。

有天他和工友路過彩券站，碰運氣買了十元彩券，結果中了三十元。從那以後楊劍宇幾乎每期彩券都買。可買得越多，賠得越狠。漸漸地，他把每月留給弟弟的生活費買了彩券，工友們也被他借了個遍，楊劍宇甚至想過去借高利貸，但人家一聽楊劍宇的情況，都不借給他。

屋漏偏逢連夜雨，有天他開著老闆的車出門，一輛電動車從路旁衝出來，連人帶車倒在車前。那人躺在地上不起來，張口就要兩千元。明知遇上了敲詐，可楊劍宇毫無辦法，只能吃啞巴虧，把身上僅有的五百元都給了那個人。

楊劍宇為這事鬱悶了好久，一天夜裡，一名工友在聊天時提到，他姐姐家幾個月前被偷了五萬多元，到現在都破不了案。說者無心，聽者有意，那晚楊劍宇失眠了。

他很清楚盜竊是犯法的，可他也很明白沒錢的滋味。不說自己，光是弟弟上學和追馬茹蘭，手頭得有錢。楊劍宇開始有意無意地在老過道周圍閒晃，把每扇門後的情況都摸了個遍：這家院牆比較矮，那家沒安裝防盜網，這一戶晚上總沒人，這一戶住的可能是有錢人……

挑來挑去，楊劍宇盯上了丁建梅的出租屋。這房子平時沒人住，只偶爾有一個女人住；家裡沒養狗，不容易被發現且便於逃脫；女人有輛車，家裡應該挺有錢；院牆不高，牆頭沒有玻璃渣，適合攀爬；小平房周圍沒有監視器，便於隱匿行蹤。

十二月四日那晚，楊劍宇徑直開車去了丁建梅家附近，找了一處陰暗角落，停下車。北方的夜晚寒冷而寂靜，街上一個人也沒有。

楊劍宇吸了一支菸，戴好手套，走到丁建梅家門口。他後撤幾步，朝著院牆衝去，一個箭步就上了牆頭。

趴在牆頭，楊劍宇觀察了下屋裡的情況：只有西側一個房間亮著燈，客廳和東側房間都黑著。

楊劍宇輕輕跳進院子，動靜不大，他在院子裡環顧一圈，然後輕手輕腳地走到屋門那裡，輕輕一推——沒推開，屋門從裡面反鎖了，電視機的聲音隱約傳來。

晚上十點多，老徐接到妻子丁建梅打來的電話。妻子一反常態壓低聲音：「好像有人闖進來了。」

老徐告訴妻子別慌，先看看那個人想幹什麼，是不是走錯門了。

「這會兒好像正在院子裡走動，怎麼辦？」丁建梅不認為那人走錯了門，但小出租屋裡就放了點酒水，沒啥值錢東西，老徐告訴丁建梅，就算是小偷也問題不大。

兩人又聊了一些其他事，通話八分鐘後，丁建梅告訴老徐，那人好像在撥弄放酒水那屋子的窗戶。老徐覺得不妙，讓老婆報警，並表示自己馬上趕過去。

從家裡到出租屋，正常開車需要二十多分鐘，那天老徐十多分鐘就趕到了。但當他打開門，妻子丁建梅已經倒在了血泊中。

後來，每當我想起這個案子，總會忍不住問自己：假如丁建梅發現家裡有人進入的第一時間先報警，結果會不會不同？畢竟她撥出的兩通電話之間，隔了八分多鐘。而距離她最近的派出所出動警察，只要五分鐘車程。

我到現在都記得解剖丁建梅時的情景。她平躺在解剖臺上，小腹微微隆起。頭上、臉上全是血，額頭凹進去一塊，能隱約看到腦組織。右手食指缺失，雙側前臂和雙手手背有多處損傷，肌腱和指骨斷了很多。

不知是有意還是無意，丁建梅被害時左手放在小腹的位置，或許她臨死前都想護住腹中的胎兒。打開子宮時，裡面的胎兒已經成形，有大拇指那麼粗，長約六公分。儘管已經有心理準備，我還是難受得喘不過氣。

丁建梅的丈夫老徐一直守在解剖室外面，這個男人蹲在地上，雙眼通紅，呆呆地看著前方。那晚對他來說，註定永生難忘。

我勘查現場時，丁建梅家的床頭櫃上有份門診病歷，「懷孕十四週」幾個字上有些觸摸留下的血痕，應該就來自楊劍宇。楊劍宇說一開始並不知道丁建梅懷了孕，不然最多把她打暈，不會下死手。

殺掉丁建梅後，他來不及清理現場，只是迅速翻找了丁建梅的包和衣服，拿走一些現金，還順帶把丁建梅手腕上的金鐲子也拿走了。

「我本來不想殺她，只想弄點錢。」

我根本不想分辨他說這話的動機，因為那一刻，什麼話在我聽來，都是藉口。一個喪心病狂的罪犯妄圖給自己生命最後時刻一點心安，我不能允許。我願意接受有些罪惡就是沒有根源。對他們仁慈，就是對死者殘忍。

偵訊室裡，楊劍宇滿臉鬍碴，聲音低沉：「要是沒殺人就好了，但我已回不了頭。」

他之前只要有空，就去弟弟的大學。弟弟總叫他別來，他要讀書還有自己的生活。但楊劍宇還是一如既往地往學校跑。他喜歡大學校園，哪怕在裡邊什麼也不幹，看學生們來來往往，也覺得舒服。

「我要是能和弟弟換一下就好了。」楊劍宇羨慕弟弟可以上大學，但他馬上又補一句，「只要弟弟好好的就行。」

出事之後，他去學校找過弟弟，把身上大部分錢都留給了弟弟，自己只留了兩百元。自己要進去了，他最擔心的還是弟弟，他問辦案民警，自己的事會不會影響弟弟將來找工作？民警不知該怎麼回答他。

最終，楊劍宇和犯罪三人組中的富老大被判處死刑，小鵬和瘦猴被判處死緩（死刑緩期執行），受脅迫殺人的孫慶芳被判處有期徒刑三年。

由於老過道案件頻發，局裡進行了多次專項整治，成效顯著。現在我很少去老過道了，但那幾起案件在我身上留下的印記依舊清晰可辨。

趙欣竹案中進行的顱骨岩檢驗對當地法醫工作具有劃時代意義，從那以後，我養成了一個很好的習慣，幾乎所有驗屍都要查看顳骨岩。

入行之後，我經常被教導，法醫不要先入為主，不要覺得能從屍體上看出所有事情。但經過這幾起案子，我最大的感悟是，法醫一定要勇敢堅持自己的判斷，尤其是第一手接觸現場和屍體的法醫。我們的作用有時就像火把，四周一片漆黑的時候，得先勇於把自己點著。

老過道不再熱鬧，但每當夜幕降臨，那一百扇門後接連亮起的靜謐、溫暖的燈，成了我最大的安慰。那是一句——「今夜平安。」

02

青紗帳惡魔

法醫就應該勇敢說出自己的想法，哪怕錯了，只要有理有據就行。

案發時間：二〇〇四年九月。

案情摘要：某村玉米地中發現一具女屍。

死者：趙玉芬。

屍體檢驗分析：頸部有勒痕的月牙狀皮下出血，右手有明顯抵抗傷，中指幾乎全斷。全身共十七處創口，其中頸部三處，腰背部五處，最窄創口兩公分。據創口形狀推斷，凶器為單刃銳器，刃寬至少二．五公分，刃長超過十五公分。

望不到盡頭的玉米地裡，鑲嵌著一條狹窄的土路，路上擠滿人，一條警戒線將他們攔住。警車在這裡緩緩停下，等到隨車揚起的塵土散去，陣陣玉米芬芳的氣息飄進車內。

我所在的北方小城有很多玉米地，每年夏末秋初，玉米拔節抽穗，成片的玉米地就會變成綠色的海洋，當地俗稱「青紗帳」。繁盛時的青紗帳高過人頭，覆蓋大地。往年這個時候，青紗帳都承載著農民豐收的希望。

但從這天起，青紗帳成為罪惡與恐懼的代名詞，它的陰影足足籠罩在當地二十餘年。

那是我做法醫的第一個月接到的第一起命案。在車上身邊放著銀光閃閃的法醫勘查箱，我難掩心中的激動，想像自己是一名持刀的戰士奔赴戰場。

一旁坐著我的師父余法醫，年紀四十出頭，國字臉上兩條濃眉。他臉色陰沉，一路沉默。看到他，我察覺事情嚴重，剛才的胡思亂想全沒了。

剛走下警車，余法醫便被團團圍住。轄區派出所副所長湊近介紹，死者丈夫在旁邊，村主任領著其他村幹部，也在現場，鎮上的高層和公安局的高層正在趕來。

余法醫很不高興，皺緊了眉頭，悄悄跟我說，人多了只會添亂。民警領我們穿過警戒線，證據與痕跡慢慢在土路上展開，七零八落——路邊的大梁自行車，車籃扭曲變形，像一張歪斜的大嘴。路南側排水溝一片狼藉，幾棵歪倒的玉米和雜草，地上留下許多凌亂的腳印。一旁散落著十本雜誌、一捆芹菜和幾個番茄。

跨過排水溝，我們走進玉米地。玉米葉抽打手臂，又癢又疼。大約五十公尺後，眼前出現一片壓倒的玉米稈，一具女屍仰面躺在那裡。

她幾乎一絲不掛，只是脖子上纏著些衣物，腳上穿著肉色的尼龍襪。看起來已人到中年，臉色蒼白，眼角布滿皺紋，身形略顯臃腫。在她南側三公尺處，在一小截殘留的麥稈上，有一條白底小花內褲，格外顯眼。

屍體保持死時的姿勢，雙臂彎曲向上，擺在頭邊；雙腿叉開，左腿挺直，右腿略彎曲。一件白底紫花襯衫被掀起到乳房上方，褂衣角揉搓成一團，塞在口中。口角位置濕了一大塊，分不清是水還是血。

屍體不遠處有一隻布鞋，顏色和現場的血跡差不多。頭部半公尺左右有一條棕色褲子，褲子外翻，也沾了不少血跡。褲腰位置有新的撕裂痕跡，還有一條白布腰帶，一端有新的割斷痕。

余法醫蹲下身子，我協助他進行了屍表檢驗。死者身上有十七處創口，其中頸部三處，胸腹部九處，腰背部五處，最窄的創口也有兩公分。右手有明顯的抵抗傷，中指幾乎全斷，僅靠殘留的少量皮膚和手掌相連。

根據創口形狀可以判斷出，凶器是一把單刃銳器，刃寬至少二．五公分，刃長超過十五公分。根據解剖檢驗，死因是失血性休克，多處臟腑被刺穿。刀刀斃命，凶狠殘忍。

「老余，你來講兩句吧。」案情分析會上，刑警大隊一揮手，會議室頓時安靜下來。技術和偵查部門開會，總是圍繞死者身分、死亡時間、死因、做案過程和做案動機討論。法醫是死者的代言人，不僅要弄明白死因和死亡方式，還要儘量準確地推斷做案工具、刻畫嫌疑人，甚至進行現場重建，也就是通過技術手段再現、還原整個犯罪過程，需要精湛的技術和全面分析能力。

余法醫眉頭緊皺，右手輕輕撫摸深藍色的筆記本封面。他翻到摺角的那頁，上面寫滿了密密麻麻的文字。他清了清嗓子——「死者趙玉芬已經告訴了我她的遇害過程。」

就在剛剛，他找來幾名同事進行實驗，一名和死者身高接近的女警扮演受害者，不同身高體型的男同事扮演嫌疑人，模擬捅刺。他站在一旁記錄，不時指導幾下。

余法醫語氣肯定地說，嫌疑人是一人做案，在一對一的情形下，考慮到死者身體強壯，嫌疑人是青壯年男性的可能性很大，而且應該是體力勞動者。結合現場和驗屍情況，推測死者的遇害過程有八個步驟——

廝打：上午十點三十分左右，趙玉芬騎自行車回家，路過玉米地時，和嫌疑人狹路相逢。嫌疑人欲圖不軌，趙玉芬不從。兩人在田間小路發生廝打，導致自行車歪倒在路邊排水溝，溝裡留下了兩人凌亂的腳印。

追捕：趙玉芬打不過嫌疑人，轉身向村子方向跑了十幾公尺，被嫌疑人追上，從背後捅了一刀。鮮血順著死者的背部往下淌，滴落在玉米葉上，漸漸浸透了上衣。

扼拖：嫌疑人用手臂勒住趙玉芬的脖子，把她倒拖進玉米地，在脖子上留下勒痕。她掉了一隻鞋，另一隻鞋的腳後跟上有泥土擦蹭的痕跡。

脫衣：嫌疑人用匕首挑開趙玉芬的白布腰帶，開始撕扯褲子。她拚命拉住褲子，導致褲腰被扯斷。她見難逃魔爪，開始高聲呼救。嫌疑人把她的襯衫翻起，將下端塞進她嘴中。

控制：趙玉芬在地上滾動，趴著向遠處掙扎，手腳和胸腹部沾了不少泥土，地上的土也因沾了鮮血而變得濕潤。嫌疑人迅速騎跨在她身上，用匕首猛刺她的胸背部，大量鮮血流淌到地上，形成血泊。

性侵：趙玉芬的力氣隨著大量失血漸漸變弱了，嫌疑人把她的身體翻過來性侵，並且在她體內留下了生物跡證。

刺殺：趙玉芬性子很烈，不斷反抗。嫌疑人惱羞成怒，左手狠狠掐住她的頸部，導致頸部月牙狀皮下出血；嫌疑人右手持匕首刺向她的頸部和胸腹部，刀刀斃命，趙玉芬漸漸失去了意識。

辱屍：嫌疑人又在趙玉芬的屍體上狠狠踩了一腳，把玉米秸稈插進她的下體。

聽完余法醫的分析，第一次面對命案的我像是親眼看見了嫌疑人的做案過程，嫌疑人的一舉一動都符合現場和驗屍情況。會議室裡鴉雀無聲，大家不住地點頭。

我也是第一次感受到「現場法醫」的魅力。從師父身上我看到了一個好法醫的標準：他需要看現場，把屍體和現場結合起來，讓屍體開口說話，對命案現場進行還原和重建。

接著余法醫又說，死者背部的一刀，位於右肩胛骨下方，創口略向下行走，且刃口向下，有向下的血跡，應該是站立位時形成，再結合剛剛的模擬試驗，嫌疑人應該與死者身高基本持平，做案時右手持刀。死者身高一百七十五公分，嫌疑人身高不會超過一百七十公分，這也和痕檢技術員對現場足跡的分析一致。

我們再次回到村裡，用了半個多月，走訪調查了那片玉米地周邊三千多戶居民，所有符合「矮個兒青壯年男性」特徵的人都被重點「關照」了一遍。那段時間，DNA實驗室每晚都加班到深夜，所有人都疲憊不堪。

案情還沒有取得一點突破，新的姦殺案又發生了。就在當月，離學校不遠的玉米地裡，一名年輕的女教師在下班途中被姦殺。玉米地裡依然歪倒著一輛自行車。

死者胸背部被刺中三刀，流出的血把乾土浸成了血泥，散發著獨特的氣味。派出所買的四罐殺蟲劑都噴完了，也沒能阻擋蜂擁而至的蒼蠅。我和余法醫蹲在密不透風的玉米地裡，鼻腔裡充斥著殺蟲劑怪異的香味，感覺頭昏腦脹。

連續兩起命案，地點相同、時間相近、做案手法相似，並且現場留下的幾個腳印顯示，此案嫌疑人的鞋不大，似乎也是矮個子。雖然壓力巨大，不過大家也覺得，如果兩起案子能併案，破案的日子或許不遠了。

很多時候，不怕兇手再出手，就怕再也不出手。但DNA檢驗鑑定結果像是一盆冷水，澆在每一位辦案民警的心頭——兩起案件的嫌疑人並非同一人。

十多天後，我們確定了殺害女教師的嫌疑人，是一名刑滿釋放人員，曾三次入獄，這次剛出獄不到兩個月又犯下大事。他的鞋碼確實不大，可個子卻不矮。痕檢技術員搖著頭說，這是個體差異。

該案與趙玉芬案極其相似純粹是巧合。此後，趙玉芬案陸陸續續查了幾個月，始終沒有實質性進展。破案的希望越來越渺茫，刑警隊的工作也漸漸恢復了日常模式。那時我們都以為，趙玉芬案與女教師案一樣，只是個案而已。

直到一年後，二〇〇五年九月的某一天，晚上八點多，值班室的電話鈴聲響起：「南王村玉米地裡發現一具女屍……」電話那頭聲音不大，略有些顫抖。此事件立刻在局裡炸開了鍋，我們又想到了趙玉芬案，兩次案發地僅相隔八公里。

那天余法醫生病，只有我一個法醫在場。晚上九點三十分，我和同事到達玉米地。村支書❸驅散了村民，吩咐在周圍裝上五個燈泡。雖然光線偏黃，但已經十分明亮。

玉米地裡只剩下我們技術科的四個人和兩名派出所民警。各種飛蟲聚攏過來，嗡嗡地圍著人轉。為避免蚊蟲叮咬，我穿上密不透風的隔離服，身上很快汗涔涔的。

那是我作為新法醫，第一次整晚都待在野外現場。靜謐的玉米地裡，蟋蟀陣陣低吟，玉米葉窸窸窣窣，飛蟲撞擊在燈泡上，啪啪亂響。

燈泡照著死者李蘭英。她五十一歲，身高約一百五十五公分，頭面部纏著一條灰色圍巾，將雙眼蒙住，上身的兩件衣服被掀到胸部上方，胸腹部和下身裸露，右腳踝位置有一件灰白色的短褲。

我頭皮發麻，這現場比女教師案更像趙玉芬案。李蘭英身上的創口比趙玉芬的還多，密密麻麻的，足足有二十多刀。我判斷凶器依舊是單刃銳器。最寬的創口二．五公分，也和一年前趙玉芬的創口一樣。

案情分析會上，余法醫讓我介紹驗屍情況。我照葫蘆畫瓢，模仿上次余法醫的分析，大致還原了死者的遇害過程。看到大隊長鼓勵的眼神，我忍不住又說，兩起案件的做案過程相似，損傷類型也基本一致，很可能是同一嫌疑人幹的，如果真是這樣，可以併案了。

---

❸村支書：村黨支部書記的簡稱，中國共產黨最基層的黨內職務。

但剛說完我就有些忐忑，怕事後余法醫嫌我毛躁，在DNA檢驗鑑定結果沒出來之前就亂說。沒想到，散會後他拍著我的肩膀說：「法醫就應該勇敢說出自己的想法，哪怕錯了，只要有理有據就行。」

得到師父的肯定，我頓時覺得心裡充滿了力量。

幾天後，我的判斷得到了DNA檢驗鑑定結果的支持：李蘭英和趙玉芬體內的生物跡證來自同一人。

一個連環姦殺案的嫌疑人終於出現在我們面前：他隱藏在夏末秋初的青紗帳裡，絲毫不避諱做案時間，專挑落單的婦女，善於用刀。沒人知道他下一次做案是什麼時候，我們必須儘快破案。

趙玉芬和李蘭英案後，我們有了嫌疑人的DNA資料，可那時技術還不成熟，沒有資料庫，無法比對。

神出鬼沒的青紗帳惡魔成了當地人心中的夢魘，玉米地變成一個恐怖的地方，婦女小孩都不敢單獨去，多數村民都結伴而行，很多人還在自行車上放一根木棍。

公安局只能加大防控力度。一到秋天，除去年紀大的民警和部分女警，全域數百名警力都撒進方圓幾十公里的玉米地，在進出玉米地的主要路口輪班值守。四個人一組，兩個人車上蹲守，兩個人步行巡查。

我們技術科也排了班，除了每天留下兩個人處理日常工作，其他人都鑽進了青紗帳。我和偵查員大韓多數時候都是晚上的一班。

一天，我和大韓蹲守在玉米地旁的小路上。汽車的空調壞了，車窗開著，蚊子在我們耳邊盤旋。

「快趴下！」大韓突然低聲說，同時伸出一隻手按在我頭上。一個男人從我們面前的岔路口一閃而過。他走過去後，我和大韓悄悄下車，手裡拿著伸縮警棍，遠遠地跟在他身後，進了玉米地深處。當強光手電筒照在他身上時，他正蹲著身子，手裡拿著一疊信封往包裡塞。

大韓大吼一聲，一個箭步衝了上去。我緊跟著大韓，眼睛盯緊那人的手，生怕他掏出什麼。那人似乎被我們嚇住了，沒怎麼反抗，就被撲倒在地。他剛想掙扎著起身，大韓用力把他的手臂往背後一扭，那人就乖乖地不動了。

「大哥，大哥，別殺我，錢都給您。」那人低著頭，不敢看我們，身子抖得厲害，一個勁兒地用當地方言央求，「我沒見著你們的臉，您別殺我，我保證不報警。」

月光下，我和大韓相視一笑，敢情這小夥子把我倆當成了劫匪。我們亮明身分後，那小夥子鬆了口氣，竟癱坐在地上，嗚嗚哭了起來。原來他是一名藥商，要趕往附近一家醫院，恰好路過玉米地，就悄悄進來分裝現金。

青紗帳裡我們的蹲守故事還有很多。在一個中秋夜，我和大韓抓住一個偷電纜的犯罪集團，順便搗毀了一個專收贓物的廢品收購站。還有一次，我和大韓看到一個女的往玉米地裡跑，一男一女在後面追。我們把他們三個人請到了公安局，一番調查後發現他們是一個藏在農村的傳銷犯罪集團。

又一年，還是那片玉米地，我們圍捕了一個持槍殺人犯。罪犯畏罪自殺的地方，離趙玉芬的死亡地點不遠，有人覺得是趙玉芬的亡魂幫了我們。

一時之間，容易藏身遁形的青紗帳反而成了治安最好的地帶。唯獨青紗帳惡魔再也沒出現，像人間蒸發了。

直到二〇〇七年，我們竟然在一起舊案裡發現了他的魔爪。當時公安局引進了新設備PCR擴增儀，大大提高了DNA檢驗效率和成功率，DNA實驗室開始梳理積壓的舊案。在對當年物證重新檢測時，發現青紗帳惡魔的DNA比中了一起二〇〇一年的命案。

這起案子也發生在玉米地裡，案發地點距離二〇〇四年趙玉芬案的發生地僅二十公里。這說明，嫌疑人在當地至少犯下三起命案。

之前，我對二〇〇一年命案略有耳聞，但幾次想和余法醫談論，他都興致不高。現在案件有了進展，余法醫終於拿出厚厚的案卷，和我說起當年的情況。那是二〇〇一年八月的某一天，下午五點多，有人在自家玉米地發現一具女屍，渾身沾滿了血，隨即報警。

被害人四十六歲，她家玉米地和報警人家的玉米地僅隔著一條生產路。和幾年後的兩起命案一樣，死者也是上衣被掀起，下身赤裸。在屍體的左胸部外側，有一個暗紅色的印記，形狀像一把單刃匕首，長十二公分，寬二．五公分。余法醫分析這是生前傷，很可能是匕首按壓胸部形成了皮下出血。

這說明嫌疑人攜帶了刀具，但在該案中，他沒有使用刀具行凶，只是用作威脅的工具。和後來兩起案子不同，死者身上並沒有發現銳器傷，死因是機械性窒息，也就是因為機械性暴力作用引起的呼吸障礙所導致的窒息，如壓迫頸部或胸腹部，異物阻塞呼吸道等引起的窒息。

這幾起案件，強姦方式類似，做案工具雷同，但致死原因不同，可以看出青紗帳惡魔的做案手法在進化，從早期的粗陋，到後期的嫻熟狠辣。

我驚喜地在案卷中發現，二〇〇一年命案現場周圍有不少人見到了他——案發前半小時內，先後有三個村民看到一個陌生男人。他身高大約一百七十公分，偏瘦，小平頭，上身穿白色短袖襯衫，下身穿灰色短褲，拿著一個白色塑膠繩繫的網袋。

此外，案發前一個月內，還有兩個婦女分別在玉米地看過一個故意暴露生殖器的變態男人，外貌也與此符合。

在二〇〇一年這起凶案的幫助下，我們對青紗帳惡魔的了解大大增加，他的輪廓漸漸清晰起來。

從此，再蹲守玉米地時，只要見到有一絲相似的人，哪怕只是髮型相同或臉型相似，我們都立刻上前盤問，生怕漏掉大魚。

我們還請畫像專家製作了嫌疑人模擬畫像，公安局人手一份。因為破案心切，有段時間無論見到什麼人，我們都盯著臉細看。

作為新法醫，經手的第一起命案一直沒有結果，始終讓我無法釋懷。師父余法醫同樣無比糾結。只要有新命案發生，他總會提到青紗帳惡魔。有時在現場，有時在驗屍，他會毫無徵兆地蹦出一句：「也不知道青紗帳惡魔現在在幹什麼，是不是還活著？」

師父既希望青紗帳惡魔已經得到報應死了，又希望他能接受法律制裁，看看究竟是個什麼人。但年復一年，我們蹲守青紗帳抓了一個又一個，都沒有如願。

我們不想放棄，根據他的特徵，再次重點調查四類人員：有強姦、性犯罪前科人員，與案發地有關係的前科人員，二〇〇一年至二〇〇四年間在押人員，其他符合做案條件的外來人員。

調查緩慢地進行著，直到距第一起玉米地強姦殺人案整整十年時，青紗帳惡魔終於出現在我們面前。

二〇一〇年十一月二十一日，黑暗的夜空突然出現一道亮光——嫌疑人DNA比中了一名正在監獄服刑的人員。

消息傳來，同事們興高采烈，我的鼻子卻酸酸的。六年多，我眼前時常浮現那幾起命案慘烈的現場。青紗帳裡那深紅色的泥土，壓得我喘不過氣。

DNA比中的人叫李東明，正在省內某監獄服刑。二〇〇七年二月三日，李東明因一年前的一起搶劫案，被判處有期徒刑十年。其間表現良好，多次獲得減刑。

監獄協助我們採集了李東明的血液，檢驗結果顯示：死者陰道拭子中檢出精斑，未排除為李東明所留，不支持為其他隨機個體所留。這意味著，精斑就是他留下的，李東明就是青紗帳惡魔。李東明被從監獄羈押到看守所。我第一時間去了一趟，想看看青紗帳惡魔到底長啥樣。

小眼，長臉，大鼻子，白淨，偏瘦，頸部肌肉很發達，眼神深邃而平靜，這是我對他的第一印象。和其他嫌疑人很不一樣，他既不緊張害怕，也不惱怒爭辯，只是靜靜地盯著民警，臉上沒有一絲表情。

刑警隊好幾名同事參與辦理過李東明二〇〇六年犯下的搶劫案，他們都見過他，但誰也沒想到他就是青紗帳惡魔。我還曾給搶劫案中的傷者做過驗傷，當時也沒想到，這是被青紗帳惡魔弄傷的。

回憶起來，那段時間DNA實驗室的儀器恰巧出了故障，送檢的李東明血樣沒能檢驗出結果，但由於結果並不影響定罪量刑，很多人覺得DNA檢驗與否無所謂。再後來，大家就忘了這件事情。

好在，我們最終還是找到了他。但讓我們都沒想到的是，對李東明的判決會面臨重重困難，而他的身上背負了遠不止三條人命。

二〇一三年夏天，法院通知余法醫和我出庭質證，我們並沒有考慮太多，心裡只想著趕緊判了這個惡魔。

以前我也參加過幾次出庭，最多是被辯方律師問一些程序方面的問題。這起案子雖然是零口供，但DNA被比中，相當於是鐵證，我們覺得十拿九穩。

直到見到律師的一剎那，我心裡暗道：唐律師——不好！唐律師也是法醫出身，在當地小有名氣，和我師父余法醫年紀差不多。與我師父低調溫和的性格完全不同，唐律師的氣場要強大許多。轉型成為律師之後，他專接和法醫鑑定有關的案子，成功率很高。

在法庭上，唐律師提出了很多關鍵問題，公訴方和我們都被問得窘迫。最致命的是，唐律師找到了一個漏洞，一棍打在我們的「七寸」上——「現有證據沒法排除李東明存在同卵雙胞胎兄弟的可能，所以沒法確定這三起殺人案的凶手百分之百就是李東明。」

當老唐用略帶沙啞又充滿磁性的聲音說出這幾句話時，我的心瞬間沉了下去。這個案子有一點棘手：李東明是個沒有身分證的黑戶，自從成年之後，他大部分時間都在坐牢，個人資訊只能追溯到一九九六年，再之前的資料一片空白。

檔案裡寫著，李東明生於一九七六年，在一九九六年因搶劫被判了五年，二〇〇〇年十一月三日減刑釋放；二〇〇六年又因搶劫被捕，二〇〇七年被判處十年有期徒刑。第一次被抓時，李東明身上沒有身分證和其他能證明身分的東西，公安機關也查不到他的身分資訊。他自稱不知道父母是誰，自幼跟隨拾荒老人長大，此後公安局、檢察院和法院都沿用了這份檔案。

也就是說，儘管唐律師的理由聽起來荒謬，可李東明身分資訊之謎，的確是我們最大的漏洞——只要他自己不承認，誰也不知道李東明有沒有同卵雙胞胎兄弟。

我們過於相信DNA檢測技術的威力，卻忽略了它的侷限性。同卵雙胞胎即單卵雙胞胎，他們來自同一受精卵，擁有完全一樣的染色體和基因物質，而當時的DNA檢測技術還無法對同卵雙胞胎區分。

檢察院公訴科提出延期審理的建議，法官同意了。然而，在此後的歷次偵訊中，李東明態度都非常激動，拒不認罪，加上他本身又沒有任何可查的身分資訊，我看得出，連檢察院都開始懷疑，是不是你們公安真的抓錯了人？

二〇一四年八月，又一次延期審理一個月的期限眨眼間就到了，我們只能遞交現有材料。法院堅持認為本案中的ＤＮＡ鑑定不具有唯一性，排除不了同胞兄弟做案的可能，並明確告知我們，假如再沒有強有力的直接證據，會判李東明在本案中無罪。

當年十二月，李東明服刑期滿，如果被釋放，再抓他就難了。只剩不到四個月，我們把所有希望都寄託於ＤＮＡ實驗室。為了確認李東明身分以及有沒有同卵雙胞胎兄弟，我們進行了大規模的ＤＮＡ調查。

當時，局裡的ＤＮＡ實驗室正在建立Y-STR DNA資料庫（以下簡稱「Ｙ庫」）。Ｙ是性染色體，只有男性才有，且傳男不傳女。一個龐大的家系，只需要採集少量Ｙ染色體樣本，就可以掌握整個家系的Ｙ染色體特徵。將嫌疑人的Ｙ染色體和這些家系特徵比對，就可以初步判斷嫌疑人屬於哪個家系，從而找到身分。

簡單來說，就是收集男性的染色體資訊，再結合中國大多依照男性姓氏聚居的習慣，根據男性父系氏族的親緣關係鎖定嫌疑人。

從二〇一四年六月開始，我們一方面大量採集血樣入庫檢驗，另一方面開始細緻耐心的比對工作。當年十月，第六次比對時，Ｙ庫裡已有六千多份資訊。正是通過這次比對，我們發現了一個家族，和李東明的Ｙ染色體特徵十分接近。

被我們鎖定的家族是一個居住在東山嶺村的李姓家族。經過多年開枝散葉，家族成員眾多。通過初步調查，符合嫌疑人Y染色體特徵的家族成員至少有五百多人。

大隊長把專案組分成兩個組，一組對在城區生活過的原籍為東山嶺村的五十八名李姓男子及他們的相關親屬逐一調查；另一組入駐東山嶺村，深挖線索。幾乎在同一時間，兩個組各自獲取到同一條重要線索。

有個外村的女人，隨夫遷到東山嶺村，現居廣州。同事找到她時，她提到自己的兩個姪女在二十多年前被一個叫李春江的男子殘忍殺害，該男子也是其中一名死者的丈夫，老家正是東山嶺村，案發後一直潛逃。

與此同時，東山嶺村的調查也取得了進展。一名村民回應，在二十年前，他妻子的兩個汪姓姪女，被一個叫李春江的人殘忍殺害。李春江做案後一直沒被抓到。

所有線索指向同一起案件和同一個嫌疑人——李春江，他會不會就是李東明呢？假如李東明就是李春江，那他身上至少背負了五條人命，真是名副其實的殺人狂魔。

一個清晨，我和幾名同事一起趕到汪家。那是一座籠罩在樹蔭裡的大宅，院裡有個老人正在燒水，柴火劈里啪啦響個不停。當我們說明來意後，這位七十多歲的老人激動地說不出話來，紅著眼睛招呼我們進屋裡坐。

他就是被害人汪氏姐妹的父親。我們遞給他十張不同男性的照片，老人一會兒就挑出了李東明，使勁捏著他的照片，手抖得厲害。

老人淚流不止，哽咽著說：「是他，沒錯，就是他！」他雙手撐著膝蓋慢慢站起來，臉上的皺紋在抽搐。聞訊趕來的其他親屬也都對照片進行了辨認，他們非常確定，照片上的男人就是李春江。汪氏姐妹的哥哥、弟弟和嫂子對李春江的印象很深，這麼多年過去，仍清晰記得他的模樣和生活習性。

李春江身高一百六十六公分，比較瘦，平頭，長臉，皮膚白淨，小眼睛，眉毛的前半部分很濃，後半部分稀疏。不抽菸，也很少喝酒，自稱會武術，平時不太喜歡與人接觸。汪家人一致聲稱，李春江不是雙胞胎。

很快，院子裡擠滿了村民，他們之中的許多人都目睹了當年那起慘案。在大家斷斷續續的回憶中，二十年前的情況逐漸清晰起來。

至此，我們已經基本確定，李東明就是李春江。但我們心裡清楚，只靠辨認遠遠不夠，還需要更強有力的證據。當年李春江做案時當地技術手段落後，還沒有展開DNA檢驗工作，我們手頭沒有李春江的DNA資料，不能直接進行DNA比對，只能另闢蹊徑。

眼看李東明的刑期就要結束，我們一方面繼續和檢察院、法院溝通，另一方面全力尋找和李春江有血緣關係的親屬。李春江的父母均已過世，他在東山嶺村沒有直系親屬，但汪氏姐妹的親人回應，李春江有個姐姐叫李紅梅，住在城區，當年就是她居中作媒。

第二天一早，我跟隨幾名同事趕到城區，找到了她。我大吃一驚，李紅梅居然是個老太太，看起來至少七十歲，頭髮已經白了一大半，臉上布滿皺紋。眉眼倒是和李東明有幾分相像，都是小眼睛、長臉。

看了李紅梅的身分證，我才恍然大悟，姐弟倆竟相差二十多歲。李紅梅指著李東明的照片喃喃地說：「小如意啊，就算燒成灰我也能認出你來！」儘管李春江是她除了老公、孩子之外唯一的親人，可李紅梅早就當他死了。

採血的時候我問她：「李春江有雙胞胎兄弟嗎？」

李紅梅搖了搖頭，說：「我家只有兩個男孩子，李春江還有個哥哥，比他大十來歲，多年前就死了。」

後來，我們找到更多和李春江可能存在遺傳學關聯的親屬，提取血樣檢驗。

二〇一五年二月二日，DNA檢驗鑑定結果終於出來了。通過粒線體DNA檢驗，李紅梅和李東明在檢驗的四個區間粒線體DNA片段相同，不排除來源於同一母親。這個結果明確了，李東明就是李春江，是身負五條人命的殺人惡魔。

經過多日的調查走訪，我們也基本拼湊出李春江的人生軌跡。李春江出生在一九六五年臘月，家人特意給他取個小名叫「如意」，希望老天庇佑他順心如意。一家人都很寵溺他，可能正因如此，他從小就不聽管教，性格頑劣。在八九歲那年，父親去世後，李春江跟隨母親去了東北，投靠舅舅。

後來，李春江母親去世，舅舅勸他找點活幹，介紹他跟著一名木工師傅做學徒。但電影《少林寺》上映後，李春江深陷其中，憋足了勁要去少林寺學武。很快，他踏上了南下的旅程。

姐姐李紅梅在他出生前就結婚了，婚後一直在城區定居。一九九〇年初，久未謀面的小弟忽然出現在她面前。從那之後，李春江就暫住在姐姐家。在公家機關上班的姐夫將他介紹到機構內做了臨時工。

一九九一年五月，在大姐介紹下，李春江與一名叫汪玉娟的女孩相識，不久結婚。李春江嫌棄在機構上班賺錢少，於是買了一輛三輪車，去菜市場賣菜。汪玉娟覺得很沒面子，不願意一起去賣菜，李春江就打她。李紅梅見到弟媳身上的傷，只能說一些安慰的話，但根本管不住弟弟。

汪玉娟經常給父母打電話，說李春江欺負她。有一次，她哭著對母親說，李春江喝酒之後又打了她，自己想回家。

嫁出去的女兒潑出去的水，汪玉娟的父母沒想到事態的嚴重性，只是安慰她，結婚過日子就是湊合，儘量別惹老公生氣。但汪玉娟說，李春江脾氣很古怪，有時根本沒惹他，也會挨一頓揍。

一九九二年七月，汪玉娟父親來到跟李春江同村的親姐姐家。得知父親來了，汪玉娟跑過去，一見到父親就哭起來，說李春江虐待她。姑姑把姪女領到裡屋，查看她身上的傷。只見她身上青一塊紫一塊，大腿根部和會陰部有許多新傷舊傷，腹部和背部還有燙傷痕跡。

汪玉娟告訴姑姑，平時打罵也就罷了，李春江有「那方面」的嗜好，喜歡在發生關係時虐待自己，把大腿根部都掐紫了，還用剪刀捅刺她大腿根部。

那天晚上，汪玉娟告訴父親，自己不想回李春江那裡了，想跟著父親回老家。汪父點了點頭，表示明天帶她走。

沒想到當晚八點多，李春江找上門，進不去屋便在樓下吆喝：「你們要是把她領回家，我就殺了你們全家！」

汪家三人很生氣，第二天一早汪父帶著女兒回了老家。五天後，李春江來到汪玉娟老家，說話不像上次那樣衝：「你們大人有大量，我要把老婆領回去好好過日子。」

見女婿態度比較好，汪父留他在家裡吃了一頓飯，並叮囑他以後不可以再打老婆。飯桌上，汪玉娟沒有多說話，只說自己在老家還沒待夠。汪父告訴李春江先回去，讓女兒先在家住幾天。李春江在汪家住了一晚，第二天就走了，說過幾天再來接汪玉娟回家。

汪玉娟偷偷告訴父母，李春江「那毛病」怕是很難改，自己是真怕了，不敢再跟李春江回去。汪母心疼女兒，讓汪玉娟在家裡住下來。但汪父卻覺得，兩口子床頭吵架床尾和，過段時間女兒就自己回去了。

半個月後，一九九二年八月二日，李春江再次造訪，態度大變。他質問汪玉娟為什麼還不回家，是不是外面有人了。

「今天妳要是不跟我回去，我就不走了！」李春江已經失去了耐心，話越來越狠，語調越來越高，「你們別逼我！」

以前，汪玉娟並不敢和李春江爭吵，這次因為在父母家，守著父母和妹妹，她膽氣也壯了不少。汪玉娟的妹妹汪玉蘭在家附近一家工廠上班，那天她正好休班。看到姐姐在爭吵中處於下風，甚至還被李春江推了好幾把，眼看著就要動手，汪玉蘭不幹了。她從屋裡拿出一條鏈子鎖，站在姐姐身前，大聲說：「你要敢動我姐一指頭，我就跟你拚命！」

李春江很生氣，指著汪玉蘭的鼻子說了句「妳等著」，轉身就走。汪父叮囑老伴，最近幾天把門鎖起來，別讓李春江進家門。

第二天中午吃過午飯，汪母把家裡的大門反鎖後，就和女兒、外孫去大炕上睡覺了，汪父則去了另一間房屋午休。汪母正睡得迷迷糊糊，忽然聽到砰的一聲響。她一下子睜開眼睛，從床上坐了起來。

只見李春江拿著鋤頭站在炕頭，鋤頭擊中了汪玉娟頭部，血噴濺到枕頭和牆上。和丈母娘對視後，李春江拿著鋤頭往外跑。汪玉娟滿臉是血，汪母顧不上去追李春江，趕緊用手抱住了女兒。可是汪玉娟只能喘粗氣，根本說不出話。

汪父聽到妻子號哭，馬上起床跑來。看到女兒汪玉娟頭上有血，他扭頭往外跑。剛衝出屋門，恰好發現有人扭著身子趴在東側院牆上，正準備往隔壁的院子跳。那人跳之前一扭身，兩人視線碰到了一塊兒，正是李春江。

汪父找出鑰匙，將大門上的鎖打開，去隔壁院子尋找李春江，但那時李春江早已不見蹤影。汪玉娟被送到醫院後不久就死了，汪家亂成一鍋粥，直到醫生提醒，才想到報警。刑警隊接到報警的時候，已經是下班時間。

那時通訊很不方便，值班民警去員工宿舍挨家挨戶敲門叫人。余法醫剛準備吃晚飯，聞訊後立刻回了局。那時他剛入行四、五年，還是一名年輕法醫，但局裡法醫少，他已經開始挑大梁。

要去現場的人太多，一輛警車坐不下。等余法醫和痕檢技術員騎著摩托車趕到現場，距離案發已經過去四小時。

這麼多年了，余法醫依然對那個濺了血的花枕頭記憶深刻。枕頭上那片血漬有人頭那麼大，枕套上浸染了鮮血的鮮花看起來異常妖豔。此後一段時間，余法醫一閉上眼就能看見那個花枕頭，那片血漬會慢慢變大，染紅整個枕頭。

那時余法醫剛結婚不久，家裡用著款式相同的花枕頭，後來他實在受不了，就讓老婆把枕套換掉了。

初步勘查現場後，余法醫在醫院對被害人汪玉娟進行了驗屍。死因簡單而明確，鈍性暴力打擊頭部，致顱骨骨折、顱腦損傷而死亡，「勢大力沉，一擊斃命，夠狠」。

案發當晚，公安局封鎖了周邊地區並進行搜捕，可惜沒能抓住李春江。大家忙完再回到現場就快天亮了，死者家屬多數都離開了，但還有幾個人留在那兒，神色慌張。原來，死者的妹妹不見了，大家正在四處尋找，村裡的左鄰右舍也在一起幫著找。

很快，噩耗再次傳來。清晨，眾人來到汪玉蘭工作的工廠，一名早起上班的同事回應，汪玉蘭和她姐夫一起出了廠，往旁邊的玉米地去了。

「壞嘍，壞嘍！」汪父一下子癱坐在地上，拍著大腿吆喝起來。眾人直接去了玉米地，在那裡發現了汪玉蘭的屍體。

後來一名村民說，前一天傍晚，曾看到一個男人從玉米地裡走出來，臉上有傷，像是被抓的。那男人的外貌特徵和李春江極為吻合。

「兩隻眼都挖出來了。」余法醫講到汪玉蘭的時候，眉頭緊皺著，表情很沉重，看來他極不情願去回憶當年青紗帳裡的情景。能讓一名法醫如此在意，現場一定異常慘烈。

根據調查，李春江用鋤頭擊打妻子汪玉娟後，並沒有立刻遠走高飛，而是去了汪玉蘭的工廠，找她出來談事情。當著工友的面，汪玉蘭見李春江態度還不錯，就跟隨他到了玉米地。四下無人，李春江撕下偽裝，露出了凶惡的獠牙。汪玉蘭沒想到姐夫竟對自己起了歹念，轉身往外跑，但常年鍛鍊身體的李春江非常敏捷，汪玉蘭只跑出去十多步就被他追上，一下子撲倒在地。

汪玉蘭極力反抗，指甲抓破了李春江的臉，這讓李春江更加凶性大發。他撕扯下汪玉蘭的褲子，把她的內褲塞進她口中。在施暴過程中，他不時用拳頭搗擊汪玉蘭面部，導致她面部多處皮下出血，眼周青紫腫脹。

李春江還用手掐住汪玉蘭脖子，指甲在她頸部留下印痕。汪玉蘭由於窒息，反抗越來越弱。最後李春江強暴了汪玉蘭，造成汪玉蘭處女膜破裂。

但李春江心中的怒火還沒有熄滅。他又掏出隨身攜帶的匕首，狠狠地捅向汪玉蘭陰部，接著又用匕首刺進汪玉蘭的左眼眼窩，摳出了左眼。再用匕首摳她的右眼時，匕首崩斷了，半截匕首留在了右眼裡。

那年，汪玉娟二十四歲，妹妹汪玉蘭只有二十一歲。做案之後，李春江連夜逃離當地。他先是回了東北，然後又去了南方，之後下落不明，成為一名逃犯。

但僅僅四年後，一九九六年，李春江就悄悄潛回了當地，租住在離自己家不到一百公里的村子裡，並且犯下了兩起搶劫案，三起玉米地姦殺案。

直到DNA檢驗鑑定結果出來，李春江依然辯稱，自己不是李春江，從未到過公訴機關指控的三名被害人被害的地方，也從未強姦殺害過婦女，從未結婚，不認識也沒殺害過汪玉娟和汪玉蘭。但在完整的證據鏈面前，這些都不重要了。

讓我們沒想到的是，他還有新招。二〇一五年九月十四日，李春江被正式逮捕，連同二十年前的命案，一起被提起公訴。

這時李春江突然表現得十分反常，時而胡言亂語，自稱是北京的高官，正在執行特殊任務，所有人都無權審判他；時而對著空氣揮舞拳頭大罵，聲稱有人在跟蹤他，竊聽他的資訊；時而說自己是火星人，飛船沒能量回不去了。

李春江要求我們為他做精神鑑定。經歷層層波折後，李春江的謊言被拆穿了。法院認定，根據現有證據，李春江根本不存在任何精神問題，犯案時具有完全刑事責任能力。

在DNA資料比中李春江五年後，法院終於做出了一審判決：以故意殺人罪、強姦罪、搶劫罪，判處李春江死刑，剝奪政治權利終身，並處罰金人民幣一千元。

但李春江以「自己是李東明不是李春江」為由，提出上訴。最終上級法院駁回上訴，維持了原判。直到此時，李春江還是不承認自己是李春江。

有同事認為，面具戴久了便無法摘下，李春江陷入自己編織的謊言中無法自拔，欺騙別人的同時，他自己也漸漸變得深信不疑。

但是，我覺得以李春江的聰明程度，他肯定不會忘記自己的真實身分。法律規定，只要有證據證明其違法犯罪，可以以「無名氏」或其自述的身分資訊對此人處罰。所以此前法院出具的兩份有罪判決上的姓名，都是其自稱的「李東明」。

就這樣，李春江搖身一變成了李東明。第一次出獄後，他曾以寫有「李東明」名字的判決書為據，多次到派出所讓民警為他落戶。但他缺失的身分資訊太多，又無從查起，最終未能審核通過。

二〇〇六年初，李春江竟還以此為由，去省公安廳上訴。那天正好一位廳級高層在信訪局接受群眾陳情。李春江一上來就很激動，他越說越氣，最後指著高層的鼻子罵起來。旁邊幾個民警讓他閉嘴，要把他轟走，高層卻擺了擺手，讓他繼續說。

李春江換了副面孔，他蜷縮在椅子上唉聲嘆氣，訴說委屈和艱辛。他說自己當年無奈之下犯了罪，希望社會能對刑滿釋放人員多一些關愛。說到最後，他流下了幾滴眼淚，像一隻受傷的小狗，看起來非常可憐。

高層似乎受了觸動，好言安撫李春江，讓他回去等消息。李春江還是不肯走。這位高層被逼得沒有辦法，承諾他一定會給出一個答覆。李春江這才起身，滿意地離去。

那天，他一定覺得，自己即將成為李東明。

03

北橋牙醫滅門案

如果說血液是一把鎖，檢測技術是鑰匙，法醫就是拿著鑰匙的人。

案發時間：一九九九年臘月。

案情摘要：北橋村牙科門診醫生何立斌一家四口慘遭滅門。

死者：何立斌一家四口。

屍體檢驗分析：

- 何立斌：面部腫脹，上嘴唇部分缺失，牙齦和牙齒露出。右手肘彎曲，右前臂上舉呈握拳姿勢；左手臂伸直，左手半握。胃內無食物。
- 何立斌妻子：右臉變形，傷口密集，手背有明顯抵抗傷。胃內無食物。
- 何立斌兒子：頸部見兩個大洞。胃部無食物。
- 何立斌女兒：前額正面劈開，顱骨及腦組織可見，頸部有一大洞。胃內有少量食物。

在我們那兒，法醫愛喝酒似乎是件天經地義的事。老一輩的法醫們習慣出完現場用白酒沖沖手，再來兩口。消毒、解乏，捎帶著還能緩解精神壓力。

同事告訴我，我的師父余法醫以前也是海量，但奇怪的是，從我認識他起，他就滴酒不沾。有一回，我去余法醫家，見到他櫥櫃很顯眼的位置擺著半瓶白酒——不是啥好酒，但看起來放了很久。

見我盯著那半瓶酒看，余法醫岔開了話題，招呼我喝酒，自己卻只喝茶水。我越想越覺得這瓶酒有蹊蹺，只是我沒想到，他不喝酒的原因，竟然和一起塵封多年的大案有關。

那是一起幾乎成了我們當地公安系統傳說的大案。在那起案子裡，余法醫把自己的手和一具屍體縫在一起。

一九九九年臘月，余法醫坐上一輛汽車，一路顛簸緊急趕往案發現場。案發地點在一個新建開發區，被劃出來只有三四年，由一些沿海小鎮組成。這些小鎮民風淳樸，雖然地廣人稀，但管理有序。然而這天，新區裡的北橋村，卻發生了一起滅門慘案。

當天早些時候，村人幾乎都在忙，準備迎接即將到來的千禧年。一個小夥子急匆匆拐進公路旁的小巷，早晨的陽光把他的身影拉得老長。

小夥子的姑父叫何立斌，是遠近聞名的牙醫，平時在家看診，家門口的槐樹上掛著「北橋牙科」的小木牌，在微風中輕輕晃動。

小夥子想借輛自行車，見大門虛掩著，就毫不猶豫地推開了。但一進去，他就發現平時被姑姑打掃得一塵不染的院子，這天有些不同，尤其是地上還有許多滴落的血跡。

他開玩笑地朝屋裡喊：「姑父，怎麼給人拔牙也不止個血？」院子裡一片死寂，無人應答。小夥子沿著血跡徑直走到姑姑家的起居室，拉開紗門，探頭往裡一瞧，就再也邁不動腳步了。

小夥子趕緊向警方報了案，沒一會兒，這件事就無可避免地迅速在村子裡傳開。惡性案件很容易引起恐慌，對一個新區來說尤其如此，員警不僅要破案，還要儘快。那天員警出動非常迅速，駕駛員硬是把原本一個多小時的車程，壓縮到四十多分鐘。一路上，余法醫抓緊扶手，下了車感到一陣頭暈，差點吐了出來。

但他來不及抱怨，很快就被現場的慘烈震驚了。推開兩扇黑漆木門，余法醫和痕檢技術員老鄧一起走進院子。院子很寬敞，院中間是個磚塊圍成的小花園，花園牆邊有個紅色塑膠桶，裡面盛滿了汙水，老鄧上前看了看，找到一根帶血的木棍。

院裡一共有七個房間，南面兩個是倉庫和廚房，西邊兩個是牙科診所，東邊三個是起居室。起居室門前，曬衣繩上的衣服還半乾半濕，地磚上有許多血跡，牆角的拖把下面淌出淡紅色液體。

余法醫推門時，刻意避開了帶血的門把手。當他邁進房間的一剎那，一股濃烈的血腥味，伴著潮濕的空氣湧進他的鼻腔。

客廳很亂，沙發墊散落一地，牆上、地上和鏡子上到處都是噴濺的血跡。客廳正中有一床血染的棉被，隱約凸起一個人形。余法醫小心拿起棉被一角，底下露出一個身形魁梧的男人，仰面躺在地上，身子周圍全是血。

男人衣著凌亂、面目全非，臉腫得厲害，上嘴唇少了一大塊，形成一個缺口，露出了牙齦和牙齒。

「他真的是死不瞑目，眼睛睜得又大又圓。」至今，余法醫仍記得和牙醫何立斌第一次見面的情景。

他保持著奇特的姿勢：右手肘彎曲，右前臂上舉，呈握拳姿勢，左手臂是伸直的，左手半握著。這是一種特殊的屍體現象：在高度神經興奮狀態下死亡的人，死亡的瞬間會發生肌肉痙攣，也就是沒有經過肌肉鬆弛階段，直接進入「屍僵」階段，造成屍體保持著臨死時的姿勢。比如電影裡戰鬥到最後一刻，站著死去的戰士。

余法醫覺得，這更像是一種執念。他從何立斌睜大的眼睛裡看到了憤怒、絕望、哀傷和不甘心。生前很強壯的男人，卻在生死之間敗下陣來，沒能保護自己的家人。

「哪怕死了，他還保持著搏鬥的姿勢。」地面上的拖拉血痕從客廳一直通向臥室。臥室裡，大紅色的窗簾擋住了室外的陽光，整間屋子都被照得紅通通的。屋裡有明顯的翻動痕跡，地上堆滿了衣物、被褥和鞋。

兩具屍體平行仰臥著，身上撒滿了書本和試卷。靠裡面的是女主人，右臉變了形，密集的創口下，都看不到右眼，手背上有明顯的抵抗傷；靠外的是個穿校服的男孩，瘦瘦高高的，細瘦的脖子上豁開了兩個大洞。

小臥室裡還有一個小女孩，看起來和余法醫的兒子差不多大，她躺在床上，穿著秋衣秋褲，腳上沒穿鞋，死前應該是準備休息了。但現在，她再也無法醒來了。小女孩的前額被正面劈開，透過口子能看到裂開的顱骨和腦組織，脖子被豁開一個大洞，碩大的創口，怎麼都合不攏。

一張「初一代數測試卷」散落在女孩身上，卷面上是鮮紅的「一百分」，和滿屋的血跡一樣紅。

一家四口，無一生還。大家陷入一種極度的沉默，除了必要的溝通，現場只能聽到沉重的呼吸聲此起彼伏。一股不可遏制的憤怒升騰起來。究竟是怎樣殘暴的凶手，會下這種狠手？

余法醫在院子裡找了塊空地，將屋裡的一家四口都「請」了出來。那時候公安局沒有解剖室，醫院停屍房還不如外面亮堂。老一輩法醫們大都習慣在現場或野外解剖，雖然現在來看，那麼做不合規矩。

四具屍體並排躺在空地上。余法醫蹲在院子裡，從大到小，開始解剖。天色漸漸變暗，別人吃晚飯都回來了，余法醫還在解剖第四具屍體——小女孩。

室外溫度已經降到零下，終於到了最後一步，縫合。余法醫一針一針，穿過女孩早已僵硬的皮膚。結束時，他想把左手拿開，卻發現左手被緊緊地「拉」住了——他把自己左手的食指和女孩腹部的皮膚縫在一起。這不是一個法醫該犯的錯。余法醫是大家口中的「神醫」，每當大案發生，到場的高層都會問：「余法醫來了沒？」大家都認為，只要他到場，案子基本就穩了。

當年的法醫辦案很靠觀察力，余法醫對細節極其敏感。有一次，河裡撈出一根骨頭，大家毫無頭緒，余法醫看了半天，分析死者是個身高一百八十公分的男人，曾經出過車禍，被人用砍刀和鋼鋸分了屍。破案後，事實果然如此。

這一次，說來奇怪，整個過程中，余法醫沒有感到一絲疼痛。余法醫解釋說：「頭天晚上失眠了，夜裡起床喝了半瓶酒。也沒準兒是又冷又黑的緣故，手都麻了。」他一直有失眠的毛病，酒被當成了一味藥。我猜想，也可能是這起慘案給余法醫的衝擊太大了。

余法醫拆了線，沒有立即摘下手套查看手指的傷勢，也沒有急著再次縫合他握住的那隻蒼白小手，盯著女孩稚嫩的、剛拼湊起來的臉，看了半天。

「對不起，我不是故意的。」余法醫小聲嘟囔著，眼睛通紅。這之後，就算再失眠，他都不喝酒了。

幹技術的都知道，越複雜越血腥的現場，有價值的線索就會越多。滅門案的現場，多個房間明顯被翻動，診所的抽屜都被打開，幾乎所有的門把手和電燈開關上都有塗抹狀血痕……可痕檢技術員們在現場，卻沒有提取到多少有價值的線索。現場的血腳印大多不清晰，能稍微看清花紋的，只有十三個，它們分布在何家堂屋的十三塊地磚上。而嫌疑人的指紋，一枚都沒提取到。案件性質極端惡劣，現場條件卻不樂觀，老鄧氣得牙癢癢。

「這麼好的一家人就這麼沒了，太慘了！」認識何家的人都在嘆息。何立斌醫術好，不僅附近居民喜歡找他看牙，很多外地人也慕名來北橋村找他。何家夫婦為人和善，兒女禮貌優秀，在鄰居眼裡，這是令人羡慕的一家人，想像不到他們會招惹上什麼仇家。這樣的家庭慘遭毒手，所有村民都變得特別焦慮。

每隔幾小時，老鄧就跑去問負責維持現場秩序的派出所民警，偵查那邊有沒有眉目？過去，很多案子在技術科還在檢驗的時候，凶手就被抓住了。可這次，從白天到晚上，從晚上到白天，技術人員仔細勘查完現場，三十多個小時過去了，警方偵查依然沒有結果。

輿論壓力越來越大，高層們都坐不住了，趕到現場來問有沒有重大發現。可現場勘查結果讓高層很不滿意，他撂下一句話：「這麼大的現場，罪犯肯定會留下證據，繼續找！」

凶手還能人間蒸發了？余法醫的驗屍結果並不是沒有發現，他對做案時間和做案工具有重要推斷。通過查看幾名死者的胃內容物，他發現除了小女孩胃裡有少量食物之外，其餘三個死者的已排空，他們的死亡時間應該在最後一餐兩小時之後。

偵查人員通過走訪得知，何立斌一家通常在下午六點吃飯。平日裡，何立斌的兒子是最後一個到家，他晚自習回來是九點二十分左右。要殺死男孩，嫌疑人必須在現場逗留到晚上九點二十分之後，還要加上翻找財物、清理現場的時間。

余法醫對死亡時間進行了綜合判斷：四個死者都死於接到報案前一天晚上八點以後、十二點之前，時間存在一定跨度。

民警特意問過何立斌的左鄰右舍，案發時段有沒有聽到什麼異常動靜。鄰居說，何立斌很能幹，每天都忙到很晚，不是給人做假牙補牙，就是自己製作、打磨牙套牙模。他家每晚都傳出吱吱的打磨聲，鄰里已經習以為常了。

案發當晚九點多，鄰居起夜時，曾往何家院子裡看過一眼，能看到隔壁照過來的燈光，隱約聽到打磨牙模的聲音。也就是說，這家人很可能是慢慢地，在牙具打磨聲中，一個一個被殺死的。

在一扇門後發現的血腳印似乎也印證了這一點——嫌疑人曾經藏身門口，在殺完至少一個人後，腳上沾上了血跡，藏身門後，等待時機再殺下一個人。這代表凶手不僅殘忍，還很狡猾。

鄰居還提起，案發當晚，附近一戶人家的狗有一陣叫得很凶，但沒人發現異常，大夥兒也就繼續睡了。

余法醫根據幾名死者的創口，分析可能存在三種到四種做案工具。一種是銳器，類似匕首；一種是砍切器；一種是有稜角的鈍器；還有一種是圓柱形鈍器，比較符合的是現場發現的一根水管。

帶那麼多工具行凶可能不現實，余法醫認為，有一種工具可以形成兩種以上痕跡，比如斧頭。

老鄧仔細檢查了那根泡在紅色水桶裡的木棍，結果也印證了余法醫關於致傷工具的推斷。那根木棍，很有可能是一截斧柄。為了掩藏打鬥痕跡，嫌疑人用水沖刷過何立斌遇害的中心現場。在那把打掃現場的掃帚上，還纏了一條黃色的圍巾。

院牆外的乾草堆上，還有一隻帶血的、為了不留下指紋痕跡而戴的棉紗手套靜靜地躺在那裡。這不是臨時起意的激情殺人，而是一起有預謀的殘殺。凶手是有備而來的。

案發一週了，案件遲遲沒有進展，高層下了緊急命令，一個有六十多人的專案組成立，將全力偵破這起滅門案。能被抽調進專案組，是對辦案能力極大的肯定，他們是精銳中的精銳。

大家又去看了幾次現場，關於做案動機，意見基本一致：嫌疑人可能與被害人一家相識，知道何家有四口人，有錢。兩個女性死者沒有被性侵，從大量翻動的跡象來看，主要考慮尋仇或劫財，也可能兩者兼備。

「牙醫何立斌生意火爆，會不會是同行眼紅，起了歹意？」當時有偵查員提出。高層沒說話，一直低頭在本子上記著。

專案組一致推斷，殺死四個人，還能攀爬翻越高兩公尺多的院牆，從血腳印的尺寸看，嫌疑人是一百七十五公分左右的青壯年男性。先殺人後尋財，光明正大地翻找財物，再從容不迫地離去，離開案發現場前還沖刷清掃了現場，說明嫌疑人心理素質穩定，很可能有犯罪前科。

何立斌屍體不遠處，有一把三十公分長的扳手，上面有何立斌的指紋，說明他曾經手持扳手跟嫌疑人激烈打鬥過，嫌疑人很可能受了傷。但嫌疑人進出現場的路線和做案人數的問題，依然困擾著大家。

這家院子南側內外都有帶血的攀爬痕跡，嫌疑人很可能是通過攀爬圍牆進出現場的。但大門虛掩著沒鎖，有門不走卻爬牆，這不是多此一舉嗎？

關於做案人數的討論，從一開始就產生了很大分歧。「最起碼得有兩個人的鞋印。」

一個痕檢技術員說出了自己的見解。現場出現了兩種花紋的血腳印，寬窄不一。尤其在門後的一塊地磚上，出現了兩個平行的血腳印，應該是兩個人同時站在門後形成的。牆上的兩處攀爬痕跡，也疑似兩個嫌疑人做案後翻牆離開。

此外，按常理推測，一個人想在短時間內殺死四個人，似乎也有些困難。但是，余法醫的說法出人意料。他說，一個嫌疑人也可以完成全部做案過程，他提出了四點理由：

首先，所有被害人的損傷類型和致傷工具都差不多，說明殺人手法相似。其次，現場遺留的十三枚血腳印雖然有兩種花紋，但所有左腳為一種，右腳為一種。門後的血腳印雖然花紋、寬窄不同，但是長度基本一致。牆上存在兩處攀爬痕跡，並不能確定是兩個人攀爬形成，也可能是同一個人爬了兩次。

最後，關於力量對比，只要不是同時面對四個人，一個人是完全可以先後行凶。專案組根據已經得出的資訊，梳理出十三個重點懷疑對象。大多與受害者家庭有利益往來，可調查後，十三名重點懷疑對象全部被排除了做案嫌疑。

進一步調查中，余法醫走遍了周圍大大小小的醫院、診所，打聽是否有被鈍器砸傷的男人來就醫。當地的醫生幾乎都認識他了，嫌疑人還是沒找到。

專案組有人拿著鞋底花紋的照片，逛遍了全市所有商場超市和大小鞋店，沒找到有這兩種花紋的鞋子。

四個多月的時間裡，警方把調查範圍擴大到整個開發區，調查了可疑年齡層的男性兩萬多人，卻似大海撈針，一無所獲。就在專案組被各種資訊纏繞，爭論不休的時候，終於有一個線索，從錯綜複雜的案件細節裡冒頭了。

線索來自水桶裡那截帶血的木棍。有痕檢技術員輾轉找到了林業專家，通過分析，這截木棍來自一棵五歲的刺槐樹主幹，樹生長在鹽鹼地區。

這個結果讓大家感到興奮，因為案發地就屬於鹽鹼地，這說明做斧柄的槐樹「住得」離現場並不遠，凶手就在附近。

那時技術手段不發達，破案主要依靠傳統方式——地毯式走訪調查，用肉眼和經驗發覺疑點。

新一輪的走訪調查裡，有一個符合嫌疑人特徵的年輕人出現了。當時的新人法醫董法醫所在的組，遇到一戶人家很奇怪，連續走訪多次都不開門。

有一次在門外等候，董法醫聽到院子裡有動靜，可無論他們怎麼敲門，怎麼吆喝，門就是不開。他們沒有輕舉妄動，聯繫了派出所，得知這家有個二十歲出頭的小夥子，叫丁志峰。

多次敲門不開已經讓董法醫他們疑心，丁志峰的年紀也符合劃定的嫌疑人的調查範圍，他成為重點懷疑對象。

幾天後的傍晚，董法醫和兩個偵查員再次來到這戶人家。當時正是吃晚飯的時間，院子裡面亮著燈，家裡有人。這一次，他們提前做了工作，讓村子的治保主任（村民委員會主任）敲門喊話。

過了不久，門開了一道縫，一個滿臉皺紋的黑瘦男子探出頭，他看到主任後，臉上露出了一絲笑容。門打開了，董法醫看到院子裡還有個婦女，穿著一身深色的衣服，佝僂著背，面容愁苦。

他們進了門，主任說他家裡有點急事，就先離開了。那對夫婦領著他們往屋裡走，黑瘦男子邊走邊咳嗽，女人過去扶了他一把。

屋裡燈光昏暗，空氣中散發出一股發霉的味道。堂屋的牆壁上有一張電影海報特別顯眼，上面是個漂亮的女演員。

這對夫婦招呼他們坐下喝茶，董法醫和兩個偵查員圍著低矮的桌子坐下，簡單說明來意後，董法醫拿出本子，準備詳細記錄。

就在這時，意外發生了。董法醫一抬頭，看到裡屋衝出一個黑影。他光著膀子，披頭散髮，手裡還奮力揮舞著一把鐮刀。在燈光下，刀刃閃閃發亮，離董法醫的頭最多也就一公尺遠了。

董法醫嚇傻了，他身旁的偵查員一把拉住他，拉起來就往外跑。他們身後的那對夫婦立即抱住黑影。很快，這家的門又反鎖了。經歷了驚魂一刻後，董法醫幾人趕緊向上級彙報，丁志峰有嚴重暴力傾向，身高年齡都符合，有重大做案嫌疑。

很快，這家的院子被員警團團包圍，還有幾個員警帶了槍。村支書匆匆趕來，大喊：「誤會了，誤會了！」

「這孩子有精神病。」村支書說。丁志峰發病的時候常在街上光著屁股跑，見人就打罵，村民們害怕，他的父母乾脆把他鎖在家裡了。

經過警方反覆確認，案發那天丁志峰的確在家裡沒出門，鄰居也可以作證。這名「武瘋子」的嫌疑，最終也被排除了。

「其實後來想想，一個瘋子根本不可能考慮得那麼周密，懂得戴手套做案，還會清理現場。」董法醫回想起來，也覺得當時的彙報太衝動。

可當時絲毫的線索都是希望。四個月，六十多個人，集中工作、吃住，一頭鑽進了這起滅門案。遲遲不能破案，大家都急紅眼了。

但專案組裡沒有一個成員中途退出。剛開始出於保密原則，加上通訊不便，大家幾乎都不和家裡聯繫。後來高層覺得這樣不是辦法，於是每天晚上大夥兒確認完情況，就可以給家裡報個平安。那是民警們一天當中最放鬆的時刻。

專案組裡僅有的幾支手機被貢獻出來，余法醫記得很清楚，是摩托羅拉的掀蓋手機。

僧多粥少，沒搶到手機的民警，就在賓館走廊的公用電話前排隊。

某一天半夜，余法醫看到一個偵查員還蹲在走廊上，他走過去，那個偵查員好像有些不好意思，使勁把臉扭過去。

偵查員雙眼通紅，鼻涕和眼淚順著臉往下淌，張大了嘴，拚命壓抑自己，喉嚨才沒發出聲響。余法醫問怎麼了，他忍不住小聲地抽泣起來，說：「孩子感冒家人沒在意，得了心肌炎。」

「回去吧！」余法醫勸他找高層彙報難處。「哥，案子太重要了，我不想撤啊！」偵查員抓著余法醫的手，「這麼大的案子，以後可能再也碰不上了。我不甘心就這麼走了，可我一想到孩子心裡就難受。」

四個多月時間裡，專案組裡也發生過喜事。一個痕檢技術員的婚期改不了，高層給他放了三天假。可是新婚第二天一大早，新郎就急著趕回了專案組，沒耽誤當天的工作。

他們把該考慮到的都考慮了，把能做的都做了，但那個冬夜裡的幽靈，還是像人間蒸發了一樣。技術人員把現場提取的所有物證都仔細地保存著，十三塊地磚也被小心地收進物證室。

專案組解散了，在最後一次專案會上，高層鼓勵大家：「或許現在還不到破案的最佳時機，大家別氣餒。只要我們不放棄，總有一天能破案。」

解散餐會的時候，不少人都喝醉了。大家都不甘心。四個月時間，沒能找到凶手。每個人都覺得，拖得越久，希望越渺茫。

余法醫依然滴酒未沾。他無數次捫心自問：我還能喝上那半瓶剩酒嗎？他想等到案子破的那天。

有熟悉的人開他玩笑，提到他把手縫在屍體上的事，余法醫憨憨一笑，自嘲道：「或許我和那個小女孩有緣吧。」

此後數年，他腦海中回憶起這件案子的巧合，根本解釋不清。遇害的女孩只有十三歲；現場發現了十三枚清晰的血腳印；調查了十三個重點嫌疑人；物證室裡那十三塊地磚就像十三塊巨石，壓在民警們的心上。所有巧合和線索深藏著密碼，只有成功破解，才能找出真相。

十三年後的某一天，刑警隊王隊長看到一則新聞，有人通過ＤＮＡ檢測技術，確定了一座古代墓穴主人的身分，這讓他又想起了牙醫滅門案。

當年受技術條件所限，沒有檢驗出嫌疑人資訊，但現在一滴血可以講述的東西太多了。如果說血液是一把鎖，檢測技術是鑰匙，法醫就是拿著鑰匙的人。當年專案組的幾個成員重新聚在一起，商量著再檢測一下當年的檢材。

一大堆人圍在當年的物證旁，經過一番篩選，一致認定最有價值的物證，就是那十三塊地磚——二十五公分見方，青灰色，上面留著血腳印。案發之後，它們一直由警方妥善保管，每一次公安局搬家，都會由專業人士小心轉移。

當年，法醫前輩們檢驗的重點是地磚上面的血腳印。但這次，接力棒到了我手裡，我不再執著於血腳印，而是轉向遺落在地磚上的「滴落血痕」。

這種「滴落血痕」的意義在於：它最可能是嫌疑人的血。現場有搏鬥的痕跡，嫌疑人極有可能受了傷。過去只能檢測出血型，今天的技術卻可以鎖定一個人。

「這次我們算是豁出去了。」DNA實驗室的主任說。

提取血痕對我來說，本是一件輕車熟路的事，可這次我卻突然有點緊張，面前的地磚可不是普通的物證，它們來自何家的堂屋，沉甸甸的。當年，嫌疑人就是踩著它們離開了現場，然後不知所蹤。

我幾乎是屏住呼吸，小心翼翼地操作著，逐一觀察每一塊地磚。花了兩小時，終於在兩塊地磚上發現了幾滴「滴落血痕」，其中一滴藏在地磚的花紋縫隙裡，非常隱祕。

幾天後，兩份血樣的結果出來了：兩名男性DNA！這幾滴隱藏的血跡就像沉默了多時的證人，現在終於要開口說話了。

組織大家開會，會議桌周圍坐滿了人，分配任務的時候，大家臉上都洋溢著燦爛的笑容。此前，六十多個刑警爭論了十多年的做案人數問題，似乎就快有答案了。余法醫的眼睛裡更是放著光。

我們首先要確定的是，兩滴血是否屬於現場的受害者父子。如果都排除了，那它隱藏的祕密就太多了。為了驗證這一點，我們需要重回當年的案發現場提取血樣，同時尋找死者的直系親屬，利用親屬關係對血樣進行排除和認定。

一個陽光明媚的早晨，余法醫帶著我走進了北橋村那條巷子。我倆在鄰里的打量眼神中，駐足在掛著「幸福之家」的牙醫家門口。過沒多久，一個五、六十歲的瘦高個兒男人，拿了一串鑰匙從巷口朝我們走來。

「來了啊。」他跟余法醫打招呼，一邊說著，他手中的鑰匙伸向院門，打開了那把巨大的掛鎖。兩扇黑漆的木門同時發出吱呀一聲，時間彷彿停止，然後瞬間倒流，我好像回到了十三年前那個冬天。

我在現場提取了幾處血跡，聽余法醫講每個死者的位置、衣著、姿勢和損傷特徵，他記得清清楚楚，就像在講一起昨天才發生的案件。

在小女孩當年的房間，我們停留了最久。牆壁上的血跡已經變暗，隔著床板的縫隙看，水泥地面已經徹底變色。女孩的血液被塗成了一個怪異的形狀，就像一匹狼。

我有一種感覺，線索就留在這個空間裡，等了我很久很久。這一次，我是帶著「鑰匙」來的。何立斌的家屬們已經很多年沒和員警打交道了，這次警方突然找上門，家屬們雖然很配合，但眼神都有些複雜。「是不是案子有眉目了？」我給一個家屬採血時，他一直追問。

何立斌的弟弟說，在哥哥一家出事後，父母就一直悶悶不樂。過沒幾年，兩個老人就相繼去世了。「我娘臨走時還問凶手抓住了沒，一家人都不知道該怎麼答。」殺害自己親人的凶手十三年未落網，成了家屬心中永遠的遺憾。

那一刻，我也給不出回應，只能將現場提取的幾處血跡，連同何立斌夫婦所有直系親屬的血樣一併送到了DNA實驗室。同事們開始加班加點，仔細地分析和計算，最終我們認定：其中一枚DNA屬於死者何立斌，而另一枚DNA只可能屬於嫌疑人，或嫌疑人其中之一。

當初到底是幾個人做案，現在還無法解答，但是有了DNA資料，我們就摸到了嫌疑人的衣角。

要進一步確認嫌疑人資訊，我需要第二把更關鍵的鑰匙——Y庫。當地的Y庫建立已經初具規模，可我們找遍了，也沒發現和嫌疑人有關聯的資訊。

得知結果後，余法醫顯得有些失落地說：「看來破案的時機還是不成熟啊！」我不知道該怎麼安慰他，余法醫卻主動拍了拍我的肩膀，說：「好事多磨，別急。」

其實，誰都沒有余法醫著急，十多年來無論是技術上的困難，還是輿論的壓力，他都不好受。現在，終於拿到了嫌疑人的資訊，我堅信案子一定能破。

每每這種時候，余法醫就會拍拍我說：「你們年輕一代就是不一樣，心態也越來越好。」我想，這可能是因為我們越來越相信技術了。

這之後，我們特意加快了當地Y庫的建立。不單為了這起案子，還為了將來能破獲更多案子。每一個在DNA庫裡添加血樣的人，都可能給發現真凶提供關鍵線索。某種意義上來說，這個「專案組」的成員，已經沒有上限了。

大約半年後的一個早上，我在機構內的走廊上碰到了余法醫。他難掩興奮之情，對我喊：「找到了！」

有個人的Y染色體特徵和嫌疑人高度一致。他叫王亞賓，三十七歲，因為酒駕被拘留。事隔十三年，案件終於等來了進展，大家十分興奮，覺得王亞賓可能就是嫌疑人，恨不能立刻去抓他。可就在關鍵時刻，余法醫反而不急了。

Y庫裡的基因圖譜，就像是人的心電圖，每一個突出的峰值就是一個基因座。王亞賓的二十多個基因座與嫌疑人一致，但這個數量還不夠。為了保險起見，我們又加測到四十多個基因座，發現王亞賓和嫌疑人的四十多個基因座裡，有一個是不同的。

這說明，王亞賓不是嫌疑人，但和嫌疑人有極近的父系血緣關係。嫌疑人很可能姓「王」。可「王」是個大姓，人太多了！

王亞賓所在的村一共有六百多戶村民，其中王姓有一百多戶。我們決定一一調查，一個也不放過。大家的目標一致：這張網不但要密，還要夠大才行。調查的人數超過一千兩百人。

最終，我們發現了一個人，他的四十多個基因座與嫌疑人完全一致。隱藏十三年的惡魔，要露面了。我在偵訊室監視器裡，第一次見到了王亞強：小眼睛、高顴骨、鷹勾鼻。他也是一個牙醫。

王亞強被抓時，正在送患者出診所。這個家庭的構成和死者何立斌一樣，也是一對夫妻，一雙兒女，女兒也剛好十三歲。案發時，王亞強的妻子正懷著孕。同事們一擁而上把王亞強按在地上，他簡單掙扎了兩下，就不再反抗了。

抓捕之前，同事做了很多背景調查：王亞強性格內向，但脾氣火爆，曾在市集上因為生意把另一名牙醫打跑了。平時和鄰里很少說話，更別說喝酒聊天了。村人都覺得他很難「相處」。

王亞強的居住地，距離案發現場十五公里，沒有被納入警方大範圍調查的範圍，但他家所在的村，當時也有偵查員去過，可不知怎的，他竟成了漏網之魚。事隔多年，痕檢技術員走近，搬起王亞強的腳端詳了半天——他的鞋號和現場的足跡一樣大。

偵訊開始了。王亞強嚷嚷著自己沒做過虧心事，員警抓錯了人，要給個交代。他挺胸抬頭，像是一點也不怕。偵訊人員問王亞強認不認識開發區一個姓何的牙醫，有沒有去過他家，王亞強全部否認。審到大半夜，他還咬得死死的，直到偵訊人員擺出了證據。

「我殺人了。」王亞強沉默了半分鐘，忽然仰起頭，長吁一口氣。偵訊人員騰地一下站起來追問：「什麼時間殺的人？」

「一九九九年臘月，一個晚上，八點多。」

「在什麼地方殺人？」

「在開發區北橋村牙科門診的一戶人家裡。」

「殺了什麼人？」

「殺了四個人，一個男孩，一個女孩，一個婦女和一個男人。」

「為什麼殺人？」

「我想搶錢。」

隱藏了十三年的嫌疑人居然輕易招了，現場的情況和殺人動機都吻合，大家都鬆了一口氣。沒人想過，這看似順利的過程裡，正在醞釀著危機。

王亞強不慌不忙地向我們講述了殺害何立斌一家四口的經過。他說自己不認識「北橋牙科」的牙醫何立斌，只是想去搶錢。案發前半個多月，他在市集上買了一把水果刀，又從家中找到一把斧頭。案發當天，王亞強從何家敞開的大門進去，先去黑著燈的南屋待了一會兒，後來徑直進了客廳。

不巧有個婦女迎面走來發現了他，他就用斧頭將對方砍倒，又用水果刀割了她的脖子。他進了小臥室，遇到小女孩，就把小女孩也割了喉。回到客廳的時候，遇上男孩。於是把男孩按倒殺害，和婦女的屍體一起拖到了臥室。

王亞強說，幹完這些他去西屋找錢，忽然聽到有人進入客廳，和男主人何立斌打了照面。爭鬥中，他用斧頭把男人打倒在地，斧頭柄斷了。情急之下，他從地上撿起一根水管打男人的頭，直至把他打死。

在王亞強的供述裡，他一人做案，沒有私怨，只為謀財。殺人是因為被撞見，情急之下才滅口。這些細節，大多和現場勘驗的情況吻合，只有身在現場的人才能講述，大家聽完都覺得沒有抓錯人。

但余法醫心裡有些不安——男人的口供和驗屍結果不吻合。在王亞強的供述裡，他砍人都是一斧頭或兩斧頭，刀割也最多兩下。但驗屍的情況要慘烈得多。

又是一個陽光明媚的日子，王亞強被押進小巷，指認現場。王亞強對何家的院子非常熟悉，他清晰地記得自己在每個地方做過什麼事，包括殺人、尋財、逃跑。圍觀群眾情緒激動，在員警勸說下，才沒有衝上來打人。

按目前掌握的偵訊材料，大家都覺得案子已經基本宣告破案，下一步就等著喝慶功酒了。可余法醫窩在辦公室裡，一臉嚴肅，翻看著一個厚厚的本子。我走過去，發現本子的邊角被磨損得很厲害，裡面還夾著許多黏貼的影印紙，寫滿密密麻麻的字。

沒等多久，王亞強就幹了件讓所有人驚訝的大事：他翻供了。因為余法醫找到高層，說王亞強肯定是在撒謊，所以高層決定再來一次提審。結果王亞強一來到偵訊室，像開玩笑一樣，告訴偵訊民警，自己確實是在撒謊——真凶有兩個。

「我和一個叫周大海的，一起在牙醫家搶劫殺人。」有位老技術員立刻給余法醫打電話：「老余，你看看，我說是兩人做案吧，你非得和我強。」

余法醫沒吭聲，冷靜地觀察著王亞強的「表演」。偵訊室裡，王亞強一點點描述著自己和同夥的殺人經過。他和周大海是在開發區一家飯店裡認識的。周大海是東北人，二十五歲，身高一百七十五公分左右，偏胖，平頭，皮膚黝黑。這人是個無業遊民，住在開發區電子街路北側一個平房裡。

入秋後，周大海忽然問他，周圍誰家有錢。王亞強覺得北橋村那個做假牙的人家應該很有錢。案發前兩天，周大海很神祕地和王亞強說，他打聽到北橋村那個做假牙的人剛從銀行提了十萬元。

「我要去幹票大的，你一塊兒去不？」周大海邀王亞強一起去搶錢。他還說：「你不用管，我有工具，到時候你給我放風就行。」

案發那天，周大海拿了一個布袋子，裡面是一把匕首和一把斧頭。王亞強對匕首和斧頭記憶猶新。匕首雙刃，帶血槽（Blood Groove）。斧頭是木工用的那種，手把部分是黑色的木棍。

晚上七點三十分左右，他倆去了牙醫家裡。門是虛掩的，兩人進去，周大海讓王亞強去南面屋裡放風。王亞強看到周大海從布袋裡拿出匕首和斧頭，推開屋門就進去了。他用斧頭敲一個中年婦女的頭，又用匕首往婦女的脖子劃了兩三下。

然後，王亞強聽見一個小女孩的哭聲，但很快就沒有聲音了。這時，一個男孩從外邊跑進客廳，高聲叫了幾聲「爸爸」。周大海從東屋出來，男孩搶周大海的匕首，但很快周大海就把男孩按倒，用匕首把他捅死了。

一兩分鐘後，牙醫進了客廳，抱住周大海。王亞強從南屋出來，想上前幫忙。可周大海先把牙醫弄倒了，然後從地上拾起一根鐵水管，往牙醫頭上打了三四下。一家四口就這樣被周大海殺死了。王亞強距離屍體始終有一段距離，從沒有直接接觸。

進屋找錢的時候，他們從窗簾底下找到五千元現金，周大海拿走三千元，他留了兩千元。兩人又去牙科診所的操作間，周大海找到一百二十元左右，王亞強只拿了二十多塊焊牙用的焊片。他想著，自己給人看牙，這東西用得著。

接著，他們從院子西南角的廁所爬牆出去，出去後周大海忽然一拍腦袋，說把斧柄弄丟了。他進去找但沒找到，不久後周大海就從大門走出來了。

王亞強記得，當時周大海身上有很多血，他不清楚周大海有沒有受傷，但自己自始至終沒有接觸牙醫一家人的身體。這之後，他和周大海一直沒有再聯繫。

八年後的一個春天，周大海去過一次王亞強的診所。王亞強嚇了一跳，周大海卻說沒啥事，就是來看看。他當上菜販子，還給王亞強留了電話號碼，說「有空一起喝酒」。

後來王亞強換了好幾次手機，把周大海的電話號碼弄丟了。他倆再也沒見過。

王亞強最新的供述像一枚重磅炸彈，把偵訊的民警都炸懵了。

他的這一次翻供，實在影響太大，以至於專案組再次成立，還拉來了許多外援。王亞強的新供述真實度高，細節也詳實充分，兩人做案的細節得到大部分人認可。只是仍然有幾名技術人員站在余法醫這一邊，認為王亞強的翻供還是有問題。

雙方據理力爭的情景，就和十三年前一樣。余法醫依然語氣堅定地告訴在場的每一位民警：王亞強的翻供還是在撒謊，凶手只有一個人。

偵訊組又多次提審了王亞強，但每一次偵訊，他的供述都和前幾次不同。第六次偵訊時，王亞強說他和周大海到現場後，兩人一起到南屋抽菸，觀察了大約五分鐘，周大海才動手；他認識何家夫婦，在案發五年前，他曾去何立斌家中學過做假牙技術；做案時，他用兩塊黑布將鞋底包了起來，周大海提前處理了鞋底的花紋……

按照之前的調查，無論是不是兩人做案，可確認的是王亞強肯定參與了殺人，而且還受傷流血了。可翻供以後，王亞強居然堅稱自己沒動手，殺人的事都是周大海幹的。

民警拿出《鑑定意見告知書》，遞給王亞強簽字，上面寫著地磚和水管上檢測出他的血跡。他看著這句話，直接拒簽。專案組的人這時才反應過來，抓到了王亞強，並不意味著結束，而是另一場戰爭的開始。

在案子不同階段，我們任務不同，會面臨不同的困境。當年，余法醫等前輩們考慮的是如何通過現場還原犯罪過程，刻畫嫌疑人，如何通過蛛絲馬跡找到嫌疑人。

如今抓住了王亞強，我們還要考慮如何讓他承認罪行。既然他說了周大海，我們就從這個人開始查起。專案組調取了大量戶籍資訊、暫住者的相關資訊，調查了八百多人。但沒有找到符合周大海姓名、年齡和體貌特徵的人。我們又找到轄區內東北人的小頭頭，他們也說沒有。

為了獲取足夠的證據，專案組擴大對「周大海」的搜索範圍，將東北三省戶籍庫中同音的六百餘名男性資訊全部調出，讓王亞強一一辨認。王亞強一直搖頭，說沒找到。

為了驗證一些猜測，專案組啟用了一種新方法，從王亞強的身邊人開始擊破。民警找來和王亞強同牢房的兩個犯人：老鄭和老馬，了解更多資訊。

根據他倆的供述，似乎整個牢房剛開始都怕王亞強，所以沒有像往常一樣審問新犯人。而王亞強也不願意和別人說話，多數時間都一個人坐著。

只有身為組長的老鄭問了幾句，王亞強簡單地說自己和別人結仇，才殺了人。老馬是牢房裡的老油條，也是犯人中的「法律專家」。王亞強剛說完，老馬就跟幾個人圍在一起分析起來，他們覺得公安局肯定沒有確定的證據，不然不會這麼長時間才抓到人。

老馬下了結論：只要不承認，法院就有可能判他死緩。牢房並不寬敞，王亞強距離他們，最多也就一公尺多遠。他一直靜靜地聽著。

為了擊破王亞強，局裡來了兩位知名測謊專家，測謊結果顯示：牙醫滅門案應是一人做案；應該是王亞強殺人的；王亞強供述的同夥周大海，應該不存在。

這是個天生的撒謊者，但在專業技術測謊，以及近二十次訊問的壓力下，王亞強終於承認：測謊結果全部正確。

我們也終於搞清楚了他的整個犯罪過程。王亞強一直覺得自己的人生很不順。一九九四年前後，大家都覺得幹牙醫這行成本低、賺錢快，王亞強也跟著表哥念牙科，第二年就開起了獨立診所。

那時候，他的診所周圍有很多競爭對手，王亞強為了搶生意，曾經和許多牙醫有過矛盾和衝突，專案組費了很大的勁，找到了當年被他騷擾過的兩個牙醫，其中一位姓宋，另一位姓林。

當年，宋醫生的牙科診所和王亞強的診所距離很近。宋醫生的診所比較忙，而王亞強的診所裡人很少。一天上午八九點鐘，宋醫生正在忙碌，王亞強來了。他在宋醫生的診所裡公然拉客，招呼那些人去自己的診所。宋醫生很生氣，罵了王亞強幾句，就繼續給人做假牙了。

結果下午，王亞強又衝進宋醫生的診所。他氣勢洶洶地說：「你出來一下！」宋醫生剛一出門，就被王亞強狠狠地打了一拳。兩個人扭打起來，王亞強漸漸落了下風。他不解氣，從路上撿了塊石頭，把宋醫生轎車的擋風玻璃給砸碎了。

二十分鐘後，兩個青年騎著一輛紅色摩托車趕來，進了宋醫生的診所。王亞強指著宋醫生說：「就是他打我的。」

「聽說你很能打？」光著膀子的青年對宋醫生說。

宋醫生並不害怕，對他們說：「我剛從監獄裡出來，想做點正經生意，你們別為難我。我從小練武，你們也不一定能打過我。」

年輕人打量了宋醫生半天，說了句「從裡面出來的不敢惹」。說完，他們就和王亞強一起走了。後來，宋醫生本著息事寧人的想法，去給王亞強道了歉，雙方握手言和。但從那以後，宋醫生的診所時常有防疫站的人來檢查。王亞強三番五次打市長熱線。實在不勝其擾，宋醫生離開了。

而那位姓林的牙醫，之前壓根兒就不認識王亞強。有天晚上，林醫生家裡來了一名不速之客，他開門見山：「我叫王亞強，跟你是同行，以後你別去開發區趕集了。」

當時林醫生家中還有幾個朋友，聽到王亞強這樣說，都很生氣：「大家憑手藝賺錢，你憑什麼不讓人家去趕集？」

王亞強一句話也沒說，在屋裡坐了十分鐘，起身走了。大家都覺得這傢伙精神不太正常。幾天後，林醫生騎摩托車去開發區趕集給人補牙。他走到半路，被王亞強截住了，王亞強威脅他：「你不能去開發區趕集，不然我殺你全家。我能把你家沒長毛的老鼠也找出來弄死。」

林醫生很生氣，沒理他，後來王亞強又陸續攔截他三四次，每次都是威脅。最後，林醫生一家被嚇得報了警。我們在調查中了解到，王亞強還和一個牙醫打過架。當時他說：「我已經殺了一家了，不差你這一家。」

王亞強用盡各種手段擠走了附近的牙醫，可沒想到，自己的生意並無起色，村人都去了「北橋牙科」。

開發區成立後，不允許牙醫跨區行醫。王亞強的收入大不如前。在給人做假牙時，他聽對方提起開發區的北橋牙科，說做假牙挺貴，生意還好。王亞強耿耿於懷，他覺得當初是自己費心費力把另外兩個牙醫擠走的，最後發財的卻是何立斌。

雖然沒見過何立斌本人，但王亞強已經恨上他了。後來在妻子懷孕期間，王亞強的生活更窘迫了。他想搞點錢，「買輛摩托車去遠處行醫」。而他搞錢的辦法，就是找個有錢人搶一票。

何立斌一定很有錢。為了這次行動，王亞強做了精心準備。他先是在市集上買了一把大號的水果刀，又在家裡找了一把斧頭，還親手製作了一雙獨一無二的鞋子，他把兩隻鞋底分別切割、打磨，使兩隻鞋底的花紋不一樣，造成兩人做案的假象。

正是這雙鞋，引發了專案組內部長達十多年的爭論。王亞強不知道何立斌住在哪裡，他專門去了趟北橋村，提前打聽到何立斌的住處。快到元旦了，妻子回了娘家，王亞強覺得是時候出手了。

那天晚上七點多，天色暗了。王亞強戴上白色棉紗手套，穿上處理好的鞋子，從家裡找了一塊黑布，把刀子和斧子都包了起來。

「我一開始的時候，只是想拿刀子和斧子嚇唬嚇唬對方，等對方給我錢之後，我就快跑。」王亞強說。

這句話，直到今天仍然無法辨別真假。那晚，王亞強到那兒時，何立斌家有五個房間的燈亮著，傳出刺耳的嗄吱聲。王亞強很熟悉，那是打磨牙模的聲音。王亞強推開東邊屋子的門，和一個四十多歲的婦女正面相遇，兩人都嚇了一跳。

「誰？」

「我！」

王亞強用斧子指著女人，惡狠狠地說：「快把錢拿出來！」女人嚇壞了，張嘴就想喊人。王亞強想也沒想，抬手就是一斧子，女人像喝醉了酒，身子有些晃，王亞強又連續劈砍了五六下，女人倒在地上，最終也沒能喊出一句話。王亞強怕女人沒死，彎腰上前，把長長的水果刀捅進了她的喉嚨。

忽然，一個女孩的哭聲傳入王亞強的耳朵裡，他順著聲音進屋查看，發現一個十歲左右的小女孩站在床邊，驚恐地看著他，雙手抱在胸前小聲地哭。王亞強毫不猶豫地把小女孩也殺了。

這下，除了診所裡傳出的聲音之外，這個院子裡再也沒有其他動靜了。

王亞強回到客廳，把女人的屍體拖到隔壁臥室，開始在屋裡翻找財物。忽然他聽到院子裡有兩個男孩說話，商量著明天一起去上學。

一個男孩離開後，另一個男孩關了院門。王亞強拿著刀子往外走，走到客廳時，正好撞見十五、六歲的男孩。男孩愣了一下，開始喊「爸爸」，並且上前拉住王亞強的右手，想搶刀。

一開始王亞強很緊張，但很快他就加大了力道，男孩不僅沒能把刀搶過去，還被他殘忍地殺害了。在王亞強殺死三個人的過程中，何立斌一直沉浸在自己的工作裡，打磨牙模的噪音掩蓋了打鬥聲和喊叫聲。

王亞強沒有立刻逃走，他藏到客廳門後，等何立斌進門。他下定決心，一個不留了。何立斌很強壯，等待是一擊即中的最好辦法。

等待的時間很漫長，一分一秒都很難熬，很久之後，打磨牙模的噪音停止，院子裡又陷入了寂靜。王亞強抓緊了手裡的斧頭。

何立斌進屋後停下腳步。他看到了地上的血，然後從旁邊的架子上拿了一把扳手，剛要轉身的工夫，王亞強往前邁了一步，抬手就向何立斌的後腦勺劈了一斧子。沒想到那一斧子沒砍實，順著何立斌的後腦勺滑到了肩膀上。斧頭和斧柄一下子分離開，斧頭掉在了地上，斧柄飛到院子裡的汙水桶中。

何立斌轉過身，用雙手抱住了王亞強，兩人廝打在一起，誰也沒說話。後來，兩人都倒在了地上，滾來滾去，王亞強右手拿的刀子也掉到了地上。

何立斌拿起扳手朝王亞強打去，王亞強抓住何立斌的手，兩人僵持了一陣。但王亞強最初的那一斧頭起了作用，何立斌手勁越來越小了。王亞強趁機把右手掙脫出來，抓住何立斌的頭髮狠狠地向地上撞去。

何立斌不能動了，嘴裡還大口喘著粗氣。王亞強發現牆角有一截自來水管，他用這根鐵管砸掉了何立斌最後的一口氣。王亞強歇了一會兒，進屋翻找財物。在臥室床墊底下，他發現了兩千元。此外，屋裡就沒有值錢的東西了。診室裡只有一百多元，他隨手順走了二十塊做假牙用的焊片。

院門已經被何立斌的兒子關上，王亞強打算爬牆出去。他翻出院子剛走了兩步，忽然想起斧頭還落在何立斌家裡，只能再次翻牆回去。當他在黑漆漆的廁所地上摸索時，留下了那片弧形的血痕。

王亞強進屋找到了斧頭，但沒找到斧柄，他看了躺在地上的何立斌一眼，心裡有點慌，決定不找了。出門前，王亞強已經筋疲力盡，沒有力氣再翻牆了。於是他從大門走了出去。

院門是開著的，牆上卻留下了兩次攀爬的痕跡，王亞強再次給我們出了個小難題。不過這次，他不是故意的。

殺了一家人，只搶到兩千多元，王亞強沒買成摩托車，這些錢也很快就花完了。他的生活並沒有因為搶劫殺人而有任何起色，如果說有什麼變化，那就是孩子剛出生那幾年，王亞強時常從夢中驚醒，嘴裡嚷嚷著一些話。

王亞強的妻子告訴專案組，這些年王亞強經常被噩夢困擾，他的脾氣更加陰晴不定，平時不願意和人打交道，和家人也很少說話。王亞強一直不敢喝酒，或許是怕自己喝醉了，會不小心吐露真相。

但真相不會永遠被掩蓋。事隔十三年，案子終於徹底破了。開慶功會這一天，局裡特地邀請了當年專案組所有民警。

這次，許久沒碰過酒的余法醫舉起了酒杯。只要有人敬酒，他就來者不拒。那酒量，讓我看得膽戰心驚。

我背著余法醫回家，他喝醉了，回想起第一次趕到案發現場。他說那天，司機開得太快，車終於停下來的時候，他已經快被晃吐了。但抬起頭的時候，他看到街道邊那句醒目的宣傳語——「愛崗敬業，遵紀守法」。但不是每一個人都能做到。

二〇一六年冬天，王亞強被依法執行死刑。

04

枕邊殺人狂

或許，吳勝從動了邪念那一刻起，就註定要走上一條不歸路，「算計」得再巧妙，也註定不會成功。完美的犯罪？他想多了。

案發時間：二〇〇九年五月。

案情摘要：某公園大樹附近發現一具女屍。

死者：陳燕。

屍體檢驗分析：背部布滿大片狀紫紅色屍斑，按壓稍微褪色，擴散期屍斑，屍僵嚴重，死亡時間不超過二十四小時。枕部血腫，說明後腦曾被凶手攻擊。口唇有受力痕跡，胸部和腹部有明顯銳器傷。腹部被剖開，見十五公分橫行刀傷。見指甲、嘴唇發紫，瞼結膜出血等窒息徵象。下體被切掉一塊，子宮內有一成形胎兒。

取出兩副七號半的乳膠手套，我盯著自己左手的傷痕定了定神。師父常叮囑我，儘量多戴一副手套，「常給屍體動刀，難免自己挨刀」。我的腦海裡浮現出許多片段，每一道傷痕都有一段回憶。我知道工作時必須把情緒抽離出來，儘管那很難做到。

一旦戴上手套，就要進入戰鬥狀態了。解剖室裡很安靜，除了排氣扇嗡嗡地響。無影燈的光線有些發黃，照著中央解剖臺上冰冷的屍體。牆邊有一排器械櫃，牆角放著幾個盛臟器的紅色塑膠桶。

靜靜躺在解剖臺上的，是個年輕女人，睫毛很長，微微上翹，像睡著了一樣。

一天前，她的生命還沒有被剝奪。這個女人是在前一天下午，被幾個在公園踢球的小孩發現。

我在斑駁的樹影下，第一次與她見面。當時，她的屍體被拋在一棵大樹附近，乍看像躺在樹下休息的遊人。空氣中瀰漫著濃郁的血腥味和輕微的屍臭，我把法醫勘查箱放在旁邊，蹲下身子。

她棗紅色的頭髮鋪在草地上，鬈髮的髮梢沾滿了草屑，黑色頭繩躺在半公尺外的草叢中。腳下的地面有兩道淺溝，雜草和樹葉被推到一起，積成了小丘，是她掙扎時留下的。

她皮膚白皙，但嘴唇已經發紫，眉頭微蹙，劉海略顯凌亂，眼角還是濕潤的，睫毛上掛著露珠。雙腿自然彎曲，淡藍色的牛仔褲和粉色內褲被褪到右膝蓋，左腿赤裸，白得刺眼。更刺眼的是，上半身有兩個橢圓形的紅色創口，腹部則被剖開，腸子鼓起，掙脫了大網膜。因為有股氣味，我估計她的腸道應該也破了。

粗略看這是一起強姦殺人案，痕跡顯示打鬥並不激烈，可能是熟人做案，也可能力量對比懸殊。但附近沒有身分證、手機、鑰匙、錢包等能提示證明身分的物證。

「先把屍體運走吧。」我起身摘了手套，樹林裡的光線已經十分昏暗，幾隻鳥在林間飛過。

解剖室裡，助手協助我脫掉女屍身上的衣物，進行檢查並拍照。一百六十五公分的個子，姣好的面容，勻稱的身材。

她背部布滿大片狀的紫紅色屍斑，說明死後一直保持仰臥。我用手指按壓，稍微褪色，這是典型的擴散期屍斑。

人死後，各肌群會發生僵硬，並且把關節固定，我們將其稱為「屍僵」。助手扳了扳女屍的下頜及四肢，各處關節已經完全不能活動，說明屍僵嚴重。這意味著死亡時間應該不會超過二十四小時。

我用手撐開女屍的眼睛，角膜渾濁呈雲霧狀半透明，可以看到散大的瞳孔。我心裡大概有了數，死亡時間約二十小時。看了看牆上的鐘，晚上七點零八分，她應該死於昨晚十一點左右。

她有指甲和嘴唇發紫，瞼結膜出血等窒息徵象，口唇有受力痕跡，胸部和腹部有明顯的銳器傷。為了取證，我為她剪了指甲，準備送去檢驗裡面的ＤＮＡ。沒準兒她在死前抓過凶手。

作為一名法醫，我還擅長理髮。憑這手藝展開副業很難，因為我只會理光頭。剃掉她的頭髮，我可以觀察頭上的損傷。女屍的枕部有血腫，說明她的後腦曾經被凶手攻擊。

我還提取了女屍的陰道拭子，她的下體被切掉了一塊，凶手卑劣得超出想像。

為了測量腹部的刀傷，我把露在體外的腸子塞回腹腔，併攏兩側，一個長十五公分的橫行創口出現在眼前。助手站在女屍左側，比劃了一個刺入的動作，並向自己的方向拉回，表示橫切。

「凶手應該持一把單刃銳器，刺進女屍右腹部後，順著刀刃的方向橫切。就在我這個位置，往回拉比較省力，甚至可以雙手持刀。」

提取更多檢材後，我和助手開始縫合屍體。助手是個女孩，她一邊操作一邊自言自語：「針腳要細密些，才配得上這麼漂亮的女孩。」無論我們縫合得再好，也無法修補她生前甚至死後遭遇的種種虐待了。

晚上十點，會議室裡坐滿了人，我開始向大家介紹驗屍和現場勘驗的情況。法醫肩上的擔子很重，我說出的每一句話，都會被同事記在本子上。一旦錯了，丟人還是次要的，搞不好還會丟了飯碗。

死者斷了五根肋骨，身體上有四處鈍器傷，都是在她活著的時候產生的。至於身上那兩處銳器傷，則是在她瀕死或死後才形成的。我暫時想不明白凶手為何要破壞死者的身體，可能是迷戀女性的生殖器官，心理有些變態。

儘管檢查還沒得出結果，但我可以初步對凶手刻畫：一名到兩名青壯年男性，攜帶銳器，力量較強，可以正面控制死者。

解剖時我還發現，女人子宮裡有一個成形的胎兒。這是一屍兩命的凶案。聽了我的介紹，會議室當場就炸了鍋。沒想到的是，頭一天晚上我們還在推測死者身分，第二天一早，這事就有了眉目。

上午九點，我接待了一對報失蹤的老夫妻。夫妻倆五十歲左右，是中學教師，衣著樸素，有書卷氣。兩人筆直地坐在沙發上，很禮貌但滿臉焦急，厚厚的鏡片掩蓋不住倦意。

他們的女兒陳燕不見了。前天傍晚，女兒一夜未歸。起初老夫妻沒太在意。女兒二十六歲了，是小學教師，已經和男友訂婚，新房在裝修。

直到昨天母親過生日，陳燕依然沒回家，電話還關機了。給準女婿吳勝打電話，他說兩天前接到陳燕的電話，說晚上要和朋友一起吃飯，之後就沒見過她。

老夫妻從包裡取出一張照片。上面是一個大眼睛、橢圓臉、穿白色長裙的年輕女人，倚靠在櫻花樹下。

我愣住了，一時思考不出怎麼安撫老夫妻，只能如實說：「我們發現一具女屍，還沒確認身分。」建議他們去解剖室辨認。

老夫妻比我想像的要鎮定，沒有號啕大哭或暈過去，只是變得沉默。我能感受到他們在壓抑自己。

我問好幾句話，才得到一句回答。給他們採血，兩人眼神遲鈍地望著窗外，採血針刺破手指，鮮血湧出，他們只是顫了一下手。

很快，身邊辨認成功的消息就傳來了。死者確實是陳燕。案發前的週五，本來是陳燕領證的日子。因為未婚夫吳勝的公司臨時有急事，就推遲了幾天。沒想到，陳燕再也沒有機會領證了。

隨著身分辨認結果而來的，還有檢材分析結果。陳燕的陰道內，檢驗出一名男性的ＤＮＡ，性侵證據確鑿；她的指甲中，發現了另一名男性的ＤＮＡ。兩種ＤＮＡ在資料庫中都沒有匹配成功，嫌疑人沒有前科。

我趕緊把消息回饋給同事。與此同時，專案組那邊也查到一條線索。陳燕死亡的那個夜晚，一對情侶在公園被搶。對方是三個小夥子，當地口音，拿著閃亮的匕首。那對情侶很機智，扔包就跑，劫匪也沒再追。當晚，三個搶包小夥子還在公園遊蕩，被巡邏民警逮個正著。

深夜，一樓的訊問室都亮著燈，我走進最近的一間。同事一拍桌子，邊對我使眼色，邊說：「我們有證據，接下來就看你的態度了。」

我轉身朝外走，說：「我去拿採血針。」

一針下去，坐在訊問椅上的「黃毛」指頭上冒出鮮血，我取了根酒精棉花棒，壓在創口上，他疼得齜牙咧嘴。

「你的同夥已經招了，你看著辦吧。」

然而，「黃毛」只供出十多起搶包案件。耗了一整晚，三個人都沒提強姦殺人的事。搶劫案的事像是一個插曲，我們又把焦點放回陳燕的社會關係上。案發那天，陳燕和三個人聯繫過——她的母親、未婚夫吳勝、同學鄒陽。

專案組先撥打了鄒陽的電話，響了幾聲對面就關機了。鄒陽是大型國企的工程師，和陳燕是同學，和她的未婚夫吳勝是兒時玩伴。

民警在鄒陽公司了解到，鄒陽被公司列為重點培養對象，兩個月後，還將和公司副總的女兒結婚。但這兩天，鄒陽卻曠職了。愛情事業雙豐收，鄒陽似乎不具備強姦殺人動機。可他卻在關鍵時刻失蹤，並拒接電話。當晚，我們去了鄒陽公司，在他的辦公桌上提取了指紋和ＤＮＡ檢材。

第二天上午九點，我接到ＤＮＡ實驗室的電話，三名搶劫犯和此案無關。陳燕陰道裡的精斑，來自鄒陽。鄒陽彷彿人間蒸發了，所有的社會關聯都斷了。手機再沒開過機，家人都聯繫不上他。

專案組在車站、機場監控，搜查他可能藏身的地點。由於警力不足，我們技術科被編入偵查小組。我和同事來到鄒陽的新房，找他的未婚妻了解情況。乍看之下，鄒陽的未婚妻和陳燕有幾分相像，只是眼睛小點，身材高瘦。

出示證件後，我們被請到屋裡。新房寬敞明亮，裝修豪華，我目測至少有五十坪。客廳電視櫃上擺著結婚照，牆上掛著紅色喜字十字繡和中國結。

鄒陽的未婚妻狐疑地看著我們，問鄒陽做了什麼事，兩人幾天沒見面了。同事從筆記本裡拿出陳燕的照片，問：「妳認識嗎？」

她好像猜到了什麼，又不停地搖頭，說：「不可能，他倆怎麼會攪和在一起，我們都快結婚了呀！」

我們只說陳燕出了點兒事，可能和鄒陽有關。良久，她嘆了口氣，說鄒陽看陳燕的眼神不一般。但她相信，「鄒陽是個聰明人，不會做太出格的事」。

城市小，走訪的民警很快就打聽到鄒陽、陳燕、吳勝三人的情感糾葛。鄒陽和陳燕高中時曾是戀人。陳燕是班花，讀書也好，有大批追求者，鄒陽就是其中之一。高三時，鄒陽追到了陳燕，但隨著讀大學後分居兩地，陳燕身邊的人換成鄒陽的兒時玩伴吳勝。

鄒陽和吳勝原來是好哥兒們，在同一個社區裡長大，卻被吳勝搶走女友。一次同學聚會，鄒陽為此和吳勝大打出手。後來鄒陽擺正了心態，和陳燕保持距離，至少表面上沒有逾矩，也漸漸恢復了和吳勝的來往。

未婚妻懷疑鄒陽和陳燕私奔了，她告訴我們，鄒陽三年前買過一間小公寓，準備婚後出租。她打過那邊的家用電話，沒人接。

技偵部門也定位到，陳燕和鄒陽的手機信號最後出現的位置，就在這間公寓所在的大樓。制定好抓捕方案，刑警大隊長讓我一起去，就算抓不到人，也能多發現和提取些有用的物證。

當天下午兩點，在鄒陽家門口，我跟在穿防刺背心、手持伸縮棒、腰間配槍的刑警後面。那是一棟酒店式公寓的二十一樓。刑警分散在一扇門的兩側，準備進行突襲。

「我是管委會，裡面有人嗎？」年輕女孩神情緊張地敲了敲門。

沒有回答，無論是公寓內還是走廊上，都保持著安靜。貓眼沒有光線透出，裡面應該是漆黑一片。

大家打開了配槍的保險。一名刑警悄悄拉住我，退到隊伍最後。我心裡很緊張，幾年前有同事就是在開門時被疑犯打死的。我尋思著撤退該走哪條路下樓，還低頭看了眼鞋帶是否繫好。

我是一名法醫。雖然有持槍證，但我真正的武器是拿在手上的勘查箱。行動結束後，提取現場的痕跡物證才是我的任務。

大隊長把配槍舉到胸前，雙手握緊，向管委會的女孩點頭。門被打開的瞬間，他帶頭衝了進去，其他刑警也跟著進去。一陣混亂過後，二十一樓再次恢復寂靜。

屋裡窗簾緊閉，光線幽暗，我能聽見自己的心跳和大家沉重的呼吸聲。空氣中瀰漫著一股酒味，其中夾雜著屍體發酵的鹹腥味。

大家拿著勘查燈到處搜索，直到一條光柱停在落地窗前不再移動，目睹一切的管委會女孩發出一聲尖叫，逃離了現場。光柱裡，一個男人的身體被窗簾半裹著，懸掛在窗前。身前的刑警回頭看了我一眼，他的臉嚇得煞白。我自己也感到熱血往頭上湧，頭髮絲似乎都豎了起來。

不知誰打開了客廳燈，吊死的男人露出了真面目。他的舌頭從唇齒間吐出一截，臉色青紫，很嚇人。他穿一件白襯衫，黑色西裝褲是濕的，皮鞋腳尖緊繃著。

一個刑警手裡拿著鄒陽的照片靠近落地窗，舉起來仔細比對。濃眉、方臉、年輕男性，是鄒陽。「這傢伙畏罪自殺了！」

不到兩天，案子就快破了，大家都鬆了口氣。嫌疑人死亡，不需要經過法院審判，對偵查和偵訊人員來說或許是一個好消息。

但我沒有感到輕鬆，技術科要做的工作還很多，需要形成完整的證據鏈，我要從現場和屍體上繼續尋找證據。死無對證，對法醫來說是不存在的。

「偵查人員撤離，把現場留給法醫。」大隊長下達命令。刑警陸續離開現場，我開始為驗屍做準備。鄒陽上吊用的結，和薩達姆．海珊（Saddam Hussein）被執行絞刑時打的結是同一種，俗稱「上吊結」。這間十幾坪的單身公寓裡，地面很乾淨，廁所還有一支濕把。茶几上有七個空酒瓶和半瓶酒。很多人自殺前喝酒壯膽，也能減少死前的痛苦。臥室十分整潔，枕頭壓在疊好的被子上，沒有枕巾。床頭櫃上有兩部手機，鄒陽的手機沒電了，陳燕的手機關機。看來鄒陽覺得，沒有隱藏的必要了。

我勘查了現場環境。拉開冰箱門，我打了個冷顫，裡面有幾塊紅色的肉——人體組織，我們還找到一把小刀。從現場看，鄒陽的犯罪證據確鑿。我們叫了運屍車，將屍體運回解剖室。

這是一次沒有破案壓力的解剖。鄒陽體格健壯，膚色較黑，刀片劃過時，能感受到他的腹肌很厚實。胸腹部出現了汙綠色樹枝般的網狀，那是腐敗靜脈網，一般出現在死後兩天至四天，先出現在腹部和上胸部，慢慢地會擴展到全身。不用靠近，就能聞到屍臭。種種腐敗跡象說明，死亡時間在四十八小時到七十二小時。

鄒陽頸部有明顯的生前受力痕跡，沒有別的致命傷，確定死於機械性窒息。他胃裡全是啤酒，應該是喝多了才上吊的。我提取了他的陰莖拭子，根據接觸即留痕的理論，如果他事後沒洗澡，陰莖拭子就有一定機率檢驗出陳燕的ＤＮＡ，那麼證據鏈就更完美了。

解剖完畢，我對鄒陽的屍體認真縫合。哪怕他生前十惡不赦，屍體也該被尊重。鄒陽的未婚妻接到通知來辨認屍體。她眼眶發紅，沒了之前的鎮靜，慢慢靠近解剖臺，眼中閃過一絲失望，沉默片刻，捂著臉離開。

把檢材送走後，我被同事拉出去吃了頓飯，晚上好好睡了一覺。說來也奇怪，當了十八年法醫，我幾乎天天和屍體打交道，卻從來沒在夢裡見過他們。我心裡有些遺憾，案子裡嫌疑最大的人已經死亡，有些真相可能被永遠帶走了。

沒想到，發現鄒陽屍體的第二天早上，我接到市局電話，鄒陽家冰箱裡的人體組織是陳燕的，但從鄒陽公寓裡發現的刀，並不是做案工具，上面沒有檢驗出陳燕的ＤＮＡ。

緊接著，我聽到一件令人震驚的事：鄒陽的陰莖上沒有檢驗出陳燕的ＤＮＡ，卻檢驗出一名男性ＤＮＡ，和陳燕指甲中檢驗出的ＤＮＡ一致。在勒死鄒陽的網線上，也檢驗出相同的ＤＮＡ。接近完整的證據鏈，出現了大瑕疵。難道鄒陽的死另有隱情？

我趕緊做了彙報，大隊長沉默許久後表示：案子要繼續查。大家好不容易放鬆的弦又立刻緊繃起來。技術科立即開會，重新梳理線索。

回顧勘查現場的情況，我們意識到公寓整潔得有點不正常。鄒陽穿著皮鞋縊死，地面上卻沒有腳印，門把手上也沒有指紋。可能有人清理了現場，而且一定和鄒陽相熟。

單從屍體看，鄒陽符合自縊身亡。但考慮到他使用的是「上吊結」，脖子後面應該也有明顯的痕跡才對。如果鄒陽不是自殺，那很可能有人從背後用網線向上，勒暈或勒死鄒陽，再用「上吊結」把他懸吊起來。

之前，我們在鄒陽胃裡檢測出和陳燕體內一致的鎮定安眠藥物。原本的推測是，鄒陽對陳燕實施麻醉強姦，隨後服用安眠藥自縊身亡。現在看來，結論必須推翻。

專案組調取了鄒陽小公寓的大廳監視器。陳燕死亡那天晚上十一點五十分，有人走進公寓，次日凌晨一點多離開，一小時後又返回公寓。凌晨三點多，他再次離開公寓，再也沒出現。這人出現在鄒陽死亡的時間範圍內，非常可疑。影片中他的面部很模糊，但我感覺這個身影和吳勝很像。

吳勝作為死者的未婚夫，本來是應該首先被調查的。然而鄒陽的DNA出現在陳燕的陰道內，這個明顯的線索影響了我們的調查方向，讓我們先將鄒陽列為首要嫌疑人。

同事想起，送陳燕的《鑑定意見告知書》時，吳勝也在場，得知警方已經鎖定嫌疑人，他表現得很平淡，緝凶的訴求不強烈。

吳勝說：「人都沒了，追究凶手有什麼用，希望能好好賠償吧。」當務之急是找到吳勝。當天深夜，陳燕的屍體被發現的第四天，刑警擾了吳勝的好夢，當時他正和情人睡在一起。

吳勝的情人是名藥商，看中了他在衛生局工作的便利。她知道吳勝有婚約在身，聽他抱怨過已經和未婚妻沒有感情了。她清楚吳勝不會娶自己，但就是因為這個男人沒有對自己隱瞞，加上初識那會兒吳勝還總給她寫詩，這個女人覺得，兩人是真愛。

大概是猜到吳勝犯了事，她忙對刑警說自己瞎了眼：「早該知道他不是好人。」

我和吳勝見面是第二天早上，我在訊問室給他採血。

吳勝中等身材，體型偏瘦。梳分頭，單眼皮，小眼睛，戴一副金框眼鏡。上身穿白襯衫，下身是筆挺的灰色西褲和一塵不染的新皮鞋。他正嚷著自己是受害者家屬，要告公安局。他沒說髒字，不時冒出幾句文謅謅的話抗議。

兩位民警面色憔悴，現在掌握的證據不足，他們心裡也沒底。

我讓吳勝把袖子向上拉，發現他的前臂有幾處傷痕，剛結痂。他的手很涼，手心有汗。我的採血針扎得比較狠，拔出時指尖滲出一粒綠豆大小的血珠，吳勝的手既沒有退縮也沒有顫抖，他眉頭都沒皺一下，反而有禮貌地對我點頭。我採過千八百人的血，像他這麼不怕疼的，真不多。

準備填寫資訊時，我頓了一秒，把採血卡和筆一起遞給吳勝：「來，簽個名吧。」吳勝用左手接過筆，簽下名字。我抬頭看了一眼負責訊問的民警，他盯著吳勝的左手，眼睛瞪了起來。

陳燕右頸的月牙狀傷痕比左頸深，很大可能就是左撇子造成的。吳勝說陳燕失蹤那晚，自己整晚在公司加班，第二天早上，準時提交了主任要的報表。

民警質疑他手臂上的傷痕，吳勝先說是自己抓的，遲疑了幾秒，又說陳燕也經常幫他抓癢，可能是她弄的。多數時候，吳勝以沉默僵持。

第二日凌晨，他開始變得急躁，擔心接受警方訊問會影響工作，鬧著說公司那裡沒請假：「還一大堆事，高層肯定著急。」民警要幫他打電話請假，吳勝有點慌，忙說不用。民警問吳勝為什麼工作這麼久，還是小科員。

吳勝臉有些紅，反駁說：「科員怎麼了，我當年公務員考試成績是全市第一。」民警奉承了他幾句，吳勝抱怨：「有啥用！還不如四流大學畢業生混得好。」

等他漸漸放下防備，民警聊起鄒陽：「那晚和鄒陽喝了幾瓶酒？」

「我很久沒見他了。」吳勝反應很迅速，沒上當。

民警又問：「為什麼要殺他？」

「他不是自殺嗎？」吳勝終於露出破綻。

鄒陽死因存疑，我們沒有對外通報死訊。直到民警拿出公寓監視器照片，吳勝才承認當晚去過鄒陽家。他懷疑未婚妻和鄒陽在一起，看到鄒陽獨自在公寓喝酒，就離開了。監視器裡人影模糊，即便是民警也不能確認是誰，但吳勝一看到照片就推翻了自己的話。吳勝說漏嘴了，我意識到新的證據鏈開始串連起來了。

吳勝的ＤＮＡ鑑定結果出來了。鄒陽下體、網線和陳燕指甲裡的生物跡證都來自他。按理說，他是陳燕的未婚夫，身上互相有對方的ＤＮＡ很正常，不太能作為定罪依據。但是，吳勝否定不了自己留在網線上的ＤＮＡ，他終於承認為了幫陳燕報仇而殺害鄒陽，但否認自己殺害陳燕。

吳勝和鄒陽雖然是兒時玩伴，但吳勝從小就覺得自己在人格上矮半截。他記得，小時候有一次發生矛盾，父親逼著自己給鄒陽道歉，就因為鄒陽父親的官大。

承認謀殺鄒陽，吳勝的狀態沒有開始時那麼好了，但眼睛依然有神，沒有悔意。技偵部門復原了案發當晚，吳勝和陳燕手機的移動軌跡，確定陳燕的手機是吳勝帶去鄒陽家的。直到這時，吳勝才承認，自己殺害了陳燕，並偽造現場，嫁禍給鄒陽。

他以為自己做足了準備，案子最多查到「畏罪自殺」的鄒陽。但無論他做了多少手腳，真相都在屍體上，不可篡改。

面對訊問，吳勝從始至終都沒放棄辯解。他說自己只是拿刀威脅陳燕，沒想到她直接過來搶奪，刀子意外刺進了陳燕的肚子。至於殺害鄒陽並嫁禍，都是因為鄒陽「有錯在先」，給自己戴綠帽子，索性就「讓一對姦夫淫婦下去作伴吧」。

吳勝把自己說得很無辜，好像他才是受害者。但是經過調查，我們發現，吳勝和陳燕的關係並沒有那麼簡單。陳燕對吳勝一往情深。大學談戀愛時，陳燕就對吳勝很好，約會開銷都是她主動花錢。

畢業後，吳勝考進區衛生局當公務員。陳燕是個固執的乖乖女，用她父母的話說「比較單純實在」，她認為接下來兩人應該順理成章地工作、結婚、生孩子。

陳燕懷孕，雙方父母見面訂了親，迫於父母壓力，吳勝沒敢提異議。實際上他十分抗拒結婚。

工作第二年，吳勝就體會到工作中的無奈。他自認為學識、才華、為人處事都不比別人差，公司卻把晉升名額給了兩個新同事，其中一人還被確定為重點提拔對象。

這件事對吳勝打擊很大。他認為，那兩人的成功是因為「有關係」，而自己勢單力薄。為了競爭上位，他找同事借錢買了一箱名酒送高層，結果功虧一簣。吳勝發牢騷：「沒有關係真是白忙。」

陳燕勸他想開點，功利心別那麼強。吳勝卻認為，陳燕對他的事業沒有助力。負責訊問的刑警遇到過吳勝的大學同學。那人提到，大學時的吳勝就喜歡找門路。畢業前，一名同班同學報考了衛生局，考察階段被刷下來了，靠關係打聽才知道，原來有人舉報他有劣跡。

不久，吳勝和衛生局簽了工作協議。沒人能證實舉報同學的事情是他幹的，可從那以後，多數同學都開始鄙視吳勝，覺得他是為達目的不擇手段的人。

一次偶然的機會，吳勝認識了局裡高層的女兒。他覺得對方並不討厭自己，心思活泛起來。他渴望借助高層的女兒，改變命運。

當吳勝得知陳燕懷孕，他想過直接攤牌，或領證再離婚，但這會影響他追求高層女兒的計畫。在這個小地方，離婚官司一旦鬧起來，名聲壞了就沒法混了。

吳勝提不出分手的理由，又怕陳燕鬧得太厲害，只能漸漸冷淡她。那月他只和陳燕發生過一次關係，還在安全期，之後他就出差了。這麼一算，吳勝覺得自己一定是被綠了，陳燕肚子裡的孩子，只可能屬於前男友鄒陽。

領結婚證當天，為了和高層的女兒一起吃飯，吳勝和陳燕撒謊，說公司有急事。當天，陳燕和吳勝吵了一架。陳燕說週一必須去登記，讓吳勝提前請好假。

吳勝的冷淡讓陳燕起了疑心，她查了吳勝的行蹤和銀行帳戶。週末晚上，兩人揭開了熱鍋上的蓋子。面對出軌的質疑，吳勝反咬陳燕偷人。

分手要付出的代價，吳勝不願承擔。想了半宿，他起了殺心。那天下午，陳燕打電話約吳勝在兩人以前常去的公園見面，好好談談。兩人一開始都很克制，聊了許多過去的回憶，氣氛還算融洽。晚上十點多，他們走到林子深處，陳燕手中的飲料也喝光了，那裡面被吳勝下了安眠藥。

陳燕說自己是清白的，她打電話給鄒陽，三人可以當面對質。甚至等孩子生出來，他們可以去做親子鑑定。吳勝試探說要不先不要孩子，等以後再說。

陳燕崩潰了，哭喊著威脅吳勝，要去他公司鬧。說到激動處，陳燕給了吳勝一巴掌。吳勝推了陳燕一把，兩人撕扯起來。

吳勝用左手掐住陳燕的脖子，把她按在地上。右手用力捂在陳燕的嘴上，不讓她叫。陳燕的口唇受力，唇黏膜在牙齒的襯墊下形成襯墊傷，瞬間出現了挫傷和出血點。

一兩分鐘後，陳燕不叫了，吳勝用雙手掐住她的脖子，指甲在脖子上留下月牙狀的傷痕。陳燕試圖掙扎，指甲劃傷了吳勝的手臂。吳勝繼續用力，陳燕的舌骨骨折了。她徹底不動了，陳燕的瞳孔散大，一些針尖大小的血點冒了出來。

殺死陳燕後，吳勝沒有感到緊張和內疚，他只想掩蓋犯罪事實。吳勝取走了陳燕的手機和錢包，趁著夜色，他去了鄒陽家，說要喝兩杯。喝酒時，鄒陽用的是自己的玻璃杯，吳勝用紙杯。

鄒陽不斷解釋，他和陳燕是清白的。吳勝趁鄒陽上廁所，把事先磨成粉的安眠藥下到他的啤酒杯中。鄒陽睡過去後，吳勝拿著紙杯，脫下鄒陽的褲子，通過物理刺激，取了鄒陽的精液。

完事後，吳勝整理好鄒陽的衣服，撿起網線，狠狠勒住鄒陽的脖子，直到他停止掙扎。他用網線打了個上吊結，把鄒陽掛在落地窗前。

接著，吳勝打開陳燕的手機，刪掉了兩人之間不愉快的對話，以及陳燕和鄒陽的對話，又用枕巾將手機擦拭乾淨，同鄒陽的手機一起擺在床頭櫃上。他還拖了地，帶走了毛巾和紙杯。出門前又用毛巾擦拭了門把手。

吳勝再次回到公園的林子裡，褪掉陳燕的衣服，偽造出強姦殺人現場。吳勝站在屍體旁，用刀劃開陳燕的肚子。他對民警說，他恨那個孩子。要不是這個孩子，他或許能不費力地甩掉陳燕。做案過程供述得差不多了，但做案工具還沒確定。做案工具是證據鏈中重要的一環，缺了它，案子還是有瑕疵。

訊問室裡溫度適宜，燈光很白很亮，吳勝臉色有些發黃，髮型保持得還行，就是鬍子長出來不少，嘴唇起了皮。

哪怕承認了兩起謀殺，他依然為自己辯解，甚至還在努力維持自己的體面。被質問得說不出話時，他就說「沒休息好，腦子有點亂」。

民警把吳勝家所有利器都拿到訊問室，在桌上擺成一排。我擔心萬一刀子真被扔到河裡，且不說打撈費時費力，還不一定能成功，就算撈上來，也做不了DNA檢驗。

同事心領神會，繞過做案工具，轉而問其他問題，發現只要一提到公司，吳勝的眼神就有些游離。我們跑了一趟吳勝的辦公室，撬開他的辦公桌抽屜，果然發現了一把摺疊單刃匕首。

再次推開訊問室的門，吳勝背對著門口，他的襯衫緊貼在身上，後背濕了一片。同事捏著透明物證袋在吳勝面前晃了晃，裡面裝著那把摺疊刀。吳勝臉色變了，他低下頭，眼睛盯著地磚。

良久，他抬起頭說：「我餓了，要吃點東西。」我們在刀鞘縫隙裡檢驗出陳燕的DNA，那把摺疊刀十分精美，吳勝大概捨不得扔掉吧。

訊問結束時，吳勝說：「我想知道那個孩子是誰的。」我把DNA鑑定書推到他面前，技術不會說謊，吳勝親手殺死的是自己的兒子。他低著頭嘴唇顫動了幾下，再也沒有辯解什麼。

案件雖然宣告破案，我還要製作鑑定書等案卷材料，依然閒不下來。證據要發揮最大作用，才能不讓案子留遺憾，更不讓死者含冤。我想起吳勝賭上一切去追求的高層女兒，其實並沒有看上他。吳勝只能算是眾多追求者之一。

吳勝對家境優渥的女孩很大方，捨得花錢，經常送一些精巧的小禮物。女孩對吳勝印象不錯，覺得吳勝很有才，成熟、幽默又不死纏爛打，無論聊天還是吃飯，都讓她感覺很舒服。吳勝每週還會寫一首詩給她，也讓女孩很受用。

但是，吳勝表現得太完美了，反而讓女孩猶豫不決，女孩說：「我追求完美，但不相信這樣的完美。」

我不得不承認，這是個聰明的女孩。或許，吳勝從動了邪念那一刻起，就註定要走上一條不歸路，「算計」得再巧妙，也註定不會成功。

完美的犯罪？他想多了。

05

聽老師的話

江國生囑咐書記員幫忙郵寄遺書，但書記員說，遺書全部被退回了，就放在自己的辦公桌上，她也不知道該怎麼處理。江國生最後的話，已經沒人願意聽了。

案發時間：二〇一三年八月。

案情摘要：荒郊出現裝有屍塊的編織袋。

死者：？

屍體檢驗分析：赤裸屍塊，無頭、手腳。屍僵完全緩解，推斷死亡時間五到七天。屍斑位於屍塊背部，顏色淡，指壓不褪色，說明死後一段時間凶手才棄屍。四肢兩端從關節部位離斷，斷面整齊。頸部從第六頸椎椎體斷開，較整齊。根據恥骨聯合（Symphysis Pubis）特徵，推斷死者為十六歲左右的女性。

直到現在，我都忘不了那個炎熱的夏天裡，深入骨髓的寒冷。新聞裡說，二〇一三年八月，是我們省半個世紀來最熱的月份。

我光著膀子，脖子上搭著一條擦汗的毛巾，坐在瀰漫著水蒸氣的地下室，守在爐火徹夜不熄的鍋旁。通風設備嗡嗡響，抽走腐臭氣味的同時，也把空調的冷氣抽走了。解剖室裡悶熱難耐。

我在煮的是一塊恥骨聯合，取自白天發現的女屍。她被凶手分割成五塊，但頭和手腳還沒被找到。打開鍋蓋瞧了瞧，渾濁的水在翻滾，我關小了爐火。煮骨是個功夫活，要讓骨肉緩慢地完全分離，並且不破壞骨質。對於未知名屍體，尤其是分屍案件，通過煮骨去掉軟組織，可以更好地觀察屍體的骨骼。

恥骨聯合，是法醫人類學研究最多的部位之一，進入青春期後，人的恥骨聯合的形態改變隨年齡增長會呈現出很強的規律性。經驗豐富的法醫，可以根據形態特徵推算出死者的性別和年齡，準確率很高。

我又給鍋裡添了些水，靠在椅子上想打盹，卻不敢睡著。我低頭看了下手錶，快深夜十二點了。

夏天是傷害案件發生的旺季，人本身就燥熱，再喝點啤酒、吃個燒烤，打架鬥毆的氛圍濃厚。

白天的時候，我在法醫門診看診，忙得連廁所都沒時間去，一直在詢問受傷過程、查看病歷資料、測量創口長度、閱片、拍照……臨近中午，送走手臂上紋了虎頭的瘸腿壯漢，我剛準備叫份外賣，就被值班室的電話叫走了。

荒郊出現疑似裝著屍塊的編織袋。我餓著肚子一路疾馳，跟同事來到轄區邊界的水塘。警戒線圍著水塘拉了一圈，百公尺開外的小山坡上，一簇圍觀群眾，遠遠地往這邊看，都想知道編織袋裡裝著啥。

最先發現情況的是附近的一個村民。上午他騎自行車路過，看到水塘裡漂著兩個編織袋，還沒來得及撈上來看看有啥好東西，就已經被水面的惡臭熏得連退好幾步，最終選擇了報警。

我們借助民警找來的繩索、樹枝，把編織袋拉到岸邊。換上膠鞋，大家七手八腳地抬上岸。太陽太毒了，樹上的蟬玩命地鳴叫。民警找了一張大塑膠布鋪在柳樹的樹蔭下。我對面的痕檢技術員，衣服已經箍在了身上，分不清是流出的汗，還是濺在身上的水。

助手從勘查箱裡掏出兩個防毒面具，大家看了一眼都搖頭。大熱的天，那玩意兒扣在臉上，不舒服。

兩個編織袋在塑膠布上靠在一起，一個藍白相間，一個綠白相間，款式差不多，高度在一公尺左右。抬編織袋的時候，我明顯感覺藍編織袋要比綠編織袋重一些。經歷了烈日曝曬和汙水浸泡，外層的生物跡證應該被破壞得差不多了。我輕輕拉開藍色編織袋，一片汙綠色映入眼簾，乍看分不清是水藻還是腐敗的顏色。

那是人的軀幹，沒有手腳，也沒有頭。軀幹胸部朝上，仰臥在編織袋裡，膨脹、腫大，皮膚泛著黑綠色的光。把四肢和軀幹一拼，一具女屍呈現在大家面前，所有屍塊都是赤裸的，編織袋裡沒有衣物。

屍塊並不能拼起一個完整的人，大家都在揣測一定還存在第三個編織袋。我趕緊吆喝同事們進一步打撈，看水塘裡是否還有沒漂上來的編織袋或屍塊。與此同時，我在岸邊進行了屍表檢驗。

軀幹和四肢的腐敗程度差不多，膝關節很容易就能彎曲，屍僵已經完全緩解了，看來死亡時間不短，我推斷大致在五天到七天。屍斑顏色很淡，位於屍塊背部，指壓不褪色，這說明死後過了一段時間凶手才去棄屍。

讓我心驚的是，屍體四肢兩端都是從關節部位離斷，斷面齊整。頸部從第六頸椎的椎體斷開，也比較齊整，但頸部皮膚有許多皮瓣，說明經歷了多次切割。我懷疑凶手可能有解剖經驗，也許是刀法一般的屠夫或醫生。

水塘裡暫時沒撈上更多的屍塊，派出所借來了幾臺抽水機，準備直接把水抽乾。辦法雖笨，可除此之外也沒有更好的辦法。

我帶著兩個編織袋的屍塊返回解剖室，仍然留在現場的員警在後視鏡裡變得越來越小，機器的轟鳴聲漸漸消失在耳邊。

天色微微透亮的時候，我用長鑷子檢查了鍋裡的恥骨聯合，已經煮好了。兩塊分離開的骨頭色澤白嫩，骨質細膩。死者肯定是一名未成年女性，年齡在十六歲左右。

熬了一整夜，我回辦公室泡了杯咖啡，順手打開電腦，準備把目前的驗屍情況先錄入系統。我忽然想到，上週有三名失蹤女性被我錄入了「疑似被侵害失蹤人員」系統，其中有一個十五歲的少女。

四天前，快午休的時候，有個黑瘦的中年男人神色匆匆地趕了過來。他眼裡布滿血絲，眼角和嘴角有許多皺紋，衣著簡樸，褲腿和鞋子上沾著泥土。

男人名叫李宇富，他的女兒李小琳失蹤了。離高中開學的日子越來越近了，準高中生李小琳上週五去縣城補習英語，一直沒回家。派出所讓李小琳的父親來刑警隊記錄資訊，那天是我給他採的血。

我盯著電腦螢幕，李小琳的資訊讓我心跳加速，然而在沒有證據的情況下，所有懷疑都只能是懷疑。翻開檔案材料，看著李小琳的照片，我心情複雜。彎眉毛，單眼皮，眼睛不大但很有神。臉型稍有點方，顴骨略高，下巴不大，小鼻子小嘴，下頜角圓潤，皮膚是小麥色的。

李小琳紮著馬尾辮，沒留劉海，頭頂右側有一個白色的髮夾。照片上，她穿著一件白色的Ｔ恤，站得有些拘謹，臉上透出一股倔強和自信。

下午，兩個消息傳來：水塘抽空了，沒發現新的屍塊；送檢的檢材也有檢驗結果了。所有屍塊都檢驗出了同一名女性的ＤＮＡ，恰好和週一送檢的李宇富的血樣比中了親生關係，而他們家只有李小琳這一個孩子。失蹤女孩李小琳就是被害人。

另外，陰道拭子沒有檢驗出男性ＤＮＡ，很可能是屍體在水中浸泡時間太長的緣故。胃內容物中沒有檢驗出常見毒物，可以初步排除中毒死亡。

刑警隊和派出所對接了前期調查情況。李小琳生於一九九七年，失蹤時不滿十六歲，以全鎮第一名的成績被重點高中錄取。

李小琳家境貧寒，是家中獨女，父親務農，母親臥病在家。在老師和同學心中，李小琳聽話、懂事、乖巧、上進、品學兼優，簡直就是典型的優秀孩子。

分屍案一旦確定了死者身分，案子就相當於破了一半，所有的後續偵查工作也就有了方向。當務之急，一是確定李小琳失蹤當天的行程，藉此鎖定最後一個接觸她的人；二是尋找剩餘屍塊的下落。

專案組只用了一天時間，基本查明了李小琳的活動軌跡。上週五一早，她坐公車去城裡的英語培訓班上課，下午下課後立刻去坐公車回家。

售票員回憶，那天車上乘客很多，但她對李小琳有印象，小女孩經常坐這趟車回家，手裡總捧著書。

專案組調取了公車上的監視器，監視器清晰度不高，可還是能分辨出李小琳。那天她紮著馬尾辮，表現與往常不同，在購物商城的車站提前下車了。

有兩名男子進入了專案組的視線。兩人都在車上和李小琳聊過天，而且都和李小琳在同一站下了車。據售票員回應，李小琳和兩個人好像很熟，其中一個是半大小子，看起來像個學生；另一個，則是個中年男人。

那天忙到晚上十一點多，我剛準備回家，又被同事拉著去看監視器，「你是法醫，看人比較準」。其實同事已經把監視器研究得很透澈了，只是讓我去確定一下可疑男子的面部特徵。

在監視器畫面裡，那名和李小琳一起下車的中年男人，帶著她走進了一家商店，過了一會兒，兩人又一起離開，消失在監視器範圍內。

我觀察到那個男人比李小琳高出整整一個頭，體態強壯，留著短髮，五官有些模糊，臉大眼小，橢圓臉，顴骨略高，耳朵上方稍微有點尖，步態有些晃。因為畫面清晰度並不高，無法輸入系統比對，只能列印出照片，背面寫上我總結的面部特徵，給偵查員人手一份去調查。

大韓最先遇到了符合嫌疑人特徵的人，但他卻因為對方是個教師，當地也沒有教師殺人的先例，只留下對方的聯繫方式就走了。

聽到大韓的彙報，刑警大隊長直接拍了桌子，杯子裡的茶水都濺了出來。「先審審他再說！」發完脾氣的大隊長語氣緩和了些，「技術科去他家搜一搜。」

嫌疑人江國生，四十歲出頭，是中學數學老師，家住城裡，妻子也是一名教師，孩子正在上大學。

按響江國生家的門鈴，裡面很快有人回應。大韓把員警證在貓眼前面晃了晃。過了一會兒，門開了一道縫。一名戴無框眼鏡的中年女人探出頭，她長得挺白淨，面色有點陰沉，警戒地問：「你們真是員警？」

她盯著大韓的員警證看了一陣，把我們請進屋，客氣地讓座。得知我們在尋找江國生，她的態度忽然變得冷淡，並說：「他已經好久沒回家了，你們怎麼不去學校找他？」

大韓問她是否清楚上週五晚上江國生的動向，女人搖了搖頭，有些不耐煩。

我簡單查看了所有房間，沒發現其他人，也沒發現異常情況。出門後，大韓感慨道：「這兩口子有些不對勁啊！」

「這女的應該沒撒謊，整個家裡都沒有男人待過的跡象，連牙刷也沒有。」我和大韓對視一眼。

我們開車去了江國生位於中學旁邊的住所，敲了半天門也沒人回應。好在大韓事前申請了搜查證，直接叫來一名開鎖師傅撬門。

進門的一瞬間，我聞到一股空氣清新劑的味道。這裡是三間房，兩個臥室在向陽面，一個臥室在背光面。屋裡裝修得很簡單，家具不多，都是深色系。地面很乾淨，白色的地板磚反著光。

大家迅速查看了所有房間，沒人，看來我們撲空了。大韓有些鬱悶地說：「我先去門外透透氣，這裡先交給你們了。」

屋裡只剩下我和助手，我們分頭對房間搜查。我喜歡先看廁所，因為廁所裡有水，方便沖刷一些東西，可有些罪證是沖刷不掉的。

很快我就發現了異常。馬桶裡漂著油花，洗手間的牆壁從側面打光可以看到許多擦拭痕跡。牆磚縫隙裡有一些暗紅的小點，我首先想到的就是疑似血痕。

我俯身繼續尋找，在洗手臺下方的地面上，發現一小塊淡紅色的東西，黃豆粒大小，像極了人體組織。如果江國生在廁所裡殺了一隻雞，可能也會留下類似的痕跡，但這年頭誰還在家裡殺雞呢？

我隨後進了背光面的臥室，那裡有兩個大書櫥，裡面全是書。文學名著、醫學、法律、周易、文言文黃色小說……靠窗的桌子上擺著一個檯燈和五六本書，那幾本書都被翻得起了毛邊。

最上邊是一本舊版的《人體解剖學》，比我上學那會兒用的課本還老，書的封面上有一塊油汙，像一個蘋果的形狀。

向陽面的一間臥室，靠牆擺著一張雙人床，旁邊有一個衣櫥。床上的被褥疊得很整齊，卻沒有床單和枕頭。另一個臥室裡沒有床，只堆著些雜物。

我們搜查到後半夜，並沒找到屍塊、女孩衣服之類的東西。但在廚房裡，助手發現了一把破損的菜刀和斧頭。

李小琳的損傷形態像電影膠片一樣在我腦海中迅速閃現，頸椎那處骨質擠壓面被不斷放大，我蹲下身子靠近斧頭，斧頭表面很乾淨，斧柄也沒有異常。

「確定嗎？」大韓早已聞聲走了進來，盯著我問。

「不確定。」我認真回答，「但是和損傷形態符合。」

大韓眯著眼睛說：「明白了！我們只缺一個ＤＮＡ結果。」

我們在鎮上一戶人家家裡找到了江國生。房門當時是開著的，六個男人圍坐在一張圓桌旁，桌子上擺滿了撲克牌，還有一碟花生米和幾罐啤酒。

其中五個人光著膀子，皮膚黝黑反著光。正對門口的男人卻格外白淨，穿著一件短袖

T恤，顯得有些另類，他方面大耳小眼睛，耳朵上方有點尖。「江國生！」

那人抬起了頭，神色有一絲慌張地問：「你們是幹什麼的？」屋裡的人動作一致地盯著我們，空氣裡瀰漫著緊張的氣息。「公安局的，有件事找你了解一下情況，和我們走一趟吧。」

屋裡至少有六個人，我們在力量對比上完全不占優勢，能不起衝突就儘量不起衝突。過了幾秒，江國生很配合地站起來，笑著往外走，一邊走一邊和牌友說：「沒事，你們先打著。」

現在是暑假，江國生已經連續幾天都在這裡打牌，有時打半天，有時一整天。牌友們說江國生牌技不錯，能記牌，經常贏，但他「愛較真，誰不講規矩他就數落誰」。

儘管江國生脾氣不太好，大家還是和他一起打牌，一是因為人數有時不好湊，二是因為他是個老師，大家都不願得罪他。

「誰家沒孩子呀，」其中一人嘆了口氣，「江老師教學水準很高，我和他搞好關係，說不定到時候他能對我孩子多關照關照。」

「江老師這幾天有沒有異常情況？」大韓問。

大家搖了搖頭。斜對面一個臉上有顆痣的男人說：「上週六江老師是傍晚才來的，我看見他手臂上有傷，就開玩笑問是不是和嫂子打架了，他沒出聲，我也沒敢再開玩笑。」

江國生被帶回局裡以後，一直在訊問室裡叫嚷著：「你們肯定搞錯了！」採血時我捏住他的手，感覺有些涼，手心在出汗，他的手臂上有一些陳舊的劃傷，已經結了痂。扎針時他還瞪了我一眼，那感覺就和我以前上學時，被老師批評一樣。

第二天一早，大韓來辦公室找我，說偵訊不太順利，江國生啥也不說，讓我趕緊催一下DNA檢驗鑑定結果，別抓錯了人。其實我心裡也沒底，現在的證據還十分薄弱。

接到DNA實驗室的電話時，我心情很激動。那把破損菜刀的刀柄裡，以及斧柄與斧頭結合部位都檢驗出死者李小琳的DNA。廁所裡的疑似血痕和可疑的生物組織，也都是李小琳的！

DNA不會說謊，江國生的家就是第一現場。直到證據擺在面前，江國生終於開始供述做案過程。

江國生說自己在車上遇到了畢業生李小琳，一路上兩人聊得很好，李小琳還向他表達了感謝。

「李小琳本來是要回家的，怎麼去了你家？」大韓追問。「她有些學習上的問題要問我，說要跟我回家坐坐。」江國生盯著前方的地板，彷彿在回憶那天的事情。

「我真沒想到，生命會那麼脆弱。」江國生皺了皺眉，眼神裡露出一絲悲哀，他抿著嘴說，「李小琳的死，其實是個意外。」

他說，那天他留李小琳吃晚飯，李小琳簡單地吃了點就急匆匆往外走，出門時摔了一跤，頭碰到了地上。

「怎麼不打一二〇[4]？」大韓緊盯著江國生的眼睛問。

「沒用，人已經死了。」江國生輕輕搖頭，「我試過，她沒脈搏了。」

「為什麼分屍！」

江國生的臉微微發紅，鼻翼有些翕動，瞪大了眼睛說：「不能被別人知道她死在我家，否則就說不清楚了。」

江國生自述用水果刀、菜刀和斧頭將李小琳分屍，並把屍塊拋到了野外。

「頭和手腳去哪裡了？」大韓出其不意地問了一個關鍵問題。

江國生愣了一下，三、五秒後，他低著頭說，他把李小琳的頭裝進她的書包裡，但是「在路上顛了一下，書包掉到了地上」。

江國生的供述似乎可以自圓其說，至少從法醫的角度，分屍和棄屍的部分過程是合理的。按照他的說法，他只是處置了李小琳的屍體，並沒有殺人。然而，李小琳的死實在太巧合了，而且我之前對江國生的住處勘查過，並沒有發現明顯的摔跌痕跡。

藉著上廁所的工夫，我和大韓進行了交流。雖然不清楚李小琳是否存在顱腦損傷，但屍體存在窒息徵象，而且有被性侵的跡象，江國生刻意回避了這兩點。

江國生的口供無法被驗證，我們又缺乏完整的證據，案子一直懸著。局裡派出大量警力去尋找李小琳的手腳和頭顱了。

我們這兒是小地方，有點消息很快就能傳開。案子遲遲未破，社會上流言四起，當地人在網上討論著江國生的為人，已經認定他就是凶手，痛罵他禽獸不如。還有人認為，江國生遲遲不能定罪，是因為背後有黑幕。

李小琳的父母都是老實人，孩子如今屍首殘缺地躺在地下室，兩口子在街頭拉起了橫幅，白底黑字，要求嚴懲江國生。他們常來打聽案子的進展，總是直勾勾地盯著前方，見到員警就哭著下跪。

李小琳生前剪過一次辮子，捨不得扔，一直放在家裡。兩口子睹物思人，手裡總是緊緊捏著女兒留在世上的最後一縷頭髮。我心裡很難受，無論是那些子虛烏有的謠言，還是那對可憐的父母。

李小琳屍塊被發現的第十天，我像往常一樣到法醫門診看診，剛坐下就接到了痕檢技術員的電話：「又有案子了。」

---

❹ 一一〇：急難救助發生時的報案專線。

痕檢技術員在橋下發現幾個塑膠袋，一半露在外面，一半沉在淤泥裡。打開所有袋子，黃白色的骨質映入眼簾，屍骨已經完全白骨化，分離成許多碎骨塊。

塑膠袋一共有四個，其中一只白色塑膠袋內裝著部分手、足骨，一只紅色塑膠袋裝著部分顱骨，剩餘兩個黑色塑膠袋裡裝著部分顱骨及手骨。

只有頭顱和手腳！我不由自主地聯想到李小琳。然而這些骨頭已經白骨化，應該被棄屍有一段時間了，不太可能來自李小琳。助手猜測，這是另一起分屍手法差不多的案子。

我盯著地上的屍骨後說：「先不管那麼多了，按流程檢驗吧。」

我們就地拼湊了這些屍骨碎塊，首先拼起了手和腳，雙手掌骨近端有光滑的砍痕面，部分足骨和蹠骨前端也有砍痕面。

顱骨被分離成很多塊，我們需要復原顱骨，然後拍照、檢驗。我從河邊取了一些土，用河水和成泥巴，團成一個球，然後把散開的顱骨骨片按照各自所處的部位貼在上面。辦法雖然很土，可是很實用。

很快，一個顱骨呈現在大家面前。這個顱骨並不完整，上頜骨和牙齒部分缺失，下頜骨倒是完整，但牙齒也少了幾顆。對顱骨進行法醫人類學檢驗，這也是一名女性，年齡也不大。

讓我感到意外的是，最下邊的第六頸椎殘留了一半，離斷面的痕跡居然和李小琳屍體的頸椎離斷面一模一樣。我們將這些屍骨帶了回去，不久送檢的牙齒檢驗出了DNA結果，死者竟然真是李小琳！

按理說，李小琳的屍塊不該這麼快就白骨化，這事有些反常。但正是因為找到了顱骨，江國生再也不能對自己的罪行避重就輕了。

李小琳的顱骨上並沒有發現與鈍性物體接觸的痕跡，江國生所說的摔跌致死，不攻自破。很明顯，李小琳的死並不是意外。江國生再也沒有藉口了。

那天在公車上，喝了酒的江國生和李小琳偶遇。江國生說要讓李小琳幫忙試一下鞋子，李小琳答應了，和他一起下車去了商場。

買完鞋，江國生又說在學校旁邊買了房子，邀請李小琳和他回母校看看，順便去家裡坐坐。

「她當時猶豫了一陣，最後還是跟我回了家，對我比較信任吧。」江國生回憶。李小琳到了老師家中，簡單吃了點東西，就提出要回家。江國生開始對李小琳動手動腳，「她不太聽話，還抓了我，我很生氣。」

江國生把李小琳拖到床上侵犯了她。李小琳試圖反抗，江國生粗暴地控制住她，造成她四肢皮下出血。

事後江國生想安撫李小琳，但讓他不能容忍的是，李小琳哭著喊救命。害怕事情敗露，江國生右膝跪在床上，左膝跪在李小琳右胸部，拿起床上的小枕頭，按在了李小琳的口鼻上。江國生用盡力氣，李小琳右側第三肋骨斷裂了，肋間肌開始流血。她的呼吸越來越困難，右肺葉間冒出了少量出血點和出血斑。

過沒多久，李小琳就窒息身亡了。江國生說，李小琳躺在床上像睡著了一樣，好像流了眼淚。

殺死李小琳後，江國生鎖上門離開了家，去KTV吼到了後半夜。這期間，一直仰臥在床上的李小琳，背部逐漸形成了屍斑。

回到住處，江國生發現李小琳的眼睛一直睜著，他用手抹了一把，讓眼皮閉上。隨後他把屍體拖進廁所，手裡翻看著在舊貨市場淘來的《人體解剖學》，開始肢解屍體。

血液和細碎的屍塊、骨渣迸濺得到處都是，廁所牆面留下了血痕，洗手臺下方的地上留下了一塊軟組織。

江國生沒有就此停手。他將李小琳的頭顱和手腳都割了下來，丟進鋁鍋中煮。他不想讓人辨認出李小琳，以為只要銷毀指紋和面容就能逃避罪行。

那一天，就在距離中學校園不過百公尺的國宅裡，李小琳的顱骨和手腳完全變成了白骨，因為煮骨，也加快了李小琳屍塊白骨化的速度。這之後，江國生把屍塊分別裝入編織袋和塑膠袋，準備棄屍。

每次他都從自己獨居的那間三房屋子出發，開著麵包車或電動車。他把李小琳的軀幹和四肢拋在了十二公里外，一片被樹林和農田環繞的水塘裡，把頭顱和手腳拋在十公里外的河裡。

江國生因涉嫌故意殺人和強姦被正式逮捕。刑警隊的弟兄們都鬆了口氣，總算對李小琳父母有個交代了。指認現場那天，周圍擠滿了憤怒的百姓，江國生被押著，拖著步子慢慢地走，他一向蒼白的臉上，居然露出了一絲紅色。

那一刻，我知道，江國生就是凶手。雖然警方這邊結案了，但江國生並沒有老老實實認罪，還幻想著能夠逃脫法律的制裁。江國生翻了供，說李小琳是自願和他發生關係的，並且當晚就住在了江國生家裡。他說第二天李小琳威脅他，開口就要上千元和每月兩百元、持續兩年的補償。

江國生聲稱自己失手殺死李小琳，可是在證據面前，一切謊言都站不住腳。屍體已經告訴我們真相。辯解行不通，江國生就開始裝瘋賣傻，說自己有精神病。經過鑑定，他具備完全刑事責任能力。

江國生一審被判處死刑，他馬上提出上訴，又多活了一年。事發後，學校不認為自己對李小琳的死負有責任，理由是「李小琳已經初中畢業，不是學校的學生。而江國生強姦殺害李小琳，屬於個人行為，與學校無關」。

江國生的父親湊了兩萬多元送到李小琳家，愧疚到差點下跪，李家才收了錢，但仍表示不原諒。

我覺得，江國生的父親其實不只是為了請求李小琳家原諒自己的兒子，而是覺得自己也有責任。

一個法院的朋友告訴我，江國生被執行死刑前，要求見一堆人，但是除了妻子，沒有一個人來見他最後一面。那次見面，他妻子總是低著頭，沒了魂一樣，好像自己犯了錯，靜靜地聽著江國生坐在鐵窗對面懺悔和安排後事。

死刑前要對他驗明正身，他再次試圖翻供，聲稱自己沒有殺人。那是江國生最後一次狡辯。

我想不通江國生殘殺李小琳的原因。那是我們這兒第一次出現教師行凶的案子，當初大韓沒在第一時間帶他回局裡，也是因為完全想像不到老師會謀殺自己的學生。

後來我和不少人打聽了江國生的情況，試圖了解這起案件背後的原因。江國生父親是村裡的會計，算是半個知識分子，家裡有兩兒一女。江國生排行老二，從小就格外聰明，和李小琳一樣，被父母寄予厚望。後來江國生成為教師，還娶了同為教師的妻子，算是光耀門楣。

他們夫妻關係一開始還不錯，可後來江國生回家的次數漸漸變少，留在學校加班的時間越來越多。聽江國生以前的鄰居說，江國生和妻子的性格差異很大，江國生不太愛說話，有點陰沉，但他妻子很熱情，心直口快，「兩人不是一類人」。

江國生妻子覺得江國生一點也不顧家。到了後來，兩人乾脆分居，只是保留形式上的婚姻關係。

江國生開始把更多精力放在鑽研五花八門的知識上，並在學生身上尋找成就感。他做學問是厲害，聽說還得過優秀教師的榮譽。然而我有個同學認識江國生的同事，兩人吃飯時，那位老師說三年前碰見過江國生在辦公室裡猥褻學生。

那次他推門進辦公室，看到江國生正從後面抱著女學生。江國生並不慌張，只是解釋說正在給學生講解題目，學生很上進，放了學也來問問題。那位老師當時剛入職，沒什麼根基，本著多一事不如少一事的想法，事後沒有揭發江國生。

他和校長反映過江國生的行為不檢點，但校長聽到一半就擺著手說大局為重，家醜不能外揚，所有老師都要注意維護學校的形象。沒有證據的事別亂說，鬧大了對學校、對學生都不好。

他說，學校裡那麼多老師，肯定不止自己一個人發現過江國生的行徑，但沒有人站出來揭發。談到李小琳的案子，他有些自責，拍著自己的頭說，要是當初揭發了江國生，可能這起慘案就不會發生了。

我還有個親戚住在學校附近，他鄰居家的女孩曾在晚自習後被江國生叫去辦公室。事情暴露後，鄰居並沒有報警，而是靠關係找到校長告狀。校長把江國生訓了一頓，讓他賠禮道歉，又扣了他一千元工資當作精神損失的補償。事情也就過去了。

江國生事發後，刑警隊曾針對傳言多方搜集證據，但老師和家長都沒有站出來提供證據。親戚對我說：「江國生這次肯定活不了，沒必要再把自己孩子的清譽搭進去。」那位老師後來也叮囑我的同學：「喝多了說的事，怎麼能當真。」

本來江國生距離殺人還隔著幾道坎：如果同事堅決舉報，受害學生的家長積極維權，校長能夠公正處理。然而，沒有人及時攔住他。

刑警隊找校長做筆錄，校長痛斥江國生「禽獸不如」，是教師隊伍裡的敗類，給學校抹了黑，自己很震驚、很心痛，唯獨沒有說到學校和自己的責任。

李小琳的父母一直上訴，教育局專門去看望他們，並送去了慰問金。後來校長被撤了職，學校也被撤併了，這個小地方再也沒有他們的消息。對於其他學生的影響，似乎只有每天上學要多走上七公里這一點。

聽書記員說，執行死刑前，江國生走出牢房，將四封皺巴巴的遺書交給了她。江國生的四封遺書分別寫給兒子、妹妹、妹夫和妻子。每封都寫了好長，密密麻麻的，字跡潦草難認。

他在信裡回憶了曾經帶兒子去郊外玩的夏天。他們一起挖野菜，找蠶蛹。他囑咐剛工作的兒子事業有成了再找對象，生活中遇到什麼不開心的事情，就抬頭看看天空，和自己說說話。

江國生囑咐書記員幫忙郵寄遺書，但書記員說，遺書全部被退回了，就放在自己的辦公桌上，她也不知道該怎麼處理。江國生最後的話，已經沒人願意聽了。

06

消失在床板下的女孩

人會撒謊，DNA 不會。

案發時間：二〇一四年八月。

案情摘要：轄區居民郝素蘭在家中臥室床板下發現失蹤女兒的屍體。

死者：林莉莉。

屍體檢驗分析：頭面部烏青色，頸部有暗紅色掐痕，舌骨骨折，心肺有出血點。右腕部有銳器割傷，邊緣齊，活體反應（Vital Reaction）不明顯，推測為瀕死期損傷或死後傷。屍斑位於和床底接觸一面未受壓的部位，顏色正常，說明死後未被挪動過，臥室就是案發現場。

北方四季分明，我們法醫的工作也「四季分明」。我不太喜歡夏天，夏天是溺水事件的高峰期，同時因為炎熱，人們心浮氣躁，案件相對較多。我總是忙得團團轉，不是在命案現場，就在法醫門診。

除了活兒多，夏天還有個令人討厭的特點——氣味濃烈。有些味道，就算聞過無數次早就習慣，還是很難愛上它。那年夏天快結束的時候，我在一個女孩閨房裡，聞到了那股熟悉的味道。

黃色警戒線圍住一棟平房獨院，金屬門樓，紅漆刺眼。院門敞開，門上有把巨大的掛鎖，上面貼著一副氣派的紅對聯，寫著「大財源百川匯海，好生意連年興旺」。

三十分鐘前報案中心隊員通知我，轄區內發現一具女屍，她掛電話前，友情提示——室內現場，做好心理準備。

我的腳剛踏進院子，一條大黃狗就發出渾厚的低吼，跳起來撲向我，拴狗的木樁猛烈搖晃，狗繩繃得筆直。痕檢技術員阿良往後退了一步，差點踩到我的腳。阿良身高和體重都在九十公斤以上，要是被踩到，肯定很慘烈。

一個中年女人被攙著出來，面如灰土。女人有點面熟，我多看了兩眼，心裡立即緊張一下，不會這麼巧吧？她叫郝素蘭，我們今天上午剛剛見過面。

上午九點多，郝素蘭來公安局報失蹤，就坐在我對面。她臉龐黑紅，用布滿老繭和裂紋的手遞過一張照片——一個圓臉大眼、紮馬尾的女孩，臉色紅潤得像蘋果似的，眉眼與郝素蘭相像。她說，這是女兒林莉莉，已經失蹤兩天了。

莉莉是家中獨女，就讀於當地一所大學，暑假過後就上大二了。兩天前，週一早上七點，郝素蘭和丈夫趕去五十公里外的裝修工地，出發前莉莉還在臥室睡覺，但從那之後就再也沒見過她，手機也一直關機。

我經手過大量的失蹤人員資訊，按我的經驗，精神正常的成年人不會輕易失蹤。真正失蹤的極少，多數人不久就會被找到或者自己回家。

我認真記下林莉莉母親介紹的情況，叮囑她回去以後繼續尋找，有消息及時聯絡。但沒想到，我們這麼快就再次見面，而且以我最不希望的方式。

郝素蘭沒認出我，眼神迷茫。但我腦海裡浮現出照片上的女孩。這個家毀了，林莉莉的屍體是母親郝素蘭無意中發現的。

報完失蹤回家，她來到女兒臥室，整理女兒扔在床上的睡衣，突然間發現牆角地面上，躺著那把平時放在客廳的水果刀。

郝素蘭彎身去撿刀子，扭頭瞥見床邊地磚上有一灘黑紅色、黏糊糊的液體。她用手沾了一點，放到鼻子上聞，腥臭味刺鼻。

郝素蘭趴在地上，看見液體是從床底木板滲出來的。她心跳得厲害，趕緊掀開涼蓆和棉被，打開床板。當看到一雙蜷縮的腿時，郝素蘭腦子嗡的一聲，雙腳發軟，崩潰了。

郝素蘭家院子很寬敞，有個小菜園，大理石地磚，空調、太陽能熱水器一應俱全。派出所民警領著我穿過客廳，走進莉莉的臥室。屋裡涼，我直起雞皮疙瘩。隔著口罩，我聞到一股熟悉的氣味，好在不算十分濃烈。臥室不大、很整潔，木質雙人床靠窗擺放，床頭上印著一朵紫色的花。

派出所民警說，女孩就在床板下的床底櫃裡！我不由深吸了一口氣，屍體的位置已經說明了莉莉不太可能是自殺或者意外死亡，這很明顯是他殺。

床上的毛巾被、涼蓆已經被掀到一邊，能看到上面有紅色斑痕和少量甩濺的血跡。涼蓆上還扔著黑色女包、紅色雙肩背包、女式牛仔短褲和短裙。透過床板上四十公分見方的孔洞，我看到兩條人腿。雙腿色澤正常，看不出腐敗的跡象。

屍體發現得越早，對法醫來說越有利，或許就能發現更多證據。

我們挪開床墊、掀開所有床板，到現在已經失蹤兩天的林莉莉出現在眼前。女孩雙腿蜷著，小腿和大腿緊緊摺疊在一起。她雙足繃直，上半身仰臥，雙手擺在身體兩側，身旁散布著許多課本和練習冊。

確實是莉莉。她一頭烏黑的短髮，眼瞼和嘴唇腫得厲害。穿著淺藍色蕾絲內褲，白色胸罩斷了一條肩帶。白色胸罩彷彿一道分界線，把莉莉的身體分成了顏色分明的兩部分。

下半部分色澤正常，肢體緊繃而有彈性。越往上顏色越深，胸前布滿蜘蛛網似的腐敗靜脈網，頭面部是烏青色。莉莉頸部有暗紅色的掐痕，右內踝及足背處有皮膚擦傷和表皮剝脫，應該是被人掐住頸部時拚命掙扎，跟涼蓆摩擦形成的。

這兩點與頭面部的腐敗狀態都符合窒息死亡的特點。「劉哥，你看這是怎麼回事？」阿良指著莉莉臀部一處腳印輪廓問我。

我俯下身子看，那是一處弧形皮下出血，說明莉莉死前這個位置曾受過力。女孩右腿有表皮剝脫，像被揉搓掉似的，應該也是瀕死期形成的。這兩點說明，林莉莉被塞入床底時還活著！

我腦海裡浮現出一幅情景：在幽暗狹窄的床底裡，林莉莉的意識漸漸模糊，但腿腳仍可微弱地動彈。掙扎中，她磕碰到床櫃，最終蜷縮的體位加上密閉的環境，導致了窒息死亡。林莉莉口鼻中淌出暗紅色的鮮血，順著面頰流到床底板上。

這是我經歷過最「憋悶」的現場。我不得不承認，兇手把現場處理得很好。林莉莉失蹤之後兩天，臥室裡的擺設和以前完全一模一樣，郝素蘭來過女兒臥室很多次，都沒感覺異常。

臥室很整潔，除了床上的一點血痕，沒有明顯打鬥過的痕跡，而且，家裡值錢的東西一樣也沒少。

藏屍位置也非常巧妙，要不是腐敗液體滲出床板、滴到地上，又恰好被郝素蘭看見，恐怕還要晚幾天才會被人發現。那樣留給我們的線索就更少了。

阿良說，凶手「幹活」很仔細。他在現場沒有發現一枚有用的指紋，他懷疑嫌疑人是故意戴手套做案。

唯一異常的就是那把淺藍色水果刀，平時放在客廳，意外出現在莉莉房裡。刀是單刃的，塑膠刀柄上面纏滿了膠帶，刀尖崩掉一塊，但刀上沒有明顯血跡。不過我總相信，是凶手就有漏洞。

比如，被褥下、床板上有一塊深色濕抹布，暈濕了一大片床板。還有，臥室地面很乾淨，但床邊的一雙女式拖鞋鞋底卻有泥水乾了後的印記，如果不是莉莉媽媽，那很可能就是凶手掩蓋現場時拖的地。

離開院子時，我回頭看著蜷縮作一團的大黃狗，牠一定見過凶手，只可惜不能告訴我們那人到底是誰。

傍晚，我帶著解剖結果來到會議室，與偵查員一起匯總案件資訊。莉莉的死因是掐頸導致的機械性窒息。她頸部出血，舌骨骨折，心肺有出血點。但她的右腕部有一道銳器割傷，邊緣齊，活體反應不明顯——創口周圍不太紅腫，也沒有皮下出血，推測是瀕死期損傷或死後傷，難道是凶手擔心莉莉沒徹底死去，又補刀？

莉莉的死亡時間約四十小時，她胃裡沒有東西，應該是父母剛離開家，還沒吃早飯就遇害了。莉莉身上的屍斑位於和床底接觸的一面未受壓部位，顏色正常，說明她死後沒被挪動過，臥室就是案發現場。

我說完驗屍情況，大韓開始介紹走訪了解到的情況。莉莉的父親林志斌是一名刑滿釋放人員。十多年前，曾因打架被判了三年，村幹部和村民回應，林志斌不太合群，性子有些急，但出獄回家後收斂了很多，與人相處還算友善。

莉莉的社會關係十分簡單，正值暑假，她大多待在家裡，偶爾找同村的閨密或隔壁村的高中同學玩，不大可能與人結怨。凶手應該不是找她尋仇。

林家沒丟貴重物品，應該也不是謀財。唯一的異常是，週一晚上夫妻倆回家時，平時習慣從裡面鎖住的院門，被從外面鎖上了。

莉莉被發現時身體半裸，胸罩肩帶像是被撕斷的，凶手有可能是「圖色殺人」，但這類案件大多發生在夜間，大清早入室劫色，凶手要麼色膽包天，要麼早有預謀。

而且，林家位置偏僻，其他房間無明顯打鬥和翻找痕跡，說明凶手熟悉林家環境，知道郝素蘭兩口子早出晚歸，莉莉一人在家，他直奔目標，徑直去了莉莉的臥室。

我們做了一個大膽的猜測——莉莉是被熟人殺死的。既然莉莉沒有仇人，會不會是林志斌的死對頭來尋仇呢？

大家決定順著「熟人」這條線索展開調查，我們先找到當年與林志斌打架的村民老鄭。老鄭和林志斌以前是朋友，因一件小事反目成仇，「他人不壞，就是脾氣太暴躁」。當年林志斌入獄後，老鄭就搬家了，位置離林志斌家很遠，也再沒見過他。案發那天，老鄭說自己在鄰居家打牌。「他坐了牢，肯定怨恨我，不找我麻煩就燒高香了，我哪敢再去招惹他。」

派出所民警還提供了一條線索。兩年前，林志斌和本村的老潘打過架，爭執起於兩家田地間的一條排水溝。老潘兩口子罵人厲害，林志斌忍不住動了手，派出所還出動了警察。雙方都傷得不重，但兩家人見面不再說話，也算結了仇。有沒有可能是老潘懷恨在心伺機報復？

我們又找到老潘，他說週一那天天沒亮，自己就去澆玉米地，一直忙到晌午才回家吃飯。但我們注意到，老潘家的玉米地離林志斌家步行只要五六分鐘，不能說他沒有做案時間，便幫他採了血。

不知為何，老潘對偵查員說：「林志斌以前坐過牢，幹出啥事也不奇怪。」見員警盯著他，又說是自己亂講的，讓我們當他沒說。

難道是林志斌因為某種原因殺了自己的女兒？勘查現場時，我就注意到林志斌，他是個黑瘦的中年男人，個子不高，穿一件藍色條紋T恤，牛仔褲上沾了灰塵，褲腿向外挽起來一截。眼窩深陷，眼周布滿皺紋，頭髮亂蓬蓬的，五官緊緊聚攏在一起。他縮著肩膀，彎著背，整個人都不舒展，彆彆扭扭的。當時，林志斌站在院外，目光游移，臉上擠出一絲難看的笑容，就像犯錯的學生站在老師面前一樣。

莉莉的閨密說，莉莉從小和父親關係很緊張，有事喜歡和母親商量，但母親又作不了主，漸漸地她就不再和父母溝通了。

林志斌入獄那年，莉莉只有三歲。從監獄回家那天，外面下雪，林志斌進門時摔了一跤。六歲的女兒莉莉從裡屋跑出來，怯怯地看著陌生的父親。小女兒避開爸爸的擁抱，一臉茫然。郝素蘭似乎對丈夫的歸來也不熱情。

林志斌則心中有愧，畢竟三年沒回家，沒履行丈夫和父親的責任。那個晚上，莉莉忽然問了母親一句：「張叔叔今天還來不來？」

林志斌聽了心中一驚。「張叔叔」是隔壁村的單身漢，郝素蘭的初中同學，林志斌也認識。郝素蘭不得不向丈夫承認，林志斌入獄後，「張叔叔」常來照顧她們母女，幫著做家務，也哄莉莉玩，兩人就好上了。

那天晚上，這對三年未見的夫妻在臥室聊了一夜。林志斌最後對老婆說，他不想一出獄就妻離子散，決定原諒她。但對於「隔壁老張」，他不準備隱忍，要採取些行動。

第二天一早，林志斌從廚房摸出一把菜刀出門了。林志斌向老張騙了一萬元，並嚇唬對方，不給就砍死他，還讓對方立下字據，絕不再聯繫自己老婆。

回家後，林志斌對郝素蘭撂下話：「以前的事，我不再追究，誰讓我不在家，以後妳要老實地過日子！」

這件事就成了郝素蘭的「小辮子」，此後家中大小事全由林志斌說了算。在莉莉同學的印象中，莉莉父親是個嚴肅的人，不愛笑。有次她父母打架，莉莉上前拉父親，被一把推倒，頭上碰出個大包，莉莉一生氣，在同學家住了好幾天。

林志斌說，自己小時候沒人管，後來才蹲監獄，他想親近、好好管教女兒，但莉莉總是疏遠他，他毫無辦法。好在莉莉從小聽話，放學就回家，從不亂跑或不經父母同意到同學家玩。雖然學習成績一般，但從不惹事，這讓兩口子很舒心。

女兒上大學後，林志斌臉上的笑容漸漸多了，常與老婆討論、規劃女兒的將來。郝素蘭說，莉莉心腸軟，不懂拒絕別人，但是完美主義，眼光高。她對未來的女婿要求不高，「只要對方脾氣好，不打人就行」。

但林志斌不同意，他說女兒應該找個經濟條件好的，至少有房有車。除了從小對莉莉的關心不夠、交流不暢，對女兒擇偶標準的不認可似乎也成了這位坐過牢的父親與女兒之間的新矛盾。

這會與莉莉被害有關嗎？虎毒不食子，我當然不願意這個假設成真。與林家有關的男人，不只「仇人」，還有朋友。

林志斌說，案發前一天是「財神節」。也不知從何時起，我們這裡就對財神節越過越重視了。

那天中午，林志斌曾經請宋軍華和丁鵬飛來家裡喝酒，他倆都是林家的幫工。宋軍華也坐過牢，生活作風不太好。

專案組先找到宋軍華家，敲了半天門，裡面一個男人大聲嚷嚷：「敲什麼敲啊！」

宋軍華開門後，光著膀子堵在門口，黝黑精瘦，一臉怒氣，嘴裡嘟囔：「員警有啥了不起，我又沒犯法。」

大韓把員警證一晃，徑直進屋。屋裡瀰漫著怪異的氣味，床上有個披散著頭髮的女人，雙手捂胸，神色慌亂，是宋軍華的女友。女人在溫泉會館上班，她說案發前的晚上，宋軍華去找自己，當晚就睡在溫泉會館。第二天上午九點多，他和自己逛了超市，又一起回到住處。

女人的證言真假難辨，其中的可能性太多了。而財神節中午一起喝酒的另一個幫工丁鵬飛沒在家，電話也處於關機狀態。妻子告訴我們他去外地幹活了，並且回憶說，財神節那天丈夫一大早去了外地，回來時她已經睡下了。

「整天忙成個鬼，家裡啥事也不管。」妻子對丁鵬飛很不滿。

丁鵬飛對妻子撒謊了，那天中午他明明就在林志斌家吃飯，根本沒去外地！在這個節骨眼上，撒謊、外出、失聯，丁鵬飛此人不善。除了林志斌的朋友，郝素蘭告訴我們，莉莉其實還有一個男網友，她也是剛剛知道。

發現女兒不見後，郝素蘭逐一給女兒的好友打過電話，但都說沒見著莉莉。莉莉消失第二天的中午十二點多，她的閨密給郝素蘭打過一通電話，言語支吾，郝素蘭追問下才知道，莉莉最近網戀了，對方還剛來見了她。

郝素蘭氣得大發雷霆：「女大不中留，連爹娘也瞞著！」掛斷電話後，她開始胡思亂想，女兒說不定跟著男網友跑了？會不會被他軟禁起來？

郝素蘭雖然不會上網，但也知道網上人雜，她害怕對方是個騙子，但又不知道該上哪兒尋找這個男網友和女兒，只能乾著急。

還是那天晚上，十點多，郝素蘭的電話忽然響起，她摸起手機，心裡一陣失望。來電的不是女兒，是莉莉的另一名高中同學。

她告訴郝素蘭，莉莉的QQ空間❺更新了一條消息：不哭不鬧很好，就是不愛說話。

---

❺QQ空間：騰訊公司於二〇〇五年推出的部落格系統。

郝素蘭聽不懂，問這句話是什麼意思，同學說那句話像莉莉寫的，她平時喜歡文藝範的、傷感的話。莉莉應該沒出事，人還好好的。聽女兒同學這麼說，郝素蘭放心了不少。

第二天上午，郝素蘭到公安局報完失蹤，剛走出公安局，就接到一個陌生電話，接通後她一下緊張起來，身體直打哆嗦。

電話那頭的男人自我介紹，他叫陳浩，是莉莉的男網友。接到電話的郝素蘭琢磨著怎麼才能穩住莉莉這個網友、男友，別讓他跑了。沒想到，卻被陳浩當頭一問——林莉莉去哪兒了？

陳浩說，當時他認為莉莉很可能被父母軟禁了，不讓她和自己聯繫，這才打電話給林莉莉母親，想確認一下。這真是奇聞，父母懷疑女兒被這個網友綁架，而網友還懷疑女友被她父母綁架。

郝素蘭趕到陳浩住的賓館，沒找到女兒。她告訴我們，當時一想到陳浩可能是準女婿，自己的態度就溫和多了。路上真不知怎麼想的，郝素蘭還叫上姑姑，讓她幫自己把把「女婿」的關。

陳浩樣貌秀氣，體型偏瘦，留著小分頭，說話溫和，沒有北方男人那股子「衝」勁，看起來可靠，身高和容貌也跟女兒般配。郝素蘭竟然將女兒失蹤的事暫時放在了一邊，滿意地在街上買了熟食，還邀請陳浩和姑姑一起回家吃飯。

陳浩是南方人，年初在網上玩遊戲的時候認識了林莉莉。陳浩成了莉莉遊戲裡的師傅，經常送她裝備。兩人熟了就不只玩遊戲，還經常在QQ上聊天到深夜。陳浩管莉莉叫妹妹，因為莉莉說，她希望有個哥哥。陳浩把莉莉哄得很開心，他經常聽莉莉說學校的事，還會收到莉莉發的自拍照。

某一次，莉莉和同學吵架，陳浩安慰她到凌晨兩點多。莉莉說，要是能找個像陳浩這樣的男友就好了。陳浩順勢提出，讓莉莉做他女朋友。莉莉一開始拒絕了，她說兩人相隔這麼遠，連面也見不上。陳浩告訴我們，自己當時就產生了來找莉莉見面的念頭。

這一年，女生節❻、兒童節和莉莉生日，陳浩都在網上給她訂了禮物。林莉莉在網上很活潑，但又很正氣，能開玩笑，但從不亂發脾氣，很溫柔。

陳浩對莉莉說，兩人的緣分是上天註定的，距離不是問題，他們一定能幸福。林莉莉沒有太多朋友，也擔心陳浩是騙子，就要求必須經過父母的同意，才能以男女朋友的名義和陳浩交往。

陳浩說，他這次來，就是想和莉莉確認戀愛關係。案發前天，陳浩在林家見到莉莉，

❻女生節：校園節日。

他對莉莉很滿意，於是找了家賓館住下來。第二天，兩人在莉莉閨密家中見面。這個細節閨密向我們證實了，還說當時自己不僅讓出臥室，還買了葡萄和西瓜。那晚兩人談得很好，房間裡發出陣陣笑聲，這段戀情似乎水到渠成。

林莉莉儀式感很強，與陳浩見面後，雖然彼此很滿意，但她要求陳浩必須和自己父母見一面，父母同意後才能和他正式交往。兩人約好第三天再見，和林莉莉父母攤牌，還約定不久後一起去海邊玩。

第三天正是我們確認莉莉遇害的當天。當著我們的面，陳浩說莉莉直爽大方，不矯揉造作，是個大氣的女孩，和他周圍的女孩都不同，還有一股傳統而優雅的氣質。也正是這種氣質，吸引他不遠千里來和她見面。

他說，自己實在想不明白，這麼好的女孩怎麼會被人殺害了。但事情真像他說的那麼簡單？陳浩一來莉莉就死了，事情哪有這麼巧？我暗暗懷疑。畢竟兩人只是網友，現實中見過兩面，還不熟悉。因愛生恨的事太常見了。

我們調查了陳浩的行蹤——案發前一晚，陳浩晚上九點多回到賓館，整晚沒有外出。第二天，也就是大約案發時，上午八點多，陳浩離開賓館，四十分鐘後返回。陳浩說他在附近一家早餐店吃早飯，吃肉燒餅，喝蛋花湯。

我們找到那家早餐店，店主說那天早上是有一個南方口音的人來吃過飯，但不確定是不是照片上的陳浩。陳浩離開賓館後的這四十分鐘究竟發生了什麼呢？

採血時，陳浩神情沮喪、垂頭喪氣，嘴唇緊抿著。他不斷地說：「我真不該來！要是我不來，莉莉或許就不會出事了。」

我們一邊調查，一邊繼續跟郝素蘭兩口子交流，爭取挖出更多的線索。大韓給郝素蘭兩口子倒水，發現兩人在小聲嘟囔什麼，聲音越來越大，林志斌有些生氣，見到大韓又忽然閉嘴。

郝素蘭舔著嘴唇，張了好幾次嘴沒說話，大韓轉身離開時，她忽然說：「我覺得還有件事不太正常。」

「別亂說！」林志斌一掌拍在桌上，茶水濺出茶杯，他狠狠瞪了妻子一眼，郝素蘭縮著肩膀，欲言又止。

林志斌語氣緩和下來，使勁搖頭對妻子說：「不會是他！肯定不是他！我們有十幾年交情，我信得過他。」

財神節那天，中午和晚上都在林家吃飯的，其實還有一個人，叫楊利兵。他是林志斌出獄後為數不多的朋友之一，與林家交往了十多年。

郝素蘭說，丈夫林志斌經常租用楊利兵的車去幹活，也常請他在家裡吃飯。楊利兵與林莉莉很熟，有時還在一起玩遊戲。

「可是他那天很不正常。」郝素蘭很生氣，當著大韓的面和丈夫爭辯起來。郝素蘭左手握拳，右手揉捏著左手，辦公室裡變得鴉雀無聲。

大韓把兩人分開單獨詢問，郝素蘭這才打開話匣子。案發那天早上，林志斌約好讓楊利兵拉東西，在礦石廠見面。楊利兵平時幹活很守時，但那天早上卻不見人影，直到九點多電話也不接。

後來，楊利兵回撥電話給郝素蘭，說他在路上騎電動車，掉到爛泥坑，手臂受傷了。郝素蘭兩口子趕到，看見他一身泥，小臂有傷，還在流血。兩人拿了鑰匙就離開了。

「楊利兵摔倒受傷這事應該是真的，我兩口子都親眼見過。」郝素蘭也不敢一口咬定楊利兵的嫌疑。但片刻之後，郝素蘭抬起頭來說：「楊利兵耍流氓。」

郝素蘭說，楊利兵曾經翻牆到她家偷窺過林莉莉換衣服，而林志斌覺得那次也許另有隱情。他認為楊利兵與自己十多年交情，和女兒關係也不錯，不可能是凶手。

專案組到楊利兵家時，他正在和兒子玩耍，被帶走時很不情願。楊利兵瘦而強壯，穿著藍色T恤、藍色牛仔褲、黑皮鞋。他頭髮豎起，濃眉大眼，顴骨凸起，咬肌很發達。

楊利兵說，林莉莉失蹤，他毫不知情，最後一次見到莉莉是財神節晚上，他在林家吃飯。楊利兵對案發當天早上的描述，與林志斌兩口子一致——自己騎電動車外出買早飯，回家途中路滑摔倒，手臂受傷，在地上躺了好久，耽擱了去外地幹活，還在診所打了兩天點滴。他說，林志斌兩口子和妻子都能給他作證。

當天晚上，楊利兵接到過林志斌電話，說莉莉不見了，他說自己並未在意。採血時，楊利兵皺著眉頭，手涼涼的。痕檢技術員測量和檢驗過楊利兵的鞋，與林莉莉臀部的印痕很吻合。楊利兵手臂上的新鮮損傷，主要集中在左臂，內側和外側都有多處平行傷痕，看起來也有點像抓傷。

大韓問我：「有沒有可能是摔在地上，手臂和地面摩擦形成的？」

「手臂是圓的，不可能同時在內外兩側形成擦傷。從損傷形態看，我覺得指甲形成的可能性很大。」

但就算他手臂上的傷是被抓傷的，也無法確定是被誰抓傷的，僅能說明他有嫌疑。腳印和抓傷都只能用來排除，不能用來認定嫌疑人。

我和阿良連夜去楊利兵家中搜查。是楊利兵妻子開門的，她中等身材，面色紅潤，三角眼，眼角上挑，下頜圓潤，神情有些慌張。此時，一個大眼睛的男孩躲在門邊怯怯地望著我們。

楊利兵家不大，有一間專門的書房，裡面有很多書籍和字畫，還有一張單人床。簡易書架上，擺滿了五花八門的書。楊利兵妻子說，楊利兵有時候會睡在書房。

陽臺顯眼的位置，擺著一盆蘭花。她說，那盆蘭花是楊利兵的心頭肉，連兒子也不能隨便動。有次兒子調皮，掰了幾片葉，被楊利兵狠狠說了一頓。

我們問她最近有什麼異常，她說前幾天賣廢品時，發現家裡有個陌生的包裝盒，像裝手電筒的。另外，還找到一個外接硬碟，再無其他收穫。

晚上，刑警隊所有屋都亮著燈。我們找到了所有能接觸到林莉莉的「熟人」——老鄭、老潘、宋軍華、陳浩、楊利兵，還有莫名失聯、剛從外地回家的丁鵬飛。我採了很多份血樣，包括林志斌和郝素蘭的，連同其他物證一起送去檢驗。

偵訊進展緩慢，他們都有嫌疑，但又都有不在場理由。

首先是陳浩。經過測算，從陳浩所在的賓館到林家，乘車單程最快十五分鐘，還要加上等車的時間。如果凶手是陳浩，留給他殺人、藏屍、處理現場的時間最多只有十分鐘，這麼短的時間幾乎不可能完成。

另一間偵訊室裡，丁鵬飛坐在椅子上，不停打呵欠。他又黑又壯，頭髮不長、打卷，小眼大鼻子，臉上坑坑窪窪。大韓問他財神節那天去哪兒了。

「去外地幹活了啊！」丁鵬飛瞪著眼說。

大韓一拍桌子：「你要是沒事，我們能找你嗎？你最好實話實說！」

丁鵬飛只能承認：「撒謊主要是為了騙老婆。」

丁鵬飛說，一年前他開始迷上去二十公里外的表弟家打牌。贏多輸少，抽的菸等級都高了。因為打牌，丁鵬飛經常後半夜回家，倒頭就睡，工作心不在焉，妻子也對他不滿，雇主林志斌還訓過他。

「但林志斌必須用我，他找不著別人。」丁鵬飛不以為然地說。林志斌說話不好聽、朋友少，在圈子裡口碑一般，招不到人。

財神節那天，他在林志斌家吃完午飯後就帶著三百元去了表弟家。四個男人打了一天牌，丁鵬飛手氣不好，錢都輸光了。

第二天晚上林志斌給他打過電話，問過他見沒見著莉莉。丁鵬飛說，直到被公安局傳喚，自己都沒再見過林志斌家人。他說自己對莉莉沒有太深印象，只記得這女孩平時不太愛說話，但很有禮貌。

丁鵬飛不住地央求大韓，不要把打牌的事告訴他老婆。另一邊，楊利兵似乎更是委屈。「我和林家關係很好，怎麼可能去害人呢？」

楊利兵說，剛認識林志斌時就有人提醒他，對方坐過牢，最好少來往。他說當時覺得那畢竟是以前的事，且錯不全在林志斌，林志斌脾氣暴些，但為人很直，沒壞心思，慢慢就處成了好朋友。

不過，楊利兵透露林志斌有一點不好：「酒喝多會打罵老婆，所以郝素蘭和莉莉都有點怕他。」

楊利兵回憶說，有次他去林家，恰好碰上林志斌對郝素蘭動手，他上前勸阻，挨了兩拳還被小板凳砸了一下，但自己沒放心上。「我不還手，他就不好意思打了。」從這個小細節看，他們關係的確非常好。

我們也證實了楊利兵確實與林志斌交往時間最長，關係很好。林志斌經常借楊利兵的貨車拉貨，有時只給個油錢。提到好友的女兒，楊利兵的眼神黯淡下來。他說因為總去林家玩，和莉莉確實很熟悉。

僅憑口供，還不能完全排除幾人的做案嫌疑，只能進一步等待DNA檢驗鑑定結果。人會撒謊，DNA不會。

第二天中午，也就是莉莉被害的第四天，我們從她指甲縫中提取的嫌疑人DNA比對結果出來了。我們只將那個人留在偵訊室。

案發前一天是財神節，傳說這一天是財神爺的生日，老闆照例要請員工吃飯。這天，林志斌邀請了手下的宋軍華、丁鵬飛，還有好友楊利兵一起吃午飯。

晚上，林志斌又執意再約楊利兵來吃飯：「你中午開車，沒能喝酒，晚上一起喝。」林志斌的老婆郝素蘭忙著張羅飯菜，女兒莉莉乖巧地打下手，灶火映紅了她的臉。她剛在閨密家見過遠道而來的網友陳浩，心情大好。

幾杯酒下肚，楊利兵不勝酒力，與林志斌聊天漸漸心不在焉，一抬頭看到坐在自己對面的莉莉，他覺得莉莉那天格外漂亮。

晚飯後，楊利兵跟莉莉進屋玩遊戲。剛下過雨，天氣悶熱，楊利兵坐在衣著清涼的莉莉旁邊，一股香味往自己鼻腔裡鑽。

楊利兵聽莉莉說，有個男網友從外地來見她，她覺得男孩不錯。莉莉聲音如往常一樣柔美好聽，說這句的時候還多了些欣喜。

不知為什麼，一聽莉莉說要談戀愛了，楊利兵突然覺得像失去了什麼。

當晚九點三十分，妻子來電話催他回家。臨走時，他和林志斌兩口子約定，第二天早上三人在廠裡見面，楊利兵幫他們拉貨。

第二天一早，楊利兵就騎著電動車出門了，他跟妻子說出門買早餐，與林志斌兩口子約定的時間也快到了。然而，楊利兵的妻子沒有等到他的早餐，林志斌兩口子也沒在約定地點等到來拉貨的楊利兵。

楊利兵的電動車駛向了林家。林家大門往往不鎖，他是知道的。站在那扇虛掩的院門前，等著、看著，過去一切及腦海裡面與那個人有關的記憶都倒灌回楊利兵的心裡。

莉莉與楊利兵很親，親得甚至超過父親林志斌。楊利兵是出入家裡的常客，是莉莉從小就熟識甚至經常一起玩的「楊叔」。

「楊叔」不僅很文藝，而且特別喜歡和她玩同一款網路遊戲，懂很多攻略——不知莉莉知不知道，「楊叔」家裡就有個外接硬碟，裡面有不少網路遊戲攻略。

比起父母，莉莉更喜歡和「楊叔」一起玩，覺得和「楊叔」更有共同語言，「楊叔」人好。有一次，莉莉對父母說：「你倆思想太落後，人家楊叔啥都懂。」

林志斌聽了有些無奈，但女兒開心總不是壞事，誰叫女兒成長最關鍵的那幾年自己不在呢，莉莉不過是想從「楊叔」身上多感受一下自己當年沒有給的父愛吧。

不過隨著莉莉年齡增長，林志斌慢慢地覺得有些不妥了。有次，林志斌看到自己上小學的女兒當著楊利兵的面在院子裡蹲下上廁所。楊利兵非但沒有回避，還臉紅了。

還有一年暑假，在外地幹活的林志斌臨時回家，發現楊利兵正在自己家裡和莉莉打遊戲。一問才知道，「楊叔」是專程來給莉莉送飯的。莉莉沒有感到不適、不妥。「楊叔」懂她、疼她、照顧她，她甚至習慣了。經過一段時間，林志斌似乎也習慣了。對女兒的愧疚，對朋友的需要，甚至生意上對楊利兵的依靠，最終讓他把那些「不妥」的疑慮壓了下來，不再去想。

在林家院門口徘徊了一會兒，楊利兵掏出手機，七點零九分。按前一天約定的時間，這會兒林志斌兩口子已經出門了，莉莉應該還在睡覺。林家只要有人，大門就不會鎖。

突然手機響起。我們事後查明，七點三十分，楊利兵妻子給他打過電話，想問他早餐怎麼還沒買回來。楊利兵一看是妻子打來的，就立刻關機了。他也失去了一次爬出深淵的機會。

兩扇門中間有道縫，楊利兵只輕輕一推就開了。林家的大黃狗一定看見了楊利兵，但對這位「常客」一聲沒叫。

楊利兵在院子裡走了一圈。林志斌的三輪車不在，兩口子屋裡的電腦是關著的。莉莉平時就在這個房間玩電腦。接著，他反身出門把自己的電動車推進院子。

楊利兵刻意不去握門把手，小心翼翼地推開第二道門。莉莉的臥室門此刻緊閉著，但楊利兵知道，她睡覺沒有鎖門的習慣。他沒有停下，用手握住莉莉房間的球形鎖，輕輕一扭——第三道門也開了，院門、屋門、臥室門全開著。

某種意義上，此刻的楊利兵不在自己家，也不在莉莉家，長久以來，他都沉浸在自己的世界裡。

在妻子眼裡，楊利兵不是合格的丈夫。她說丈夫對朋友比對家人好，為此吃過不少虧，還不長記性。而且想法雖多，都沒長性，既懶又不肯吃苦。

兩人是打工時認識的，都離過婚，認識不久就懷孕了，之後很快又結婚了。婚後兩人感情很淡，用楊利兵後來的話說是「不在一個頻道上」。他覺得妻子眼裡只有柴米油鹽，沒有詩和遠方。他做什麼事都不對，說不了幾句話就挨罵。

後來楊利兵告訴我們，被妻子嘮叨時，他想過離婚，甚至還想過跳樓或掐死妻子，是看在兒子面上打消了念頭。

楊利兵賺的錢不全交給老婆，「男人手裡不能沒有錢，不然太掉價」。楊利兵是家裡的頂梁柱，妻子只能由著他的性子。楊利兵沉醉在自己的世界裡，他是村子裡的異類，清高，也有很多「閒情」。楊利兵文化水準不高，但家裡擺滿了書，還喜歡蒐集字畫，雖然字畫來路不明，也不名貴，可掛在家裡很能唬人。

他喜歡鑽研在村人看來「不務正業」的東西上：種花、養烏龜、在葫蘆上畫畫、用桃核做掛墜……他還有把二手吉他，沒事撥弄一下，雖然一首曲子也彈不全，但足夠博得未經世事的莉莉的好感了。

和林家交往之初，楊利兵也沒感覺啥特別。後來莉莉上了中學，從小女孩發育成女人，楊利兵對莉莉越來越欣賞了。他說在他眼裡，莉莉年輕、漂亮、溫柔，她說話好聽、有文化，「和我認識的女人全不一樣」。

楊利兵也說，妻子長相普通，但身材很好，「一百七十公分，大屁股。有旺夫相，能生兒子」，不過他倆聊不到一起。莉莉就不同了，形容莉莉的時候，楊利兵就文雅了許多，還說「她就是一朵優雅的蘭花」。

楊利兵覺得，只有和莉莉待在一起自己才舒服，他倆才是同類。所以楊利兵總和莉莉一起打遊戲，還給莉莉儲值過錢。案發前兩週的中午，林志斌夫婦不在家，莉莉餓了又懶得做飯，在遊戲裡告訴了楊利兵，他立刻買了飯給莉莉送來。

至少至此，在莉莉面前，楊利兵維持著一個比她父親林志斌更高大親切的形象。但實際上，除了「異類」、清高，這些年楊利兵一直不太順遂，幹啥都不成，是家人與村民眼中的「失敗者」。

他給朋友擔保貸款，結果朋友還不上錢還搞失蹤。楊利兵自己擔了近十萬元的債務。和幾個朋友合夥做買賣，結果被坑了，又當了一把冤大頭。

妻子埋怨楊利兵，他覺得很沒面子，但不認為自己做錯了，因為「男人必須講義氣」。楊利兵說自己不笨，只是太容易相信人。

幾年前，楊利兵碰到一對南方口音、衣著時髦的男女，自稱是臺灣人，問他這裡是不是叫柳樹嶺❼。楊利兵很驚訝，這個叫法只有上了年紀的老人才知道。這兩人什麼來歷？

對方乾脆和盤托出，說家裡已故老人當年在這兒埋了個寶貝。在楊利兵見證下，兩人在玉米地裡找到一棵大柳樹，挖出一塊拳頭大小、金光閃閃的金佛！

---

❼柳樹嶺：陝西省地名，二〇〇八年後廢止。

接下來女人說這次回故鄉尋寶倉促，沒帶足夠的錢，她看楊利兵面善，想把金佛先寄存到他家中，借三千元路費，最遲兩個月回來取金佛，到時歸還路費，再給五千元酬謝。

楊利兵想，這沉甸甸的金佛至少值十萬元，只保管個把月時間，就能淨賺五千元，這買賣很划算，就答應幫忙。結果那兩人一去不返。楊利兵偷偷找人驗「金佛」，外面是黃銅，裡面是鉛塊，連鍍金工藝都沒有，完全不值錢。

楊利兵只能安慰自己，花三千元請回一尊佛，不算吃虧的生意。後來，「金佛」被他供在家裡。

還有一次，楊利兵在遊戲裡被一個「美女」搭訕，對方是高等級玩家，裝備精良，價值不菲，因急需用錢，兩百元轉讓帳號。「美女」說自己是個窮學生，剛和男朋友分手，還被騙走了生活費。楊利兵很同情她，豪爽地買下帳號還多給了五十元。

「美女」懇求，再玩最後一天就把帳號交出。結果一天後，楊利兵被封鎖了。「失敗者」當然也體現在家庭內部。楊利兵因分家和哥哥鬧矛盾，妻子覺得受了委屈，和公婆的關係也惡化了，一家人極少走動。

前不久，楊利兵接到哥哥電話，說母親想他，約他團聚。楊利兵不敢和妻子說去看父母，撒謊去外地幹活，自己偷偷去了，誰知第二天就露餡了。妻子指著楊利兵的鼻子，罵他不是個玩意兒：「你裝了好人，就我是壞人！」

那天楊利兵心裡憋屈，忍不住和莉莉發牢騷。莉莉勸他別生氣：「這事你沒做錯，但我嬸子也是好意。」

楊利兵想，一個孩子都比自家老婆有度量多了，直誇莉莉「識大體」，他對莉莉更加著迷了。

此時，楊利兵躡手躡腳地走到莉莉床前，沒發出一絲聲響。莉莉仍在沉睡，嘴角微微翹起，掛著笑意。她身上的毯子只蓋住胸部到大腿，再往下是裸露的。

楊利兵第一次如此靠近、肆無忌憚地「觀賞」莉莉，他甚至感覺自己在端詳一件藝術品。楊利兵再也把持不住，他把一隻手伸向莉莉的胸部，另一隻手伸向了她的大腿。終於可以觸碰這朵散發著幽香的蘭花了。

莉莉沒有反應，楊利兵的膽子更壯了些，他掏出電棍。介紹上說：只需三秒，就能把人電暈。電棍是花兩百元從網上買的。之前因為附近有人被搶劫，一死一傷，楊利兵跑運輸最害怕這幫人，就買了一根防身。但他不想讓妻子知道，特意讓快遞小哥送到隔壁村，自己騎電動車去取的。

這時楊利兵把電棍緩緩伸到莉莉大腿處。他按下按鈕——「嗤啦！嗤啦！」

「啊！」莉莉沒被電暈，反而從睡夢中驚醒了。

莉莉猛地想坐起來，楊利兵趕緊用一隻手按住她的胸部，身體死死壓住她。林莉莉嚇壞了，大聲喊著：「爸爸！爸爸！」

楊利兵心裡罵著「該死的（電棍）騙子賣家」，害他搞砸了。「我太容易相信別人了。」楊利兵非常害怕莉莉看到自己，情急之下拉過毯子，蒙到莉莉頭上。

莉莉奮力掙扎，指甲在楊利兵手臂上留下幾處抓痕。毯子突然滑落——莉莉不敢相信，自己眼前居然是「楊叔」！莉莉剛想張口說話，「楊叔」卻沒給她機會。

楊利兵腦子裡只剩一個念頭——莉莉認出他了，得殺掉她！他把莉莉仰面壓在床上，雙手緊緊掐住她的脖子，莉莉漲紅了臉，鬆開楊利兵的手臂，拚命擺手。

楊利兵明白她在求饒，但沒理會。楊利兵害怕自己一旦鬆手，就會有牢獄之災，還會身敗名裂，他心疼自己的名聲。手臂上的疼痛刺激著楊利兵，他手上力道更大了。

幾分鐘後，莉莉口鼻出血，身體抽搐，微微顫抖後，慢慢癱軟，再沒動靜。楊利兵鬆開手，鮮血順著他的手滴落到涼蓆和毛巾被上。莉莉一動不動，屋裡安靜得可怕。

楊利兵出了一身汗，心裡的邪火和眼前的莉莉一起冷了下來。楊利兵喜歡的是活生生的、優雅又溫柔的女大學生莉莉，不是眼前這具冰冷的屍體。

「既然做了，就把事做徹底！」楊利兵平時喜歡看法律節目，知道不能留下指紋和DNA。他到廚房找到塑膠盆、抹布，浸濕後認真擦拭莉莉的雙手和頸部，比自己洗澡都仔細。一開始他想分屍再轉移，可那樣浪費時間，還會弄髒現場，村裡到處是熟人，攜帶屍體外出，風險太大。可這麼大一個人，該往哪兒藏呢？

他想起莉莉說，以前上學的書都沒捨得賣，就放在床櫃裡，為這事還和父親鬧過彆扭。楊利兵推開床墊被褥，掀開床板，一個寬敞的密閉空間出現在他眼前，裡面扔著幾本舊書。他到林志斌臥室找了件黑色羽絨服穿上，以免自己的汗液沾到莉莉身上。

抱起莉莉時，她的身體還很柔軟，手還在抽搐，楊利兵嚇了一跳，以為莉莉「活了」，便又到客廳裡找到一把水果刀，在莉莉手腕內側割出一道血痕。割到一半，突然停下了。

這朵「蘭花」已經被楊利兵親手殺死了。此時的莉莉什麼反應也沒有了，楊利兵這才放心。他先把莉莉的頭和上半身放進床櫃，再摺疊雙腿，沒怎麼費力就把下半身放進了櫃子。屍體的臀部有些高，蓋不上床板，楊利兵還用腳踩了一下，又用抹布細心地擦掉上面的腳印。

但他不知道，皮下出血擦不掉，而且還會隨著死亡時間變長越發明顯。楊利兵清洗了帶血的枕頭，又找到莉莉的手機，關機後扔進衣櫥最頂層的幾包棉花後面，然後把羽絨服疊好放回原處，又擦拭了臥室、儲物間、門把手，所有自己接觸過的地方，甚至還拖了兩遍地。

最後，他用手指勾著門邊關門，一邊擦地一邊往外走，從外面鎖上了大門，一方面想延遲莉莉屍體被發現的時間，另一方面想製造莉莉外出的假象。

楊利兵還是騎電動車離開的，半路上他把電棍扔進了玉米地裡。在殺完人、藏好屍體之後，他甚至買好了答應妻子的早餐，趕回家。

後來，楊利兵對我們說，騎到村西頭時，車子突然歪倒跌進了泥坑，手臂碰傷了。他第一時間打電話給林志斌，說自己受了傷，不能去幹活，但車可以借給他們用。

林志斌兩口子趕來時，楊利兵還在泥坑裡躺著，特意向他們展示了手臂上的傷。之後，楊利兵來到村診所。剛伸出手臂，醫生就開玩笑說：「你這是被老婆抓的吧？」楊利兵忙解釋，路過泥坑時摔倒了。

醫生又問：「那你身上和手臂上怎麼沒有泥呢？」楊利兵說他回家清洗過了。醫生給他簡單消毒、塗上紫藥水，讓他回家。妻子見他臉色不好，以為是受了傷，嚇著了，也沒敢多問。

晚上，林志斌來電話，問他見過莉莉沒，林志斌知道楊利兵經常和女兒一起打遊戲，想讓他在網上幫忙找莉莉。

楊利兵說沒見著，也沒存過莉莉的電話號碼。還寬慰林志斌說，莉莉肯定跑出去玩了，說不定明天就回家了。

林志斌此時仍然覺得莉莉平時和「楊叔」玩得好，楊利兵比自己更了解女兒，心裡竟不那麼著急了。

參與偵訊的同事都覺得，楊利兵身上很矛盾。他膽大心細，掩蓋現場時冷靜得讓經驗豐富的辦案民警都覺得可怕。在殺死莉莉的第二天晚上，他還故意登入莉莉的ＱＱ，發了條「說說」。可同時他又好像少了根筋，殺人、藏屍、偽造不在場證據，一步接一步，走向深淵似乎都不察覺。

也許這就是真凶虛偽懦弱的兩面，極端脆弱敏感，又極端殘忍暴力。

其實，還是有制止罪惡發生的可能。就在案發前兩週的一個早上，那天林志斌和郝素蘭醒來，正躺在床上說話，突然聽見院裡傳出動靜。郝素蘭起身要出去看，被林志斌一把拉住：「咱家狗沒叫喚，妳甭出去。」

不一會兒，院裡又有聲響，兩人覺得不對勁，來到院裡看到楊利兵正扒在女兒窗前。莉莉當時正在臥室裡換衣服。林志斌衝上去搗了楊利兵兩拳，又撿起地上的小凳子打了幾下，但下手不算重。

楊利兵沒還手，只說了句：「你們一直不開門，我就進來看看你們在幹啥。」然後他扭頭跑了。

場景、被打結果都一致，但起因卻在先前第一次訊問時被楊利兵改成了林志斌夫妻二人打架，他則因勸架挨打。

楊利兵走後，郝素蘭曾對林志斌說：「以後不能讓楊利兵再往咱家跑了，咱女兒是大學生，將來肯定得找個好人家嫁了才行。」林志斌卻覺得自己剛才的行為太冒失，沒問清情況就打人。

林志斌後來告訴我們，當時覺得這「不算是個大事」，我想其中肯定還有林志斌在生意上經常用得到楊利兵，不好撕破臉皮的隱忍。

這事後來誰也沒再提，就算過去了。楊利兵還是「楊叔」，林家大門依然不上鎖。做案之後，楊利兵一直待在家裡，他說自己之所以沒有逃走，是想多陪陪六歲的兒子。

後來，我們在玉米地找了好久，沒找到電警棍。同事調取快遞單，證實了楊利兵購買電警棍的送貨紀錄。

那天，我們帶楊利兵指認現場，找到了他清洗血跡的拖把、臉盆、抹布，還有抱莉莉屍體時穿的那件黑色羽絨服。我們挪開衣櫥頂上的棉花，莉莉的黑色按鍵手機就在那裡。郝素蘭看見女兒的手機失聲痛哭，衣櫥裡五包滿滿的棉花，是準備莉莉未來出嫁時做棉被用的。

偵訊時，楊利兵低著頭說：「我和老林相識十來年，做出這樣的事，我真的愧對他們一家人。」

但無論我們怎麼問，楊利兵都死死咬住，電動車摔倒是個意外，不是故意想弄出創口。我覺得，這只是楊利兵還想保留住一點點可憐的面子而已。

楊利兵有很多機會扼制住自己那些可憐又可悲的慾望。莉莉已經長大了，再不諳世事也該有太多機會對這個熟悉的「楊叔」警醒一下。

而這些年來，包括直到案發前的「偷窺事件」，莉莉父母都更有機會扼制住罪惡的發生，甚至他們要做的僅僅是掛上門鎖。

楊利兵的辯護律師說，楊利兵自願認罪，有悔過情節，而且願意積極賠償被害人的損失。但其實楊利兵家沒多少錢，妻子覺得他背叛自己，還讓兒子也跟著受牽連，所以不願意賠償。

在得知兒子殺人後，楊利兵的父母十分震驚：「他連雞都不敢殺，怎麼敢殺人？」郝素蘭在指認現場捶胸頓足，哭著大罵楊利兵：「就算他想占便宜，為啥就一定要了我女兒的命啊？」

可悲，他們到現在也不明白。

07

鄰人之惡

活人的話不可信，做法醫這麼多年，更多時候我寧願相信屍體。

案發時間：二〇一四年七月。

案情摘要：興旺村某戶村民家起火，獨居老人被燒死。

死者：張秀芬。

屍體檢驗分析：右顳部有長徑約六公分的洞，邊緣多處向內凹陷，孔洞下方見碎裂骨片和腦組織，需多次打擊才能形成。口腔、氣管乾淨，為吸入煙灰，說明起火時，她已經遇害了。

早上八點多，十五歲的曹玉靖躺在床上，發現手機裡的電子書快看完了，這批存貨還是他在電子廠工作時，被開除之前下載的。他手上的白色山寨手機是一年前父親花六百元從鎮上買的，當時辦了張一百元的手機預付卡，之後父親再沒給他繳過電話費。

現在，曹玉靖沒錢繳電話費了。中午十二點三十分，曹玉靖從床底摸出羊角錘出門。二十分鐘後，曹玉靖掛著滿身的血跡回到家。父母還在午睡，他悄悄脫下帶血的褲子，扔進臥室角落的小櫥櫃，然後在豬圈旁的水桶裡，把錘子洗刷乾淨。

曹玉靖迅速躺回床上，又過了二十分鐘，父母醒了，進他的臥室看了一眼。等父母離開，曹玉靖取出藏好的血褲，扔進洗衣機洗淨，曬到院子裡。

他再次回到臥室，把一張新手機卡裝進手機，繼續下載電子書。下午四點三十分，他用流量下載了二十多部小說，新手機卡裡的電話費也花光了。

當天晚上，曹玉靖聽見外面有警車響。他乾脆躺在床上，等著員警找上門。父親板著臉進屋看了他一眼，見他像往常一樣懶散，沒說話。母親進屋看了他好幾次，也不說話，一瘸一拐地走開了。母親的腿是幾年前瘸的，父親說是倒車時沒看見她，發生了意外。曹玉靖不信，他想一定是母親偷東西被抓才瘸的，但又不敢問。

夜裡，父母屋裡很晚才關燈。曹玉靖聽到他們在說張秀芬。這個心善的老太太死了，「沒得到好報」。

父母還商量給曹玉靖再找個活兒幹，依然沒個結論。曹玉靖躺了一晚上，第二天也沒怎麼下床。他無法平靜，在心裡對自己說：「這下要完了。」

推開偵訊室的門，我看到曹玉靖單薄的背影。他抬頭看我，那是一張稚嫩而清秀的臉。粗眉毛、雙眼皮，眼珠陷在眼眶裡，留著兩撇稀疏的小鬍子，略鬈曲的長髮上挑染了幾縷褐色。

他穿著一件長袖灰白格T恤，脖子上的皮膚像凸起的魚鱗有點髒，似乎許多天沒洗澡了。發現我盯著他，那小子竟有些不自在，低下了頭。

大韓遞給我一張身分證，我算了一下日子，曹玉靖才十五歲，尚未成年。偵訊室角落坐著一個中年男人，他是曹玉靖的父親曹老三。訊問未成年人時，需要法定代理人或親屬在場。

曹玉靖眼神羞澀，不願和人直視。他聲音尖細帶點顫，雙腿不停地抖動，有些焦慮地抿嘴咬牙，盯著面前那杯水，不知在想什麼。

我是來給他採血的。握住他的手臂，我發現他的手腕上有一層「魚鱗」，這是一種皮膚病，民間也叫「蛇皮」，他的手涼涼的，一直在發抖。曹玉靖的情緒相當不穩定，還在硬撐。

「男子漢大丈夫，怎麼敢做不敢當？」大韓激他，「不過就憑你這小雞仔的窩囊樣，肯定殺不了人。」

「誰說的！」曹玉靖惡狠狠地盯著偵訊人員，然後低頭沉默片刻，紅著眼睛抬起頭說：「我殺了人。」

他很痛快地向我們回憶起那天下午發生的事情：他先是走到老太太張秀芬身後，拿起錘子，敲了她頭頂一下。

「把老奶奶的頭打破了，血流到了右臉。」接著，他把張秀芬拉到臥室，「我腦子裡忽然冒出想法，想弄死她。不知為什麼，就是想弄死她。」

他壓在張秀芬身上，手腳並用按住她的雙手，然後騰出右手，拿起一把小鐮刀，「朝她頭上刺了四五下，她只是身子在扭，不再叫喚了。」最後，他又用錘子朝張秀芬頭頂砸了十多下，曹玉靖說：「最後一錘子，我感覺砸進了她的頭裡。」

「老奶奶發現你了嗎？你為什麼想弄死她？」

曹玉靖搖了搖頭，說：「我腦子懵了，好像控制不住自己似的。」

無論偵訊人員怎麼問，曹玉靖只有這一個回答。「我當時腦子一片空白，就想著殺死她，其他什麼也不想了。」

兩天前，我在參加業務培訓，正聽得入神，口袋裡的手機突然振動起來。我在眾目睽睽下低頭彎腰走出教室。案情很簡單——興旺村村民家中起火，有個老太太被燒死了。

興旺村依山傍水，位於轄區邊界，離省道很近，半小時車程就到了。我被派出所民警帶到死者張秀芬家。這是典型的北方農村老屋，四間老式平房的白牆有些泛黃，左手邊第二個房間窗戶敞開著，綠窗櫺、玻璃都被燻得發黑，救火時灑在地上的水還沒有完全蒸發完全。

寬敞的院子裡站了許多人，幾名婦女圍著火盆燒紙，神情專注，不時傳來幾聲抽泣。下午四點多，張秀芬的二兒子發現母親家著了火。派出所出勤的民警看著有五十歲了，他告訴我：「估計是燒火做飯引燃了什麼東西，畢竟年紀那麼大了。」

老太太無財可圖，平時為人和善也無仇可尋，和情殺更是沾不上邊，老民警言下之意，這應該不是一起「案子」，而是意外。

家屬對老太太的死因也沒有疑問，正在商量後事。可是非常規死法，需要公安局出具火化通知書，就讓法醫來走個過場。

家屬們圍上來，老太太的小兒子眼睛通紅，帶著哭腔：「事情已經發生了，就讓我娘入土為安吧。」

他一個勁兒地給我遞菸，臉上擠出彆扭的笑，老民警也不時插話，想迅速給這起事件畫上句號。

死亡現場連警戒線都沒拉，基本沒有保護。我提出要看現場、做驗屍時，老民警臉上的肌肉僵住了，他皺起眉，張了張嘴沒說話。

「醫生同志，人都燒沒了，還看啥呀？」張秀芬的小兒子一臉沮喪地懇求我，「差不多就行了吧。」

我嚴肅地告訴他：「既然報了警，就一定得查個清楚！」我的前輩辦過一起命案，凶手殺人後偽裝成逼真的交通事故，受害者屍體被送去醫學院，上解剖課用完就扔進屍體池了。後來抓到嫌疑人，供述了做案過程，高層怪法醫。前輩被這事折磨壞了。

我沒有看屍體的癖好，但活兒必須幹，不然不放心。活人的話不可信，做法醫這麼多年，更多時候我寧願相信屍體。

我和痕檢技術員請家屬暫時離開院子，從最西側掉漆的木門進入廚房。張秀芬躺在廚房和臥室中間，被燒毀的木門壓住，左手高舉過頭頂。她的腰腹部幾乎被燒沒了，但通過殘存的四肢和頭顱還能依稀分辨出人形。

她身旁到處是燒焦、碳化的家具。燻得焦黑的搪瓷盆、牆面，燒得只剩下灰色彈簧的沙發和床墊，以及燒變形的按鍵手機。

痕檢技術員指著那堆彈簧說：「這應該就是起火點！」那裡位置比較低，燃燒最嚴重，旁邊牆上的燒痕明顯。石英鐘也被燻黑了，時針停在一點五十九分三十秒。可以確定，當時火勢已經很大了。

起火點就在張秀芬的臥室，明顯不是生火做飯所引起的；火災範圍局限在一間屋內，不是從別處蔓延過來的；臥室裡的電線上沒有發現電熔珠，不像是電氣及線路原因引起的火災。

屋裡只有我和痕檢技術員，周圍忽然安靜下來，他小心翼翼地問：「劉哥，我怎麼覺得像個案子？」

我的心突然懸了起來。張秀芬今年七十八歲，身高一百六十公分，偏胖，但這具快燒沒了的屍體上，已經看不出這些資訊了。

當我剝開她右顳部殘存的頭皮時，心跳驟然加速，不禁舔了舔發乾的嘴唇。那裡有個長徑約六公分的洞，像一顆梨。邊緣多處向內凹陷，孔洞下方是碎裂的骨片和腦組織。這需要多次打擊才能形成。張秀芬的口腔和氣管很乾淨，沒有吸入煙灰——起火時，她已經死了。

夏日炎熱，救火現場蒸騰著水氣，樹上的知了玩命地叫著。蹲在這座農家小院裡，我竟感到脊背發涼，心中一陣後怕。

幹這行久了，人會變得越來越膽小。我時常叮囑自己，不能在陰溝裡翻船。假如我沒有堅持檢驗屍體，或者草草收工，這起案子會成為我法醫生涯中抹不去的汙點。

那個老民警堅持認為這是一起火災，他問我死者頭上的傷是不是被門框砸的。「這是個命案！是死後焚屍。」我抬起頭盯著他。

大半個刑警隊都來了。借助勘查燈，我又發現了一些新線索。土炕和牆壁的夾角處，有兩處疑似噴濺的血痕。血量很少，位置隱蔽。

櫃子裡，我們找到一塊紅手帕，包著金耳環、金戒指和銀手鐲。現場基本沒被翻動過，丟失的貴重財物只有兩千元現金，那是張秀芬常年隨身攜帶的「安心錢」。她每個月有一百一十元的固定收入，其餘由在東北當公務員的三兒子資助，家裡沒多少值錢物品。

我們想弄清楚死者和誰聯繫過，檢驗手機時卻發現，手機卡不見了。這個號碼，始終沒打通。

「莫非是停了機？我上個月剛給她儲值了一百元。」小女兒嘟囔著，「奇怪了，我娘平時電話也不多。」

幾年前丈夫去世，張秀芬獨居，她性格開朗樂觀，在村裡人緣不錯，家裡平時也沒有外人出入。

村支書說，這裡民風淳樸，治安狀況良好，從來沒出過大事，「今天的案子算是破天荒了」。

他張開五指，把手一伸：「小偷小摸不算數。哪個村沒偷雞摸狗的？」

大韓在村裡走訪時，許多村民回應：有幾戶姓曹的人家，品行不大好，有小偷小摸的習慣。

聽他們的形容，那就是個小偷家族。「這一家就像鍋裡的老鼠屎，看著噁心，不想和他們有牽扯。」「大家都知道，但不想得罪他們。」

一名村民說，幾個月前曾看見有個人影從張秀芬家爬牆出來，模樣像是曹老三家的兒子曹玉靖。他們兩家的大門距離不過四十公尺。村人都知道，張秀芬這幾年被曹玉靖偷過好幾次。老太太對此卻不願多講。

前年，張秀芬丟了一支老人手機和幾十元。老太太沒報警，只和小女兒說起過這件事。女兒追問是誰，張秀芬不肯說，只叮囑女兒不要聲張，「是個毛孩子，本身又不壞，怪可憐的」。

去年，張秀芬又丟了兩百元和一張手機卡，門也被撬了。兒女們一番追問後，報了警。因為案子本身不大，查了半天沒發現證據，也沒找到曹玉靖這孩子。一旁的老民警擺了擺手：「農村這種小案子很多，壓根兒沒法查，除非抓現行。」

村支書和治保主任點頭，隨聲附和：「就是。」

張秀芬家周圍的鄰居都說沒聽到奇怪的動靜。如果家中闖進生人，肯定會呼喊。老太太沒喊，要麼是她沒發現，要麼是她認為，對方構不成威脅。

唯一的疑點是手機卡不見了。但直到案發當天下午四點三十分，張秀芬的手機卡號卻一直在上網，產生了許多流量費，直到餘額用完。

在技術部門的協助下，我們確定手機卡上網地點離張秀芬家不遠。大韓懷疑是曹玉靖的父親曹老三幹的，因為這兩口子「手不太乾淨」。

晚上，刑警隊傳喚了當天下午待在村裡的曹家人。其中有曹老三，還有他的兒子曹玉靖。曹老三消瘦的臉龐黝黑，額頭和嘴角全是皺紋。他穿著褪色的藍T恤和灰短褲，接受偵訊時，兩手放在膝蓋上，有些拘束，眼睛轉來轉去。

偵查員調查發現，這兩口子當天在市集賣油桃，中午短暫地回過家。村裡很多人在市集上見過他倆。

曹玉靖也是嫌疑人之一，他表現得精神高度緊張，有經驗的民警一眼就看出了他不對勁。大韓一詐，曹玉靖很快開始供述自己殺死張秀芬的細節。趁著父親曹老三出去抽菸，曹玉靖回頭瞥了一眼，突然對我們訴起了苦：「他們總是說一套做一套，說錢是給我存的，又不捨得給我花。」

曹玉靖從小沒被父母管過，家裡由著他耍性子。但自從母親受傷瘸了腿，父母對他的態度變得越來越嚴，總是想把他留在家，別出門惹事。

被禁足在家的曹玉靖，只剩下打遊戲、聊天、看小說的愛好。如果偷東西能是個愛好，也算一個。

雖然父母告訴他，不要去偷別人的東西，他也依然我行我素。曹玉靖對我們說：「他們連自己也管不好，還想來管我？笨蛋！」

曹玉靖有錢的時候，會去網咖玩。他的ＱＱ、微信暱稱和頭像都是女性化的。在他喜歡的兩款遊戲《穿越火線》和《女神聯盟》裡，帳號也是女性身分。

曹玉靖說，網上女性身分比較受歡迎，偶爾能占點便宜，一個遊戲裡的好友還幫他儲值過錢。

有時，曹玉靖也會討厭偷竊行為，比如他的遊戲帳號被盜。他很鬱悶，氣得一整天吃不下飯。最近一段時間，他待在家裡無所事事，「閒得慌，每天除了看電視就是看電子書，下載的電子書都快看完了，手機卡沒流量了。」

曹玉靖說，他殺死張秀芬，就是為了偷手機卡。曹玉靖雖然叫不上張秀芬的名字，但對她家的情況十分熟悉。「她一個人住在我家西面。她孫子叫王強，我倆去她家玩耍過好幾次。」

曹玉靖是王強的好朋友，經常被王強帶去奶奶家玩耍。張秀芬家人少院子大，沒有大人的管束，孩子玩得很盡興。每次過去，張秀芬都會拿出零食給曹玉靖吃。「老奶奶一點也不凶，怎麼玩都不管，她家有很多好東西。」曹玉靖說。

殺死張秀芬後，曹玉靖掀起炕上的被褥，蓋在她身上，找了個打火機點火。他不想讓人知道自己殺了老奶奶，所以放火掩蓋罪行。

聽完這些，高壯的大韓用拳頭撐在辦公桌上，小臂上繃起血管，他瞪大了小眼睛說：「曹老三還一直在護犢子。」

曹玉靖承認罪行前，曹老三一直強調那天中午和晚上，他兒子一直在床上躺著。

「他應該猜到兒子做了啥，只是不願意說罷了。」大韓把材料夾在腋下，轉身往外走去，腳步很輕鬆，「好在小孩一般都說真話。」

大韓把曹玉靖的供述交給技術科，我們特意從警犬基地借了一隻拉布拉多，去尋找錘子和手機卡。在曹玉靖家的櫥子內壁，我們提取到了疑似血痕。但找了一天，也沒發現曹玉靖交代的，扔到河裡裝著錘子和手機卡的塑膠袋。

「按理說，錘子不會被沖走才對。」大韓皺眉，背著手，腳步凌亂地在走廊來回踱步，「那小子應該不會撒謊，他都招了啊。」

我總覺得不對勁，曹玉靖的殺人動機好像過於簡單，既然行竊過程沒被發現，他根本沒必要殺人。

十五歲的曹玉靖非但沒長著一張凶悍的臉，反而有種人畜無害的感覺。他焚屍滅跡，小心翼翼回家，說明對法律有敬畏之心，沒有視生命如草芥的反社會傾向。

「還得繼續審！」大韓猛地拍大腿，意識到曹玉靖撒了謊，「玩鷹的還能讓小麻雀啄了眼？」

大韓邀請我旁聽「小麻雀」的第二次訊問，我試圖從現場和驗屍的角度，推敲曹玉靖的供詞是否準確。

大韓直接拍桌子：「你小子別東拉西扯的，把事情交代清楚，對你絕對有好處！」

曹玉靖露出驚恐的眼神並問：「員警叔叔，我會判死刑嗎？」

「你覺得呢？」大韓狠狠瞪著曹玉靖。曹玉靖低下頭，有些沮喪。

「你要是老老實實把事情交代清楚，或許我們能幫你。」大韓的語氣和緩了很多。

「那我還想交代點事。」曹玉靖抬起頭來，眼神安穩了許多，「我說實話吧！她和我有仇！」

曹玉靖忽然瞪起眼睛：「有一次，她兒子和女兒都到我家去了，還報警了。可能是因為我弄壞了她家的門吧，不弄壞門我進不去啊！」曹玉靖一臉無辜地說。

「我經常到別人家裡偷東西，周圍鄰居都知道。我每次下手都很輕，又不傷筋動骨的。」曹玉靖覺得，自己多次偷竊卻沒人報案，是因為自己下手乾淨，不節外生枝。

民警走訪時發現，這個村子民風淳樸，村民們大多規規矩矩、不擅言辭。提起曹玉靖，大家說的最多的話是「他還是個孩子」。也有村民說，曹家人口不少，萬一惹急了也不好。

曹玉靖至少偷過五六戶村民，一名村民說，去年他家裡少了兩百元現金，有人看見曹玉靖從他家院子裡爬牆出來。但曹玉靖從來不偷村幹部家，「一是院牆高不好爬；二是那幾家都勢力強大，不敢去」。

「我只在缺錢的時候偷，我也不亂偷。」他認為自己很講原則，張秀芬的兒女報警，讓他受到了不公正待遇。張秀芬的兒女們在報案前去找過曹玉靖，被他的父母攔在了門口，曹玉靖的母親堅持說：「我兒子是清白的，你們別瞎說！」

當天，曹玉靖被父親送到親戚家。「員警到村子裡查過，當天我不在家，他們也沒證據抓我。」曹玉靖的嘴角微微一翹。沒得意一會兒，他的笑容就消失了。「動了公家，事情就不一樣了。」他臉漲得通紅，呼吸漸漸急促，「員警進村找我，我在全村人面前丟了臉！」

「本來大家只是猜，這回全村人都知道我偷了，我面子往哪兒擱？」曹玉靖把拳頭握得死緊，似乎是在捍衛自己的「面子」。當小偷也愛面子，我從大韓眼裡看到一絲無奈。就因為這次報警，曹玉靖開始怨恨張秀芬，「就算是記下這個仇了」。

曹玉靖心裡其實有很多仇恨。從他懂事起，身上就長「魚鱗」，小學三年級時，父母曾帶他去醫院治療過一次，但效果不好。在學校裡，同學都刻意躲著他，不願意和他玩，「有的還笑話我，說我身上有病。我也就不大和別人說話了。」

曹玉靖越自卑，遇事就越想用拳頭解決。有一次班上同學丟了支鋼筆，大家都懷疑是曹玉靖偷的，強行搜查了曹玉靖的課桌和書包，結果沒找到，只好作罷。

曹玉靖拉住同學，讓他道歉，對方不但不道歉，還說他全家都是小偷。曹玉靖的家庭，確實是個小偷家族。據說，曹家人是從曹玉靖曾爺爺那輩開始以偷竊為生的。

曹玉靖的爺爺奶奶鼓勵子女們偷竊。奶奶常領著女兒、兒媳，抱著小孩去趕集，有時也去附近的超市，她們互相掩護，小到乾果零食，大到洗髮水、沐浴露，什麼都偷，被發現就撒潑耍賴。

因為盜竊數額不大，又是老弱婦孺組合，很多人拿她們沒辦法，罵一頓就算了。曹家人丁興旺，曹玉靖的爺爺奶奶有六個子女。有一次，曹玉靖的爺爺喝了酒，把兒女們叫來訓話：「人無橫財不富，馬無夜草不肥。」

在他的觀念裡，會偷東西的人，必須膽大心細，是有能力的表現。他還得意地說：「鬧饑荒那會兒，要不是咱家善偷，你們這幫崽子們早就餓死了。」老爺子聲淚俱下，說當年差點把老伴給殺了。

那年，村裡餓死了不少人，能偷來吃的早就被別人偷走了。曹玉靖的爺爺和大伯在田裡幹活時，商量著回家把曹玉靖的奶奶殺了煮肉吃。

回家以後，兩個人大眼瞪小眼，誰也下不去手，曹玉靖的奶奶說：「你們發什麼愣，還不快吃飯？」

揭開鍋一看，是熱氣騰騰的包子。原來，曹玉靖的奶奶跑去公社糧所偷來了麩皮，又從隔壁村偷來了麥稈，摻和在一起，做成包子形狀。因為會偷，曹玉靖的奶奶無意之中救了自己的命。

老爺子把酒杯往桌上一放，豪情萬丈：「沒什麼不能偷的，人還能被活活餓死？」因為偷，曹家的生活品質明顯得到了改善。村人都是早出晚歸，曹家卻恰恰相反，白天待在家裡，傍晚才出門。

他們每次偷得不多，也不會老偷一家，村人很煩，但沒人報過案。曹玉靖的表姐繼承了長輩們偷竊的習慣，她在縣城餐館打工，第一個月就把所有同事的工資偷了。

在曹玉靖的爺爺奶奶看來，偷是一種技能，是生存法則。而今，曹玉靖因為在學校被叫做小偷，覺得受了奇恥大辱，「腦子嗡嗡響」，直接撲了上去。

他打架沒占到便宜，回家告訴了父母，期待父母幫他討回公道。沒想到，父母只是告訴他：「不要偷別人東西。」

曹玉靖覺得委屈，管不好自己的父母卻來管他。「我就偷給他們看！」他要報復父母，報復冤枉他的同學，甚至報復他自己。

去年十月，曹玉靖初中沒上完就輟學了。經親戚介紹，他謊報年齡進了電子廠打工。曹玉靖本想在工廠好好幹下去，卻總能感受出某種異樣。

宿舍裡，工友們像防賊一樣防著他。從來不鎖櫥櫃的人，開始隨手上鎖，每次他一回到宿舍，有說有笑的舍友們就立刻不說話了。

曹玉靖只在電子廠工作了三個月，就因為兩次曠職被開除了。曹玉靖固執地認為，這一切不順利的根源，是張秀芬的家人報了警，讓所有人知道自己是個賊。他知道偷不對，但說小偷憑什麼就該低賤地活著。

曹玉靖知道，他的父母和家人經常偷東西，臉皮很厚，但他覺得自己不同。「他們可能不在乎，但我受不了。」

他覺得，自己像小說裡的俠盜，雖然做了壞事，但士可殺，不可辱。從此他整天無所事事，不是去網咖玩遊戲，就是在家裡看電子書，再也不想出去工作。

在家待業的日子一開始的確很悠閒，曹玉靖也漸漸忘記了對老奶奶的仇恨。但六月中旬的一個傍晚，曹玉靖在上廁所，聽到牆外幾個老太太閒聊，其中一個聲音很熟悉，就是張秀芬。

「我聽到她的聲音，又把這個仇給記起來了。」曹玉靖緊握著拳頭對我說，「有仇不報非君子，我必須讓她付出代價！」

那天上午八點多，沒有小說看的曹玉靖，腦海裡冒出一個簡單而瘋狂的念頭：殺了張秀芬。

他越來越覺得是張家人報警才毀了他的人生，必須向張秀芬復仇。而另一個殺人原因是：他沒錢了，需要現金和手機卡。

他沒有馬上行動，而是看了一上午電視。「當時路上人來人往的，怕人看見。」坐在偵訊室的椅子上，曹玉靖很平靜地說：「我像個獵人，等待時機。」

十一點四十分，父母從市集回來，在臥室休息。曹玉靖等到十二點三十分，街上沒人了，父母也已經睡著。他覺得，時機到了。

曹玉靖從床底拿出羊角錘，小心翼翼地從臥室窗戶爬到院子裡，翻牆離開家。他打算像往常一樣，借助牆邊的白楊樹，從張秀芬家的西牆爬進去。這條路線他輕車熟路。

但他忽然聽見重重的關門聲，有村民推著小車正在向外走。曹玉靖作賊心虛，放棄了翻牆。他先找牆角躲起來，然後貼著牆根，轉到張秀芬家門口。

防盜門居然沒鎖。曹玉靖探頭看見張秀芬抱著菜豆走進廚房，他趁機溜進院子，順手把防盜門帶上了。

他快步跑過去，拉開廚房門，張秀芬聽到動靜，剛要回頭看，曹玉靖掄起羊角錘，朝她後腦勺狠狠打了一下。

張秀芬手裡的菜豆落在地上，但她並沒有像曹玉靖預想的那樣，被一錘打倒在地。張秀芬轉過身來，看見是曹玉靖，嘴裡不停喊著他的小名，連問兩句：「你在幹什麼？你在幹什麼？」

曹玉靖一言不發，拉著張秀芬的左手臂往屋裡拖，張秀芬掙扎著往外走，但她力氣小，還是被拉進臥室。曹玉靖沒能把她的頭按在沙發上，兩個人一起摔倒在地。張秀芬往臥室門的方向爬，曹玉靖騎在她身上，又用羊角錘朝她的頭打了兩下。

張秀芬轉過身來，雙手捂住頭問曹玉靖：「你要幹什麼？」曹玉靖發現，張秀芬的目光有些渾濁，聲音在顫抖，但都到這分兒上了，她的眼神竟和以前一樣溫和。曹玉靖愣住了。以前行竊時，他至少有兩次被張秀芬撞著，但張秀芬只是溫和地看著他不呼喊，也沒有責怪。曹玉靖記得這個眼神。那一刻，曹玉靖動了惻隱之心。

他對張秀芬說：「妳起來，咱們去醫院。」或許在潛意識裡，曹玉靖對張秀芬是尊重的，在偵訊過程中他一直用「老奶奶」來稱呼張秀芬。

張秀芬喜歡摸他的頭，那是她喜歡小孩的表現，但曹玉靖很反感，他不喜歡別人接觸自己，還害怕會長不高，心裡有些不自在。

趁曹玉靖發呆的工夫，張秀芬用右手握住曹玉靖的手腕，左手去奪羊角錘。

曹玉靖回過神。「既然她在找死，那我就成全她！」

曹玉靖害怕別人聽見張秀芬叫喊。他用左手捂住她的嘴，右手從旁邊的小方桌上摸起擀麵杖，對著張秀芬的前額一通亂打。

張秀芬用手護頭，曹玉靖感覺擀麵杖太短不好用力，就扔到一邊，拿起小桌上的鐵盆，用盆底朝張秀芬頭上砸。盆子被砸變形了，曹玉靖扔下鐵盆，從桌上拿起小鐮刀，向張秀芬頭部亂刺了五六下。

曹玉靖覺得鐮刀的威力還是不夠，最後他又想到了自己帶來的羊角錘。他用左手扳住張秀芬的手指，右手搶回羊角錘，不假思索地掄起，狠狠地砸向張秀芬的頭。

「老奶奶側著身子，想躲開我的錘子。」曹玉靖沉浸在回憶裡，眼睛直勾勾盯著地板，臉上的肌肉有些猙獰。

砸了七八下之後，曹玉靖使出全身力氣，錘頭砸進了腦子裡，他聽到了顱骨碎裂的聲音。拿出羊角錘的時候，還被碎裂的顱骨擋了一下。

張秀芬不再掙扎，頭上汩汩地冒血，在地上喘著粗氣，身子漸漸軟了。曹玉靖累了，坐在張秀芬身上喘了口氣。冷靜片刻後他站起身，從炕上拿起張秀芬的手機，取出手機卡，放到褲子口袋裡，然後把電池和後蓋裝好，把手機正面朝上放回炕上。

曹玉靖說，自己沒有對張秀芬搜身，他簡單地翻找了櫥子和電視櫃，收穫了兩枚五角硬幣。曹玉靖想到了毀屍滅跡，他就地取材，把炕上疊著的六床棉被蓋在張秀芬身上，又在屋裡閒晃了一圈，在灶臺上的茶葉筒中發現三個打火機。他用一個黃色打火機點燃了被子，又把打火機扔進火裡。

看著火勢漸漸變大，即將蔓延到整間臥室，他才跑了出來。張秀芬家的院子裡，一切如常。梧桐樹遮住陽光，杏樹枝頭掛著零星的果子，兩隻花母雞跑來跑去，到處啄食。家門口兩扇綠色鐵門緊閉，上面貼著一副紅色對聯：「福壽雙全地，人財兩旺家」。

曹玉靖悄悄關好了大門。院牆外一排筆直的白楊樹上，知了成片成片地叫著。沒人聽見，一個少年剛對老人的虐殺。

曹玉靖回到家，躺在床上，開始享受犯罪成果。下午四點三十分，張秀芬手機卡裡的餘額被耗光。曹玉靖起床，把洗乾淨的羊角錘塞進了豬圈東牆的縫隙裡，又把手機卡折了，扔到前鄰家的後窗戶縫裡。

講述做案過程時，曹玉靖在殺人焚屍的過程上沒有說謊，但在各種小細節上，卻總是不說實話。比如凶器的去向，進入張秀芬家的方法，是趁人不備的偷襲還是赤裸裸地痛下殺手。

他怕死，「想說實話，但又憋在心裡說不出來」。曹老三捶胸頓足，在偵訊室外面抽了半宿菸。「這都是命啊！」曹老三蹲在地上不住地嘆氣。

他早就知道兒子有偷竊的習慣，跟我們說：「訓了他幾次也不管用，他年紀那麼小，萬一被人抓住揍個半死怎麼辦！」

曹老三說，曹玉靖是家中獨子，從小嬌慣，有求必應。如果不能馬上滿足他，晚些再給他時，他就會把東西扔在地上，再踩一腳。

曹老三臉上的皺紋擠在一起，表情愁苦。「也不敢說得太急，這孩子有性格。」曹玉靖脾氣越來越怪，等父母想管的時候，發現已經管不了他了。

曹老三想著，先讓兒子在家裡住段時間，年齡大些，再託人給他找份正經工作。一家人幫他存錢，準備以後給他買房娶老婆。

曹玉靖曾提出要去販賣水果，但他母親說：「這活兒太累，小孩幹不了。」

曹玉靖父母叮囑他沒事別出門，其實是為了保護他。「我也自知理虧，也不懂怎麼教育孩子。我是不想讓他走我們的老路，那條路遲早混不下去。」

曹玉靖撇了撇嘴說：「我覺得他沒資格管我。」

之前查找嫌疑人時，偵查員還帶回過曹玉靖的二爺爺，他是張秀芬的棋友，對張秀芬家的情況也很熟悉。前幾天下棋時，兩位老人不知為啥吵了起來。他具備做案條件和動機，我們曾帶他回來問過話。

一頭灰白頭髮的二爺爺瞪著眼，臉憋得通紅，他鬍子翹翹的，聲音很洪亮：「我早就不幹了！」老頭很健談，把過去那些不光彩的事情全說出來了。

據說，曹家真正的英雄是二大爺，他膽子大，偷的東西值錢，而且技術高超，偷牛只需要三分鐘。那是這個小偷家族的「黃金時代」，之後的一切，很快就證明了曹老三的話：那條路遲早混不下去。

後來，二大爺因為偷牛被判了五年，出獄後又去偷牛，牛剛牽出門，就被抓了。

曹家人感慨：「這麼個能人都被抓了，這活的確不好幹了。」二爺爺家也「轉型」了。那一年他大兒子想當兵，政治審查沒通過，爺兒倆吵了一架。二爺爺就洗手不幹了，「得積點陰德」。

曹玉靖還有個表哥，從來不偷東西，讀書也不錯，考軍校時，政審也沒通過，一氣之下去南方打工了。

曹玉靖的父母也希望改變自己的生存方式。有段時間，他們幹起了「正業」——到市集上賣水果。但不少村民其實都知道，他們做的是無本買賣，從別處偷來水果，再到市集上賣。

有次，曹玉靖父母開著摩托三輪車去偷蘋果，被果園主人發現，拿著鐵鍬拚命追趕。情急之下，曹玉靖父親把三輪車開得飛快，不料軋過一塊石頭，曹玉靖母親從車上顛了下來，三輪車後輪從她小腿上壓了過去。曹玉靖母親在家躺了好幾個月，之後走路就是一瘸一拐的了。

村人故意問起這事，曹玉靖父親謊稱，倒車時沒看到老婆，出了意外。合法買賣既辛苦，賺錢又慢，他們遇到能偷的機會，還是忍不住。

曹玉靖父母唯一能做的，只有刻意減少偷東西的次數，不偷太貴重的物品，而且不在本村和鄰村下手。

村人都覺得，這些年曹家人身上遭遇的不幸，都是因為壞事做太多了。包括曹玉靖身上的「魚鱗」，也讓他們覺得是因果報應。

潛移默化中，曹玉靖自學成才，走上了偷竊道路，兩口子感覺很無奈。曹玉靖年紀小，還從來沒有因為偷竊進過看守所。他第一次和公安局打交道，是因為殺人。

第七次偵訊時，曹玉靖翻了供。他說，當時想用錘子砸暈張秀芬，搶手機卡和錢，結果沒砸暈，張秀芬開始呼喊、反抗，他怕被人發現，才殺了她。

偵查員問他為什麼要翻供，曹玉靖說之前心裡很害怕，有些事情可能說錯了。

偵查員一聽就明白了是怎麼回事，這小子一定在所裡「受了教育」。

久病熬成醫，人往往會異常關注和切身利益有關的知識，許多犯人其實對法律研究得很透徹。

新犯人進看守所後，老犯人一般會輪番「偵訊」，讓他把前因後果說一遍，大家分析，案子會怎麼判，有沒有什麼「轉機」。

偵訊人員強壓住情緒，耐心做曹玉靖的思想工作：「你父親也在這裡，你不要害怕，如實講述當時的情況，不要有任何隱瞞！」

曹玉靖扭頭看向角落裡的父親，曹老三陰沉著臉沒說話。曹玉靖低下頭，過了一會兒又抬頭看父親，眼神游離不定。

終於，他的目光變得平靜，抿了抿嘴，嘴角出現酒窩，再次承認去張秀芬家就是為了殺人。但曹玉靖堅稱，他只拿了兩枚五角硬幣，沒拿走其他現金。這次，我們相信他。

「你現在有什麼想法？」偵訊員問。

曹玉靖低頭痛哭，大顆眼淚往下流：「我後悔了。」

曹玉靖後悔殺死了張秀芬。但從始至終，他都沒有說過後悔去做小偷。但我希望，他是這個「小偷家族」最後的繼承人。

08

褲襠巷凶宅案－女租客

凶宅的「詛咒」似乎才剛剛開始，從女孩入住、被害的往後十五年裡，一共十二人住進了這間房子，三個人丟了性命。老宅成了名副其實的凶宅。我的命運似乎也就此和這間凶宅纏在了一起……

案發時間：二〇〇五年臘月。

案情摘要：一老漢在仙福山挖出一截人腿。

死者：？

屍體檢驗分析：零散屍塊，不完全從關節位置離斷，股骨頭及膝蓋斷端整齊，斷面有條紋，疑為鋼鋸所致。雙肺及心臟有出血點，明顯窒息徵象。胃中有少量食糜，推測於餐後兩小時左右遇害。

我是路痴，記路水準一般，但作為法醫，無論是散步、用餐還是外出遊玩，每路過一個曾經去過的命案現場，我腦海裡就會立刻浮現出當時辦案的樣子，根本不受自己控制。

十八年來，我參與過的八百多個命案似乎進行著一種奇妙的組合，拼湊出了一幅只有我才知道的本市「凶宅地圖」。老舊居民區、高檔社區、棚戶區……我由此記住了很多地方，也知道了很多「凶宅」。

這些凶宅大多會被塞進一個個詭異的故事，比如——有一棟五層小樓，同一個住房的五名男主人在五年內相繼去世，老婆孩子都平安無事。男主人們的死因並不奇特，不乎病死或意外，但「每年死一個」，還是讓那棟樓蒙上了一層神祕色彩。

有人說那棟樓建在一段古城牆遺址上，出事的那個住房以前正好是炮臺的位置。也有人說蓋樓完成屋頂混凝土建築那天，有個挺著大肚子的女人從樓上掉下去摔死了。

後來那棟樓拆了，改成了一個小公園，風景優美、人流如織。曾經的凶宅漸漸被人們遺忘。離公安局最近的一處凶宅也很有故事。當時我們局處的北牆外有條小路，沿路百公尺是一排二層小樓，由於面臨拆遷，住戶很少。但炎炎夏日，屍臭直接灌進了公安局。

附近居民許多天前就已經察覺不對勁，但事不關己，沒人報案，見員警來了才紛紛吐槽。面臨拆遷的房子，居住人員少而雜，很容易變成凶宅。但凶宅也不全是老城區的破舊民宅，高檔社區、甚至別墅區裡也有。

多年前當地有個滅門慘案，豪華別墅裡一家三口全部遇害。凶手最初盯上這家就是因為女主人開了輛豪車。這幅「凶宅地圖」算是我的私人收藏，當中和我最有「緣分」的，是老城區一處一樓庭院戶的宅子。

二〇〇五年夏天，我剛入行不久，這間房子也迎來它第一、第二位租戶，一個女孩和她的貓。女孩乾淨有氣質，待人有禮貌，房東對女孩的第一印象挺好，主動捨去了房租零頭，租期一年。

可租期剛過半，二〇〇五年冬天，在距離房子三十公里外的山坡上，女孩被人從地裡挖了出來，成了一截截屍塊，房子自此成了凶宅。

而凶宅的「詛咒」似乎才剛剛開始，從女孩入住、被害的往後十五年裡，一共十二人住進了這間房子，三個人丟了性命。老宅成了名副其實的凶宅。我的命運似乎也就此和這間凶宅纏在了一起，為了破獲前後三起命案，我一次又一次踏進那間房子。我太多次打量過它，但無論如何，實在看不出是哪裡不對勁。

十六年前那個冬天的下午，我提著勘查箱站在老城區一個繁華巷口，被久違的太陽推搡著，一頭走進巷子裡。

巷子兩邊全是小商販和各種招牌，光髮廊就有五六個。往裡走，嘈雜的巷子忽然安靜，只是多了些同住在這條巷子、此刻站在路邊的居民。大家都盯著我們，像在看異類。

再往裡，東西方向的巷子突然從中間分岔，一條斜著往北，一條斜著向南，像褲子的兩條腿。我一下就明白了為啥大家都叫這條巷子「褲襠巷」。「褲襠巷」當然是別名，但巷子的本名早被人忘了。

我要去的那棟宅子恰好位於「褲襠」交會處。房子建於二十世紀九十年代初，是某企業的宿舍，四層樓分屬於四戶人家。同行的房東打開院門，我和同事踏進了幽靜的小院。

院子估計有十幾坪，東南角蓋了個小棚屋，裡面有個蜂窩煤爐子，旁邊堆了些煤球和大白菜。院內東西兩側各有一棵拇指粗細的無花果樹，像兩位瘦弱的門神，靜靜值守著小院。院牆和窗戶上殘留著一些爬山虎的藤蔓，地磚縫裡存著乾枯的雜草，牆角堆著落葉。

雖然近期疏於打理，略有些荒涼，但仍能看出這裡曾經的生活氣息。我天生對花草樹木有親近感，一眼就喜歡上了這處房子。

可周圍人的眼光和手裡重重的勘查箱又在提醒我，這裡是一處凶宅，我此行就是為那個被殘忍殺害的女孩而來。

一週前我們接到報案，有個老漢在當地仙福山挖樹坑時挖出了「怪東西」。一開始以為是死狗死貓，可越端詳越不對勁：那「東西」光溜溜的沒有毛，慘白慘白的，很嚇人。

老漢挖到的是一截人腿，一端露出股骨頭，另一端是膝蓋，股骨頭和膝蓋的斷端都很齊整，不是完全從關節位置離斷，斷面有條紋。分屍手法簡單粗暴，一柄閃著寒光的鋼鋸浮現在我腦海。

我們在山上找到了屍體剩餘的部分，軀幹被包裹在一個綠色蛇皮編織袋裡，其他肢體分別用黑或紅塑膠袋包裹，沒有找到頭和手。

那是我工作後遇到的第一起分屍案。以前遇到的屍體不管腐敗多嚴重，至少還有「人」形，這次卻都是零散的「部件」，雖然我分辨得出具體部位，但感覺很彆扭，拼湊屍塊時，激動和寒冷讓我忍不住發抖，我期待這些屍塊早點「講」出它們的遭遇。

解剖室裡，我們把零散的屍塊拼到一起，雖然不全，但好在沒有多出來。多年之後我遇過一起案子，現場出現了三條腿，大家都慌了神。

由於沒有頭和手，我們只能對死因大致推斷。死者雙肺和心臟都有出血點，是明顯的窒息徵象；胃裡有少量食糜，應該於餐後兩小時左右遇害。

命案的首要任務是確定死者身分，死者身分不確定，就限制了很多偵查手段，案子就沒有突破口。

我們先是測量出股骨的長度，又利用公式計算出死者的身高，大約是一百五十八公分。死者的子宮頸口呈圓形，子宮也沒有疤痕，說明沒有生育過。但這些資訊還不夠。我和師父余法醫對著一堆屍塊發起了呆。

「師父，要不咱把恥骨聯合取下來？」我話音未落，余法醫重重地點了點頭。

當時，局裡還沒有煮骨的鍋和爐子，佘法醫自己從商店買了口嶄新的大鋁鍋，又在倉庫裡翻出一個電爐子。

我們把恥骨聯合和一段股骨放進了鍋裡。骨頭深處的氣味隨著翻滾的熱水散發出來。屋裡憋悶，我把窗戶開了一道縫，一股寒氣撲面而來，我又打開通風櫥，屋裡的味道總算變淡了些。

那晚我和佘法醫輪流盯著鍋，不時添些水，還添了些「料」進去，可以讓軟組織儘快脫離骨質，加速煮骨的進程。

天快亮了，煮骨完成。恥骨聯合特徵顯示，死者的年齡在二十七歲左右。這些特徵和鄰縣公安局轉過來的一則失蹤人員資訊驚人地吻合。

那對來報失蹤的老夫妻都是農民打扮，男人佝僂著背，額頭和眼角布滿皺紋，滿臉鬍子，一副苦相；女人臉有些浮腫，面色蠟黃，兩人互相攙扶著走進公安局。

男人用布滿老繭的手遞來一張照片——一個身穿白色連衣裙的漂亮女孩，圓潤的臉上有一雙水靈的大眼睛，紮著馬尾辮，臂彎裡挎著一個白色的包。

女孩叫韓小霞，二十七歲，身高一百五十八公分。因為沒有找到頭，我沒有見過解剖臺上那具女屍的樣貌，但那一刻，她的臉和照片裡這個漂亮女孩重合在一起。

我給老兩口採了血，心情複雜地拿到DNA檢驗鑑定結果：屍塊的DNA和韓小霞父母存在親生關係，無頭女屍就是韓小霞。

女孩生前就租住在褲襠巷交會點上的那間屋子。我需要在那裡找到女孩或凶手最後留下的痕跡，以確認宅子是不是第一案發現場。

我們對凶宅進行了初步勘查，奇怪的是，沒發現什麼異常。

屋子裡觸目所及意外地整潔，地面一塵不染。家裡只有一些簡單家具，因為物品很少，不算大的房子顯得格外寬敞，說話竟有回音。

小客廳裡有一張褪色的木茶几和一個小布藝沙發，廚房裡有個裂紋的菜板，廁所十分窄小，只能容納一個人在裡面。兩個臥室各擺一張床，床邊都有簡易的衣櫥，裡面放著的女人衣物提醒著我：就在十幾天前，房子裡還有一位漂亮的女主人。

師父余法醫皺起了眉。寒冷的冬天，在室外分屍基本不可能，還容易被發現，凶手需要一個相對保暖安靜的環境。而我們僅有的線索都指向這間房子。

「在家中分屍並清理現場一定需要大量水，可以去查查水錶。」余法醫突然對我說。

當晚，我們拿到了水錶數。那棟樓每月收一次水費，管理員會挨家挨戶去抄表，韓小霞上個月用了兩噸水，此前幾個月也都不超過三噸，這是一個正常的用量。記錄的截止數位是三七八，而此刻，水錶上的數字顯示三八五。距上次抄表還不到一個月，就用了七噸水，這絕對不正常。

第二天一早，我和幾名痕檢技術員一起，用一整天的工夫對房子進行了地毯式勘查，恨不能把每一塊地磚都撬起來看看。

在院裡搭的小棚子邊上，我注意到有一公尺見方的區域地磚不平，縫隙裡土的顏色也有些深。我掀開地磚，底下的土意外地很鬆軟。我心裡緊張一下，下意識拿起鐵鍬。有時做法醫真是矛盾。我一邊祈禱千萬別再挖出些什麼，一邊又忍不住希望能挖到些什麼。挖了半公尺多的深度後，果然還是有東西——一隻死貓緊閉著雙眼。

死亡時間不好推斷，但不用解剖也能確認死因。牠的頭碎了，血肉模糊。看到牠碎裂變形的頭時，我一瞬竟有些擔心韓小霞的頭。又往下挖了一會兒，沒有新發現，我們轉戰室內。

我用力掀開床板豎到牆邊，借助勘查燈的強光從床底向上看，在床板背面探尋，發現了兩處發紅的疑似血痕。顏色很淺，範圍很小，單從血痕看出血量不大，而且床底與地面都很乾淨。這兩處血痕是哪來的呢？

我和師父也不敢確定這兩處紅斑是不是人血，和案子有沒有關聯。這時候，痕檢技術員喜哥有了令人興奮的發現——廚房窗框上有半枚血指紋。血指紋往往具有特殊意義，它是犯罪分子在現場活動的直接證據，能通過它鎖定嫌疑人。

入行後不久余法醫就告訴我，發現物證比檢驗物證更重要，「發現不了，一切都白忙」，就像巧婦難為無米之炊。而現在，我們有米了。

在凶宅床底找到的血痕和窗框上採集的血指紋都檢驗出了死者韓小霞的DNA。可以確定，韓小霞的住處就是案發現場。

一個女孩在自己家中被殘忍地殺害並分屍——褲襠巷這處一樓庭院戶的房子從這一刻起，徹底成了眾人眼中的凶宅。

我一直在想床底的血痕是怎麼形成的，余法醫笑著說很簡單，血滴到地上又濺起到床底板上，嫌疑人清理了地面，但遺漏了床底板上的血，天網恢恢疏而不漏，做壞事總會留下蛛絲馬跡。

余法醫望向窗外院子裡一棵臘梅。天氣嚴寒，臘梅卻冒出了花骨朵。鄰居們說，韓小霞的房子來來回回進出過很多人，男人居多。

「韓小霞經常從不同的小轎車上下來，有不同的男人送她回家。」屋裡半夜經常傳出動靜，床咯吱咯吱響，東鄰趙大媽聽了就難受。「人老了，睡覺時格外寧靜，一有動靜就會醒來。」

最近一陣子趙大媽睡得特別好。「隔壁那妮子不鬧騰了，一點動靜也沒有，連貓也不叫了，忒好了。」幾名痕檢技術員面面相覷。

趙大媽回應，女租客平時根本見不著人，每天晝伏夜出，有時候晚上八點多才往外走，「穿得和花兒似的，不知道是幹什麼的」。家裡還經常傳出貓叫聲。

前段時間，趙大媽還常看到一個面生的男人在附近的巷子閒晃，「留個光頭，一看就不像好人」。好幾名鄰居都看過這個光頭男人，身高一百七十多公分，滿臉橫肉，渾身酒氣，嘴裡罵罵咧咧的。

其他鄰居補充了更多資訊。李老頭住在凶宅二樓，他發現韓小霞和一個「帥哥」關係密切，兩人經常手拉著手從外面回來。「小夥子比較瘦，戴著眼鏡。」李老頭回憶說。三週前，李老頭曾在深夜聽到樓下發生爭吵，有男人聲音也有女人聲音。「吆吆喝喝的，聲音很大。」但最近一段時間李老頭沒再聽到任何動靜，也沒再見到韓小霞。

韓小霞從凶宅裡消失了，鄰居們似乎都知道，但都不太關心她去了哪兒。她的消失對鄰居們來說像是件「好事」。

本以為調查這樣一個社會關係複雜的人，線索會是千頭萬緒，結果能收集到的資訊竟然少得可憐。因為工作性質，韓小霞的身邊有很多人圍繞，但那些打量著韓小霞的目光裡，真正了解她生活狀況的人卻不多。

我讓韓家父母儘量提供更多自家女兒的情況，出乎我意料的是，父母說得很含糊，他們甚至並不知道女兒具體從事什麼工作，只知道她在市區上班。韓父帶著濃濃的山區口音，嗓音沙啞：「有次聽她回家說，好像在建設路附近上班，她工作很忙，有時還上夜班。」

韓小霞是一家人的「搖錢樹」，按照慣例她每月會往家裡匯筆錢，一部分拿來給父母買藥，一部分幫弟弟還房貸。父母之所以發現不對勁、報了案，就是因為韓小霞這個月沒按時給家裡匯錢。

房貸可不等人，父母著急，這才給女兒打電話，發現打不通。

「我女兒很要強，可惜命不好，她其實就是個孩子。」說這話時韓父鼻尖通紅，眼角噙著淚，他覺得自己對不起女兒。

韓小霞從小就能幹，燒火做飯洗衣服樣樣在行，也沒耽誤讀書，但家裡很窮，母親身體也不好，為了供弟弟上學，父母只讓韓小霞讀完初中。當時韓小霞的班導還去家裡勸過韓小霞父親，但韓家早就做好了打算——讓做姐姐的韓小霞去賺錢。

韓父擦了擦眼睛，一旁的韓母不願意了，數落起男人來：「上學有啥用？別看咱小霞休了學，賺錢可不少哩。她大伯家的女兒倒是上學，這都三十歲了還沒畢業，哪趕上咱家小霞賺錢多！」

可韓小霞的弟弟不爭氣，高中畢業沒考上大學，乾脆回家。小縣城裡，沒有房子很難娶上老婆，韓小霞幫弟弟在縣城邊買了套房，付了頭期款，每月還幫弟弟還一部分貸款，可謂仁至義盡。

韓小霞賺的錢基本上都給了家裡，村裡風傳她跟了有錢人，也有人說她當了「小姐」。但當時的韓小霞其實是在一家溫泉會館做正規工作。在那裡，她遇到了第一個走進她生命的男人。

韓父提到了一個可疑的人，韓小霞的前夫丁德勝。韓小霞離開縣城到市區打工，很大程度上就是為了躲開丁德勝的糾纏。

當時丁德勝去溫泉會館洗澡，兩人聊天後發現竟是老鄉。此後，丁德勝時常跑去找韓小霞聊天，噓寒問暖。獨自在外打拚，久無人關心的韓小霞很快就被丁德勝的「痴情」所打動了。

韓父打聽過丁德勝，這人以前就是個混子，吃喝嫖賭樣樣精通，也沒啥正經職業，於是他反對女兒和他交往。韓小霞卻罕見地反駁父親：「只要以後他對我好就行。」

結婚後，丁德勝的確改了許多毛病，但卻日益痴迷賭博，還振振有詞說是為了多弄點錢以後養孩子。不過半年時間，丁德勝就把家產敗光了，還欠了一屁股債。會不會是嗜賭成性的前夫為了錢殺害了韓小霞？

我立刻彙報了這個線索，副大隊長親自帶人去查韓小霞的交易紀錄。一查果然有問題——韓小霞提款卡裡的一萬多存款兩週前被全部取走了。

監視器影片裡，取錢的人棒球帽、墨鏡、口罩、風衣加身，穿成這樣取錢目的非常明顯。「棒球帽」身高在一百七十五公分左右，肯定不是韓小霞本人。

我們在城區一家汽修廠找到了韓小霞的前夫丁德勝，發現他正是鄰居們口中的「光頭男」。這下更坐實了他到過韓小霞褲襠巷的住處。

丁德勝長得很體面，方面大耳，膀闊腰圓，瞪著一雙大眼，藍色工裝上沾滿了油汙。看身高，和監視器影片裡的男人極為相像。

丁德勝承認自己去褲襠巷找過韓小霞幾次，一開始韓小霞還搭話，後來乾脆躲著他，「一點情分也不講」。但兩人其實半年前就離婚了。

韓父說，結婚半年，女兒一直沒懷孕，丁德勝不淡定了，他覺得一定是韓小霞的原因，她在那種「不乾淨」的地方工作，把身子弄壞了，經常對韓小霞冷嘲熱諷。韓小霞一開始選擇忍，可丁德勝得寸進尺，有次酒後動手打了韓小霞，還用菸頭燙她大腿根。

兩人離了婚，為了徹底擺脫丁德勝，韓小霞來了市區。可前夫丁德勝打聽到韓小霞家重修了房子，還在縣城買了間新房，琢磨著韓小霞這是賺了大錢，就放出話來：甭管韓小霞去了哪兒，都要收拾她！

丁德勝有做案動機，也具備做案時間，但他一面對我們就瞪大眼睛訴苦。「這傢伙演技不錯。」偵查的同事覺得丁德勝肯定有問題。

韓父也覺得，十有八九是丁德勝來找自己女兒的麻煩了。韓小霞出事前在市區一家K

ＴＶ上班，身邊有幾個走得很近的同事，他們都或多或少走進過韓小霞的生活，還有她租住的那間位於褲襠巷的宅子。

ＫＴＶ經理孟令科和她關係不錯，常下了夜班送韓小霞回家。周圍很多人都看在眼裡。孟令科三十來歲，身材挺拔，一身西裝，俐落的短髮。孟令科說自己第一次見到韓小霞，就覺得對方和自己妹妹長得很像。他曾有個妹妹，但被父母送了人。

「她挺可憐的，離了婚，家裡還有個弟弟。」孟令科十分了解並同情韓小霞的遭遇，說自己就像哥哥一樣照顧小霞，有時候下了班會請韓小霞吃消夜，然後再送韓小霞回住處。有幾次顧客喝醉了酒欺負韓小霞，也是他出面擺平的。因為有自己在，韓小霞工作得還算舒心。

孟令科回憶自己最後一次見到韓小霞是在二十一天前，那天韓小霞下班比較晚，但沒讓他送。第二天中午他就收到了韓小霞發給他的簡訊，說老家有急事需要趕回去。從那以後，韓小霞就再沒去ＫＴＶ上班，手機也聯繫不上。

我們查過韓小霞的手機，她消失前最後聯繫的人正是孟令科，然後手機就關了機，關機地點就在褲襠巷。而我們在孟令科充滿「自我表演」意味的敘述裡也捕捉到了那個最關鍵的資訊：他去過韓小霞在褲襠巷的住處。

被害人最後一個聯絡人是他，最後的關機地點就是案發現場，這很難不讓人懷疑。孟令科表現得很關心韓小霞，一個勁兒向我們打聽是不是出了什麼事，還積極為我們提供線索。他提到了另一個和韓小霞關係密切的人，同在ＫＴＶ上班，韓小霞的閨密張雅寧。

張雅寧和韓小霞是初中同學，兩人在ＫＴＶ總是出雙入對，「好得就像一個人似的」。張雅寧身材嬌小，五官精緻，皮膚白皙，接受訊問時穿著一件淺褐色呢絨短裙，看上去美麗「動人」。

「有近一個月沒見著她了，是不是出了什麼事？」張雅寧抿著嘴，說曾給韓小霞打電話沒打通，心裡很著急。好得像一個人似的閨密失蹤多日，卻只嘴上說著急，沒見有什麼行動，好像也有點不對勁。可張雅寧給出了她的理由：「韓小霞和一位姓齊的老闆關係不錯。」她以為閨密韓小霞這些日子是跟齊老闆在一起，所以「不方便聯絡」。

我們立刻對這個突然冒出來的齊老闆展開了調查。齊老闆是ＫＴＶ的常客，人長得粗鄙，但出手闊綽，時常給韓小霞送禮物。去年韓小霞生日那天，齊老闆帶了一個生日蛋糕和一大捧鮮花來ＫＴＶ，姐妹們無比羨慕。

韓小霞曾私下和張雅寧說齊老闆想包養她，被她拒絕了。她不想收齊老闆那麼多禮物，可又不敢拂了他的面子。因為有小道消息說齊老闆是混黑道的，手裡有好幾條人命。他舉手投足間也確實有些「黑道老大」的氣勢，大家都有些怕他。

「黑道老大」這條線索如同一枚重磅炸彈，立刻傳遍了整個專案組。而我們掌握的一條線索進一步加深了這位「黑道老大」的嫌疑：齊老闆也去過韓小霞的住處！

我在訊問室見到了大名鼎鼎的「齊老闆」，他個子很高，黝黑的臉上坑坑窪窪的，一張嘴露出滿口大黃牙，果然長得很粗鄙。不過，齊老闆衣著考究，戴著一支金錶，像極了某位演員。

齊老闆其實不姓齊，這是在外面玩的時候別人對他的稱呼。他在當地經營一家企業，生意不錯，有老婆有娃。

一上來齊老闆並不配合，嚷嚷著要回家給孩子過生日。大韓把臉一沉說：「要不我給你老婆打個電話？」

齊老闆總算老實招了，他承認自己喜歡韓小霞：「她漂亮溫柔還知書達禮，比我老婆強太多。」但是韓小霞一直對他不太熱情，齊老闆心知肚明，「我長得不帥，就用錢使勁砸唄。」

就在十多天前他還找過韓小霞，當時因為打不通電話，齊老闆心裡著急，直接跑去了韓小霞在褲襠巷的住處，但敲了好久的門沒人應。

齊老闆愁眉苦臉，反覆向我們求情：「這事千萬別和我老婆說，我就是玩玩，也不會真和她怎麼樣。」

我們調查了所謂的「齊老闆」，他沒有案底也算不上黑道人物，只是說話很衝，喜歡吹牛，樣貌也能唬人，近幾年混得風生水起，再加上名聲在外，所以沒人敢招惹。

嫌疑人的線索一下子湧來：前夫丁德勝、KTV主管孟令科、假黑道老大齊老闆，這幾個男人都在韓小霞遇害時間段到過凶宅，嫌疑重大。更詭異的是，這些男人似乎都發現韓小霞不見了，卻誰都沒有報警。

他們是出於什麼動機？又在隱瞞什麼？就在這時，一個激動人心的消息傳來——窗臺上的血指紋比中了一個名叫劉兵的前科犯。劉兵是個慣賊，年前才從監獄裡放出來。他的手上沾過韓小霞的血，案發那晚他一定進過凶宅。

夜裡十點多，我們一行人趕到郊區一處平房門前。門反鎖著，屋裡沒開燈。大韓後撤幾步，一個箭步上了牆，啪嗒一聲跳進院子裡。

床上一個人被按住了，光著膀子，瘦骨嶙峋。「劉兵？」

「怎麼，你幹什麼？」

劉兵沒有反抗，乖乖被帶走，我和喜哥搜查了劉兵的住處。堂屋一側的雜物間裡堆著許多「戰利品」，款式顏色各異的背包、錢包，以及提款卡和身分證……

看來出獄後劉兵一直沒閒著。角落裡的衣服堆成了小山，隱隱散發出腥臭味。

我對特殊氣味很敏感，而這堆衣服散發出的「味道」，讓我想到了血。我把衣服逐一攤開，找到了味道最大的那條褲子——一條髒兮兮的青灰色長褲，屁股部位顏色很深，褲腳上有許多汙漬。

我們連夜對劉兵訊問，整晚都在「欣賞」這個老油條的表演：劉兵一直不承認去過褲襠巷的凶宅，無關的事卻說個沒完。採血時他一點也不慌，針扎下去他卻哎喲一聲想把手往回抽，搞得同事心煩意亂。

但越是這樣，我們越堅信他有問題。直到我在那條有「血味」的褲子上檢測出了韓小霞的ＤＮＡ，劉兵才洩了氣，但他翻來覆去只說一句話——「太窩囊了，啥也沒搞著，還嚇個半死。」

劉兵說，那天夜裡他本來沒打算「幹活」。路過褲襠巷時，他看到一樓帶小院那戶居然沒安防盜窗，心裡想：「簡直就是對我的蔑視，瞧不起誰啊，非偷他家不行！」

劉兵悄悄開窗進了屋，屋裡很暗，他先去廚房裡摸索著找菜刀。劉兵有個習慣，每次行竊都會先進屋把菜刀藏起來，避免被主人拿到傷了他。可當晚，他在廚房裡找了好一陣沒找到，只好硬著頭皮進了客廳。

剛進客廳劉兵就腳下一滑，一屁股坐在地上，「地上太滑了，像是剛拖了地」。劉兵說地上滑膩膩的，還聞到了濃濃的鐵鏽味，心裡有些害怕，也沒了行竊的心思，就迅速沿原路溜了出去。臨走時還聽到屋裡傳出一聲貓叫，他頭都沒敢回。

「我只想去偷東西，真打起來我也不頂事啊。」劉兵堅稱自己沒和屋裡的人起衝突，摔得屁股著地，就狼狽地逃跑了。回到住處，他因為懶得洗褲子，就隨手扔在角落裡回屋睡覺了。

賊不走空，這次無功而返讓劉兵覺得很憋屈，但為保面子，這事他沒和任何人說。這是劉兵的一面之詞，他是公安局的常客，具備相當的反偵查和反偵訊能力，不容小覷。而且證物證明劉兵絕對到過現場，是目前嫌疑最大的人。

取走韓小霞錢的監視器畫面裡，雖然看不清取錢的「棒球帽」的容貌，但劉兵的身形完全符合，都是瘦弱幹練。可無論怎麼審，劉兵就是不承認殺了人。

嫌疑人眾多，我們的證據鏈又不夠完整，案件一時陷入了僵局。這時，韓小霞的弟弟忽然來公安局詢問案子的進展，話裡話外只關心姐姐的錢，至於殺死姐姐的凶手他好像並不在意。

但他的出現提供了一個讓人震驚的新情況：韓小霞有一個正在交往的男朋友，姐姐出事後就一直沒露面，連句安慰的話也沒說。他這次來就是想通過警方聯繫上姐姐的男友，問問看對方有沒有姐姐的物品，比如提款卡之類的。

大家更迷糊了，這個男友是從哪兒蹦出來的？他是死者的重要關係人，卻在我們的調查中全程「隱身」，要不是急著要錢的弟弟來找，竟然差一點就漏過去了！

按韓小霞弟弟的說法，兩個多月前他來市區玩，姐姐帶著男友一起請他吃了頓飯，飯後還一起去動物園逛了逛。當時同行的還有韓小霞的閨密張雅寧。可張雅寧對此事卻完全沒有提及。

我們很快找到了韓小霞的「隱身男友」。此人叫宋玉剛，長得挺帥氣，是一家工廠的業務員，經常在外地跑業務。

我們列印了宋玉剛和其餘幾個嫌疑人的照片，一起拿去給凶宅二樓的鄰居李老頭辨認。李老頭很快就認出了宋玉剛：「就是這個小夥子，精瘦精瘦的。」他就是李老頭三週前聽到的跟韓小霞吵架的男人。

KTV的孟經理也認出了照片中的宋玉剛：「這個人和張雅寧也很熟，他們仨經常在一起玩。」

孟經理還回憶起一件事，一個月前他曾在KTV門口目睹韓小霞當著這男人的面打了張雅寧一巴掌。看來，閨密之間的關係並不像旁人說的那麼好。

凌晨三點，在城區一處出租屋內，大韓一把按住了正在睡覺的宋玉剛，他的被窩裡還蜷縮著一個女人。一冒頭，居然是韓小霞的閨密張雅寧。

女朋友韓小霞失蹤後，宋玉剛既沒尋找，也沒報案，反而和女友的閨密混到了一起？怪不得張雅寧此前接受訊問時沒有提到宋玉剛，原來兩人早有曖昧。

我仔細端詳宋玉剛的臉：雙眼皮，高鼻梁，臉型消瘦，留著時髦的髮型，戴一副金邊眼鏡，文質彬彬，一個瘦弱小帥哥的模樣，面色平靜。

採血時，他的手濕涼濕涼的。我發現他左前臂有一道陳舊傷痕，抬頭瞟了他一眼，他的臉有些蒼白。

談到三人的關係時，宋玉剛低下了頭。他說一個多月前，自己和韓小霞鬧了點不愉快，正趕上公司派他去外地出差，兩週前才回來。回來了他也不敢去找韓小霞，因為自己做了對不起她的事。

宋玉剛幾乎是同時認識韓小霞和張雅寧，她倆是好姐妹，所以和韓小霞在一起之後，三人經常一起吃飯逛街。藉著韓小霞這層關係，宋玉剛和張雅寧也成了好朋友。

韓小霞前段時間回了趟老家，那期間有一天張雅寧心情不好，就叫宋玉剛陪她喝酒。兩人在燒烤攤喝了十瓶啤酒，張雅寧又哭又鬧，宋玉剛想送她回去，卻被張雅寧攔腰抱住。兩具火熱的身體貼在了一起。

韓小霞回來後知道了此事，和閨密張雅寧撕破臉，讓宋玉剛做決斷，宋玉剛卻左右為難。韓小霞讓他走，他就離開了。

講這段的時候，宋玉剛一直低著頭，說自己對不起韓小霞，他很擔心韓小霞，希望她好好的。

另一個房間裡，張雅寧也說自己對不起韓小霞，出了這樣的事沒臉見她，所以這段時間一直沒去上班。後來聽別人說韓小霞也沒上班，才得知好姐妹失蹤的消息。

兩個人因為愧對韓小霞躲了起來，這事似乎也說得過去。我們在宋玉剛住處的抽屜裡找到了兩張火車票，是去外省的往返票。去的時間是一個月前，回來的時間是兩週前，和宋玉剛說的相符。宋玉剛公司的同事也證實，那段時間他確實被派到外地出差。

而一個月前，韓小霞還正常上班。專案組甚至專程去宋玉剛出差的地方調查，證實宋玉剛是在一個月前入住賓館，直到兩週前才退房。同時，就在十六天前，宋玉剛還在出差地因為瑣事和別人吵架，雙方都動了手，在當地派出所留了案底。

這下更扎實了，宋玉剛根本不具備做案時間。例行搜查時，在宋玉剛的出租屋附近，我們找到了他的吉普車。那是一輛剛買不久的二手吉普車，價值五千元，發票還在。

我們在車上找到一串鑰匙，宋玉剛先是說鑰匙本來就在車裡，可能是上個車主的，然後又說自己記錯了，那串鑰匙是他在路邊撿的。

宋玉剛為何在鑰匙這件事上犯迷糊呢？喜哥根據鑰匙形狀判斷，應該是用來開掛鎖的。周圍社區很多儲藏室都用掛鎖，莫非是某間儲藏室裡鎖著什麼不可告人的東西？

我們拿著那串鑰匙，在褲襠巷和宋玉剛租住的社區都試了個遍。兩天下來，一把鎖沒打開，倒是吸引了很多圍觀群眾對我們指指點點。

大韓提出，既然鑰匙是在吉普車上找到的，不妨看看宋玉剛的吉普車去過哪裡。我們在監視器裡看到吉普車拐進了一個社區，那是某廠房的職工宿舍。這次我們運氣不錯，試到第二十七戶時，啪噠一聲，掛鎖開了。

一股汽油味撲面而來，儲藏室裡有兩個大桶，角落堆著一把手持鋼鋸、一把菜刀、一把斧頭，貨架上堆著些貨物，還有許多童裝，這些物件組合起來的畫面竟有點詭異。

我一眼看到了貨架頂上放著的一頂棒球帽，與監視器裡取走韓小霞提款卡裡錢的人是同款。儲藏室的主人叫周大川，和宋玉剛是同事，兩人平時關係不錯。他說宋玉剛嫌公司賺錢少，自己私下經營了些小買賣，半年前提出想租他的儲藏室用來存放貨物，他就租給了宋玉剛，具體存放什麼，他也沒過問。

我們在儲藏室裡存放的菜刀刀柄縫隙裡檢驗出了韓小霞的ＤＮＡ——這個結果讓我們很激動，但同時也非常疑惑：證據顯示宋玉剛有重大嫌疑，但同時他又有不在場證據。

這人還會分身術不成？我們重新梳理了一遍，想到了問題所在：宋玉剛的車票沒有問題，他確實在一個月前去過外地，而且兩週前從外地返回，但這並不能證明他在此期間一直待在外地。

當時，火車票還沒有實行實名制，我們無法通過其他途徑獲取宋玉剛的行程。有人提出，說不定打架也是宋玉剛一手策劃的，目的就是為了製造更充分的不在場證據。此人可能比我們想像的更狡猾。

第二天清晨，大韓黑著眼圈去了宋玉剛隔壁的偵訊室，一屁股坐在張雅寧面前，提高嗓門喊了句：「妳和宋玉剛幹的好事！」張雅寧明顯一愣，沒出聲。

「都啥時候了妳還護著他，人家把事都推妳身上了，妳這回完了！」大韓嘆了口氣，起身就往外走。

張雅寧忽然說：「我餓了。」吃完泡麵，張雅寧嗚嗚大哭起來。

「我對不起小霞姐，宋玉剛他不是人！」

張雅寧對宋玉剛的第一印象非常好：帥氣、聰明、體貼，她羨慕好姐妹韓小霞有個這麼完美的男朋友。

張雅寧從小就有點嫉妒韓小霞，她自認各方面條件都不比韓小霞差，卻不如韓小霞招男人喜歡：「上學那會兒是，現在又多了宋玉剛、孟經理和齊老闆。」

漸漸地，張雅寧心理不平衡了，恰好宋玉剛不時會向自己表達關心，當韓小霞回老家，兩人藉著酒勁兒擁在一起。那時的張雅寧根本沒想到，她已經掉入了宋玉剛精心設計的「騙局」。

宋玉剛有一個「計畫」，計畫當中不可或缺的一環，就是「女人」。一年前夏天的傍晚，宋玉剛路過巷子裡的髮廊時，往裡面看了一眼——屋裡有兩個女人，一個年紀大些但顏值高身材好；另一個矮胖些但年輕膚白。

宋玉剛感覺自己的腳不受控制，走了進去。一番討價還價之後，宋玉剛交了五十元，跟著那名矮胖的女人走出髮廊，沿著漆黑的小巷七拐八拐進了一棟國宅。

一進門，女人就把房門反鎖了。宋玉剛幾分鐘就結束了，女人拉住他，要跟他聊會兒天。女人告訴宋玉剛，她男朋友長得也很帥，為了養活男朋友她就出來做小姐了。女人還饒有興致地調侃宋玉剛：「你長得這麼帥，要不我給你介紹個女朋友吧。」

宋玉剛沒出聲，女人又提議：「帥哥，咱一起下樓吧。」等兩人一起從通道裡出來，四五個人圍了過來。宋玉剛扭頭就跑，但跑沒幾步就被按住，送進了派出所。

還是周大川替他交了五千元罰款。再次路過髮廊時，宋玉剛發現，那個矮胖女人早就回店裡繼續守株待兔了。

當晚，宋玉剛睡不著了，他覺得自己終於「開竅」了。宋玉剛有個夢想：成為一個有錢人。他小時候窮怕了，有次同學丟了筆，老師問是誰拿的，班上沒有一個人出聲，老師卻徑直走向他，把他拉到講臺上渾身上下搜了個遍，咄咄逼人地說：「筆不是你拿的，你害怕什麼？」

大家都知道宋玉剛家裡窮，同學只要少了東西，總是第一個想到他。窮人家裡是非多，宋玉剛父母三天兩頭為些雞毛蒜皮的小事吵架，誰也不讓誰，話越說越難聽。每次父母一吵架，宋玉剛就跑出去遊蕩，累了就蹲在院牆外面哭。

收到大學錄取通知書那天，宋玉剛心想：終於能走出這個家，走出窮山溝了。這些經歷宋玉剛曾動情地說給張雅寧聽，聽得張雅寧流著淚摟住他。她根本沒有意識到，眼前這個令人同情的男人不過是在給他未來的「計畫」預謀。

在賺錢這件事上，宋玉剛非常愛找門路。大學畢業後，他先到一家企業做了技術員。這本是一份體面工作，可他只幹了幾個月就幹夠了，因為每個月都是拿死工資，他覺得沒意思。

他換做銷售員，卻發現錢並沒有想像中來得快，還更忙更累了；也曾利用工作便利採購過廠裡的產品，加價賣給別人；還採購過一批童裝去夜市擺地攤，都不怎麼賺錢。「小打小鬧根本成不了大氣候」，是矮胖女人給他上了一課：想賺錢就要拉得下臉。他也想開一家店，招幾個女店員，賺快錢。

宋玉剛還想出了「升級版」，像髮廊那樣守株待兔不是長久之計，必須主動出擊，「送貨上門」，把服務搞好——這想法讓他很興奮，這可能比他以往試過的每個法子都要來錢更快。

開店的念頭在宋玉剛腦子裡扎下了根，他需要啟動資金，需要一輛車「送貨」。當然，最重要的是需要一個幫他「幹活」的女人。

在KTV遇上韓小霞的時候，宋玉剛覺得自己找到合適的人了。韓小霞氣質文雅、嗓音優美，讓宋玉剛眼前一亮，他賣力唱了兩首歌，兩人順理成章地互留了電話。

幾天後，他約韓小霞吃了頓晚飯，說起童年往事，兩個「苦命人」竟生出同病相憐的感覺。飯後壓了大半夜馬路，兩名異鄉人在繁華街頭牽了手。

宋玉剛完全符合韓小霞的擇偶標準：不抽菸，不酗酒，還長得帥。最關鍵的是他上過大學，比自己有文化有見識。

韓小霞收入比宋玉剛高很多，兩人一起吃飯逛街都是韓小霞花錢。韓小霞還要不時接濟一下宋玉剛，每次給宋玉剛錢，韓小霞都說是借給他的，以後得還——這本是句玩笑話，可宋玉剛覺得不舒服。

宋玉剛不僅財迷，還很大男人主義，平時花韓小霞的錢他感覺有點抬不起頭，再加上韓小霞職業不好聽，他從沒讓韓小霞在自己親戚朋友面前露過面，也從沒想過要和韓小霞結婚。他覺得自己算是個有身分的人，而韓小霞很低賤。

宋玉剛多次和韓小霞商量「開店」的事，可韓小霞一直不太上心。宋玉剛覺得，自己快到忍耐的極限了。就在那段時間，他和張雅寧的關係邁出了實質性的一步，他覺得自己的發財大計可以稍稍調整一下——張雅寧也是個不錯的選擇。

和張雅寧的關係被撞破後沒幾天，某天晚上宋玉剛突然來到張雅寧的住處，宋玉剛的臉平時就比較白，那天更是白得嚇人。

張雅寧發現宋玉剛有點不對勁，問他怎麼了，宋玉剛也不說話。屋裡安靜得可怕，張雅寧開始胡思亂想：莫非他要和我分手？

宋玉剛喝完一杯溫水，又盯著張雅寧看了一會兒，平靜地說：「小霞死了。」張雅寧後退兩步，緊緊捂住自己的嘴，宋玉剛沒給她喘息的機會，上前一步說：「為了和妳在一起，我把小霞弄死了。妳可以去報警抓我。」

那一刻，張雅寧真的害怕了，她知道有些事情宋玉剛完全做得出來，因為好姐妹韓小霞早就提醒過她，小心宋玉剛。

出差期間，宋玉剛跑回來找韓小霞，想最後商量一次，卻在韓小霞屋裡聽到了一個男人的聲音——是KTV經理孟令科。那天他正好送韓小霞回家，韓小霞邀他進屋坐了一會兒。目送孟令科走遠後，宋玉剛從角落裡出來，又提起開店的事。韓小霞沒給宋玉剛好臉色看，反問宋玉剛和張雅寧斷了沒。

「剛才的男人是誰？既然妳喜歡別的男人，去找他們啊。」

韓小霞氣得渾身發抖，她指著宋玉剛罵：「你這個忘恩負義的人，老娘辛辛苦苦掙的錢都給誰花了？」

「妳賺那麼多錢圖啥，一點也不為咱倆的事考慮，都填給妳家了。」宋玉剛對韓小霞自己沒錢買房，卻給弟弟買房的事很有意見。他能看出來，韓小霞家裡對這個女兒不怎麼好，甚至有些漠不關心。

「溫文爾雅」的宋玉剛徹底爆發，一耳光把韓小霞打懵了。韓小霞轉身往外走，嚷嚷著要去宋玉剛的公司鬧：「讓大家都知道你是個什麼人！」

小時候被拉上講臺的羞恥感一下湧上心頭。宋玉剛一把拉住韓小霞，拖著她進了臥室：「妳以為妳自己是個什麼東西！」

韓小霞伸手拉宋玉剛的手臂，宋玉剛緊緊掐住韓小霞的脖子，韓小霞的喉嚨裡發出咕嚕咕嚕的聲音。宋玉剛害怕驚動鄰居，拿起一個膠帶，一圈一圈纏在韓小霞的口鼻上。

幾分鐘後，宋玉剛喘著粗氣鬆開了手。韓小霞的頭無力地歪向一邊，眼角滲出晶瑩的淚滴，曾經心愛的男人親手殺了她。

宋玉剛坐在床上看著韓小霞，漸漸地，他冷靜下來。他想在院子裡挖個坑把韓小霞埋掉，可挖到一半宋玉剛忽然覺得這樣很冒險，一是可能被樓上的住戶看到，二是員警一定會來搜查。必須儘快把屍體運走。

整具屍體目標太大，宋玉剛想到了分屍。他把韓小霞的屍體放到地上，先用菜刀砍了幾下，發現不太行。熬到天亮，宋玉剛出門買了鋼鋸、斧頭和編織袋。

一開始宋玉剛想把韓小霞的屍體拖到廁所，無奈廁所太小不好操作，便乾脆在臥室裡

「開工」了。韓小霞的血落到地上，又濺到床板底部，為我們破案留下了一把鑰匙。

宋玉剛不敢弄出太大動靜，做得很慢，也很細緻。他花了一整天時間才弄完。分屍的時候，韓小霞的貓躥進屋裡，一直圍著韓小霞叫，叫得宋玉剛心裡發毛。他掄起斧頭砍貓，貓卻總是機靈地躲開。

中午，宋玉剛出去吃了碗拉麵，用韓小霞的手機給孟令科發出了那條請假的簡訊後關機，取出手機卡，隨手扔在了褲襠巷裡。

傍晚時分，宋玉剛把屍塊分別裝好，提著其中一個屍袋出了門。就在宋玉剛外出尋找棄屍地點的時候，劉兵從窗戶鑽了進去。劉兵在濕滑的分屍現場摔了一跤，但沒和宋玉剛碰到面。

北方小城到了夜裡連個計程車都不好招，宋玉剛自己又沒有車，大晚上根本走不遠。溜了一圈沒找到合適的地方，他又提著屍袋回了凶宅。

第二天，宋玉剛一大早就出了門，他明目張膽地拿著裝屍塊的編織袋，上了一輛駛向郊區的公車，一直坐到終點站。他在山上挖坑、埋屍，荒郊野嶺只有他一個人。他說自己有些害怕，但不是怕「孤魂野鬼」，而是怕人。

宋玉剛一連坐了好幾個來回的公車棄屍，忙到傍晚，只剩下韓小霞的頭和手腳還沒處理，可公車已經停駛。他筋疲力盡，走走歇歇好幾次才搭上車。

「要是有輛車就好了！」宋玉剛一直想弄輛車「送貨上門」賺大錢，那一刻腦子裡更是只剩這一個念頭。

最後回到凶宅清理現場時，宋玉剛發現韓小霞的貓正蜷在牆角打瞌睡，他拿起斧頭朝那隻貓砍去——伴隨著貓的慘叫和頭骨碎裂的聲音，凶宅裡除了宋玉剛再沒有其他活物。

宋玉剛知道韓小霞的提款卡密碼，清理完現場，他喬裝打扮了一番，去取出了錢，然後又神不知鬼不覺返回了出差的地方，直到兩週前回到本地。一回來，宋玉剛就花五千元買了自己最想買的東西：一輛二手吉普車。

我們技術科全體出動，緊跟押解宋玉剛的車上了仙福山。宋玉剛埋屍的地點很大膽，就在公路旁邊的楊樹下。最後，宋玉剛領著我們來到一座垃圾小山前，上面已經覆蓋了厚厚一層煤渣土，踩在上面腳會往下陷——韓小霞的頭就埋在那裡面。

宋玉剛的膠帶纏得很緊，我一圈一圈打開，整整十七圈，韓小霞終於露出了面容，鼻子和嘴唇已經被擠得變了形。

我取出此前的屍塊，把所有部分拼接起來，終於一具完整的女屍呈現在我的面前。儘管有些屍塊已經腐敗腫脹，依然能看出韓小霞生前是個漂亮的女孩。

韓小霞右手指甲裡檢驗出了宋玉剛的ＤＮＡ，這和宋玉剛左前臂的傷痕對應，落實了證據鏈的最後一環。

忙到深夜，本已疲憊不堪的我那天居然失眠了。經辦的第一起分屍案將要宣告破案，我心裡卻五味雜陳。

張雅寧說，幹她們這行就是吃青春飯，動啥也不能動感情，否則就會遍體鱗傷，可韓小霞至死也沒明白這個道理。我覺得韓小霞不是不懂，可能是想賭一把吧。

她回老家時還告訴父母自己有了對象，人挺好，以後她要多存些錢，爭取在城裡買間房。但這個情況不知為何被韓父韓母忽略了，延誤了偵破的時機。

或許只要韓小霞每個月按時把錢匯到弟弟的帳戶上，其他事情家人都不是很關心，可能想關心也使不上勁吧。

案子查到這裡，我突然明白了為何自己當初進入這座凶宅時只覺得陰冷壓抑，因為偌大一間房子裡，韓小霞只有自己。那些進出過凶宅的人，還有靠這個女孩供養生活的人，每一個都和她的死有千絲萬縷的聯繫。

他們直接或間接目睹了韓小霞一步步走向死亡的過程，可是無人關心，也沒人在意。從前夫到上司，從閨密到大老闆，從家人到男友，他們帶著各種各樣的目的進入韓小霞的生活，卻在她出事之後皆以旁觀者自居，從未有人真正在乎過這個女孩的命。身邊所有人就那樣眼睜睜地看著韓小霞，任由她掙扎、跌落，跌進深淵，直至腐爛成泥。

宋玉剛終究沒能變成有錢人。大韓最後一次提審完宋玉剛，起身要走，宋玉剛忽然對他說：「你知道鹹魚翻身有多難嗎？」

大韓一愣，回過頭看他，他嘴角一撇：「算了，說了你也不懂。」說這話的人有一張稚嫩帥氣的臉，可給人的感覺卻很老氣。錢這東西，可能真的會先從內在殺掉一個人。

案件宣告破案，大家過了個安寧祥和的春節，褲襠巷裡關於凶宅的怪談卻越來越多。其實大家心裡也清楚，這事跟房子沒啥關係，是人在作怪。

但凶宅還是閒置起來，院裡長滿了草，無花果樹枝繁葉茂，結了不少果子，時常有淘氣的男孩翻牆入院去摘果子吃。兩年後，有個小孩跳牆時扭了腳，家長把屋主告了，屋主乾脆把房子賣了，凶宅迎來了它的第二位主人。

09

褲襠巷凶宅案二 養犬人

「拚了！」這是吳前程最後一個念頭。他一直努力擺脫母親的控制，沒想到好不容易逃離開母親，又被這麼一個和母親相像的厲害女人纏上了。

案發時間：二〇一〇年三月。

案情摘要：韓小霞生前租住的褲襠巷宅子內，再次發生凶殺案。

死者：王雲香。

屍體檢驗分析：僅左胸部見一處創口，長兩公分，創口形態符合單刃銳器形成，推測為刀刺入心臟致死。無從抵抗，推測受害者無防備。

一天傍晚，我下班剛到家，一個電話又把我叫回了公安局——「褲襠巷出事了！」我心裡一下湧起寒意，反覆否定自己的預感：事情哪有那麼巧？

晚上七點半左右，正是褲襠巷最熱鬧的時候，車不好開，派出所民警領著我們步行往案發現場趕。可越走眼前的景象我越熟悉——像兩條褲腿一樣的巷子盡頭，兩棵剛冒點芽的無花果樹，生鏽的大鐵門……

當我在「凶宅」門口停住時，身體先於腦子有了反應：頭皮發麻、呼吸困難、渾身起雞皮疙瘩。

外面已經擠滿了人，除了我的同事，還有好幾張熟悉的面孔：東鄰趙大媽和樓上的李老頭，此刻正伸長脖子湊到警戒線旁。趙大媽一邊緊盯著我們忙碌，一邊湊到李老頭耳朵邊說著什麼，李老頭瞪了她一眼，趙大媽臉色微變，閉了嘴。

事隔四年，褲襠巷盡頭這棟四層小樓又出事了。還是一樓庭院戶那間裡的人。

我穿戴整齊，踏進這座熟悉又陌生的凶宅。昏黃的頂燈藉著牆上一面寫著「闔家幸福」紅字的鏡子，在地上映出一塊兩公尺見方的黃色光區，一隻白色小狗一動不動地蜷縮在黃光裡，雙眼緊閉。

我蹲下身，發現牠嘴裡淌著血，眼角似乎有晶瑩的淚花，看來牠也去了另一個地方。屋裡異常安靜，陰影裡有許多雙眼睛正盯著我——

是死者王雲香的狗。我粗略數了數，大狗小狗加起來一共五十多隻，金毛、薩摩耶、泰迪，白的、黑的、花的……有的狗被關在籠子裡，有的直接放在地上的大紙箱裡。那些狗並不吠叫，因為牠們在，這宅子反而沒那麼可怕了。

我注視著躺在床上的王雲香，她的頭髮白了一半，體型看起來略有些臃腫，雙腿垂著，黑皮鞋踩在地面上，穿著一件大紅色外套和深紅色毛衣，左手腕上套著個大金鐲子。左胸部的一處血跡映在紅衣服上並不明顯，濕潤潤的像一朵牡丹花。

王雲香左胸部有一處創口，只有兩公分長，從創口形態看，符合單刃銳器形成，凶手應該是用刀直接刺入了她的心臟。她身上只有這一處損傷，雙手也沒有抵抗傷，看來她對突如其來的刺殺毫無防備。而凶手也沒有進行補刀，或許他和死者並沒有深仇大恨。

屋裡的陳設跟我上次來時變化很大，牆上的相框裡有不少王雲香年輕時的照片。廚房的電鍋還冒出一絲絲蒸氣，餐桌上有肉有涼菜，還有一瓶紅酒。

院子裡也變了樣，原先的小棚子變成了三個狗窩，這樣一來倒顯得充滿了生機，只不過這生機裡也暗藏了諸多危機。

王雲香是在周圍鄰居打量的眼光、窸窸窣窣的議論，還有因凶宅而起的滿天傳聞裡住進去的，但她什麼都不怕。

趙大媽清晰地記得，那天王雲香昂首挺胸，牽著兩條大黃狗出現在凶宅前，不像要入住新家，倒像要來幹一架。

兩條狗被狗繩箍住脖子，口水順著下巴往下淌，直往趙大媽跟前撲。趙大媽嚇得心驚肉跳，生怕狗繩下一秒就被掙斷。周圍觀望的鄰居也都流露出畏懼的神情，不知道是怕狗、怕凶宅，還是怕這個要住進凶宅的女人。

「這家人不好惹。」趙大媽從那天起就覺得王雲香厲害。雖說周圍有不少養狗的，可誰家的也沒她的狗凶。大家都說，凶宅這回迎來了「命硬」的主人，應該能鎮得住。

可誰也沒想到，短短四年後，當王雲香已然成為「小巷女王」之時，二〇一〇年三月，凶宅把這位厲害的女主人也「吃」了。

「這房子真不該買，搬家那天就不大順當。」回想搬進凶宅那天，王雲香的老伴沈業臣發覺諸多不對勁的地方。

本來當天兒子說好要來幫忙的，可臨時有事不來了，王雲香從一大早就嘟囔。工人往屋裡抬衣櫥時不小心撞了一下，穿衣鏡瞬間裂了一道紋，又惹得王雲香開罵：「這不是觸霉頭嗎？」

搬家公司趕緊買了一面鏡子給換上，可王雲香拉著那個撞碎鏡子的小夥子不算完，把人家數落得體無完膚，兩條大黃狗也朝著小夥子不依不饒地叫喚。最後搬家公司少收了一百元搬家費才息事寧人。

「當初老婆子不信邪，非要買。」沈業臣邊說邊在訊問室唉聲嘆氣。

王雲香兩口子都是退休工人，原本在市區有間大房子，後來兒子結婚，就把房子騰出來給兒子了。老兩口想在老城區物色一間養老房，轉來轉去，看中了這間物美價廉的房子。他們找人打聽過，知道這房子裡曾經有個女人被殺害並被分屍。

「這是凶宅，咱可不敢接觸。」沈業臣有些害怕。可王雲香不信邪：「凶宅怎麼了，老娘什麼時候怕過？再說了，不是凶宅咱買得起嗎！」

王雲香鐵了心要買凶宅，一是價格確實便宜，二是她真看中了這房子：「那麼大個院子，幹點什麼都挺好。」

王雲香找到屋主，藉著凶宅的由頭又狠狠壓了價。屋主急於出手，又讓了些錢。王雲香覺得可遇不可求，開心得不得了，沈業臣仍犯嘀咕，可家裡的事他說了不算，自家老婆子一拍大腿，買了！

入住後的王雲香非但沒覺得不舒服，反而對凶宅更滿意了。多虧自家的大院子，她意外發現了一條生財之道——賣狗。

有次王雲香牽著自家兩條大黃狗出去遛，碰見有人誇她狗養得好，問她賣不賣。大狗自然捨不得賣，那人又問賣不賣小狗，王雲香動了心。第一次賣狗，六隻小的就賣了兩千多元，這在當時可不算小數目，比王雲香一個月的退休金還高。

從那以後，王雲香養狗的規模就越來越大，她經人介紹加入一個QQ群，群組裡全是買賣寵物的。王雲香根據客戶需求購買了不同品種的狗，專心養狗，還在網上發布賣狗的資訊，生意越做越興旺。王雲香常一臉得意地對老伴沈業臣說：「這宅子旺財！」

可沈業臣心裡還是不踏實。他說去年冬天，褲檔巷裡曾來過一個瘸腿老乞丐，頭髮打結，鬍子很長，身上披件破爛軍大衣，拄著一根桃木棍，人見人躲。老乞丐圍著褲襠巷閒晃了好幾天，最後偏偏坐在王雲香家門口，一邊曬太陽，一邊啃饅頭。

鄰居們都等著看老乞丐會怎麼被王雲香收拾，沒想到王雲香從家裡端出一盤菜、一杯熱水，還和老乞丐聊起了天。老乞丐狼吞虎嚥地吃完，打了個飽嗝，摸著亂糟糟的鬍子盯著王雲香兩口子看了半天，壓低聲音說：「這房子不大好，你們最好別住了。」

「真是不識好歹！」王雲香一聽當即變臉，好吃好喝招待，卻說她旺財的宅子不好，「你快走吧，別堵著我家門口。」

老乞丐慢騰騰起身，搖著頭走了：「好心當了驢肝肺嘍。」這事沈業臣一直放在心裡，王雲香出事後，他覺得老乞丐的話或許真有些道理。

養狗確實為王雲香帶來了不少好處，可也帶來了很多問題。大規模養狗沒多久，鄰居們都不樂意了。王雲香潑辣、蠻橫，以「吵架厲害」在褲襠巷漸漸出了名。她不只嘴尖舌巧，與人爭吵的時候還會加入很多動作，有時候蹦跳著用手指對方，喊到聲嘶力竭也不減氣勢，再加上養的那兩條大狗往旁邊一站，基本也就贏了。

案發前一個月，王雲香和趙大媽剛吵過架。趙大媽本來就有失眠的毛病，狗來了之後更嚴重了，她經常頂著黑眼圈，逢人就說：「我實在受不了她了。」

那月中旬，趙大媽女兒女婿來串門子，把車停在王雲香家門口。一開始倒也沒事，但到了傍晚王雲香出門遛狗，看到車堵在自家門口，就不樂意了：「這是哪個不長眼的，哪有這麼停車的！」罵了也不過癮，王雲香抬起腳往車上踹了兩腳，留下兩個大腳印。

趙大媽聽到動靜跑出來，當著女婿，她面上掛不住，就和王雲香吵了幾句，嚷嚷著要報警。

「妳還來勁了是吧？」王雲香鬆開手裡的狗繩，兩隻大狗圍著車轉圈，把趙大媽女婿嚇得不輕，也沒心思留下吃飯，開車走了。

趙大媽不敢和王雲香對罵，只能轉而針對沈業臣。此後幾天，趙大媽只要見著沈業臣就攔住他不許他走，讓他好好管管自家老婆。可是沈業臣每次都只能笑著點點頭，什麼話也不說。

和王雲香「有仇」的還有樓上的李老頭，李老頭養鳥，每天清晨鳥兒們吱吱喳喳叫得熱鬧，可後來王雲香開始大規模養狗，院子裡經常傳出狗叫聲，鳥兒們就不那麼起勁了，有一隻竟然不吃不喝，最後竟然餓死了。從那以後，李老頭再也不敢開窗，生怕嚇著那幾隻寶貝鳥。

李老頭不像趙大媽那麼直接，他採取了迂迴戰術反抗，可倒楣的又是王雲香的老伴沈業臣——李老頭聯合了附近愛玩的老頭，叫大家都不和沈業臣玩。

沈業臣退休前就喜歡玩，退休後更是閒不住。剛搬過來那陣子，他整天在巷子裡逛遊，見到同齡人就湊堆，認識了不少打牌喝酒吹牛的玩伴。這一招把沈業臣治得夠嗆。

沈業臣明白是怎麼回事，可他也很無奈，自己根本治不住老婆。雖初來乍到，可王雲香很快就把趙大媽、李老頭等「刺頭」❽鄰居拿捏得死死的，就連以前褲襠巷最厲害的「吳老婆子」也在一次對決中敗下陣來。

吳老婆子其實不老，五十歲左右，能撒潑會罵人，原本在褲襠巷無人敢惹。王雲香和吳老婆子的那場「戰爭」震驚了整條褲襠巷——兩人蹦高對罵，張牙舞爪、歇斯底里，就像同一個師傅教出來的，大家都看呆了。

兩人從早上開始一直互罵到午後，吳老婆子回家搬救兵，老公孩子齊上陣也沒能把王

---

❽刺頭：遇事刁難，不好對付的人。

雲香怎麼樣，因為王雲香把自己家的大黃狗牽出來了，誰也不敢靠近。吃過晚飯，王雲香牽著狗堵在吳老婆子家門口繼續罵，最後吳老婆子家人實在受不了了，只好服了軟。

從那以後，吳老婆子見了王雲香都繞著走。王雲香在褲檔巷徹底打開了局面，我行我素，天不怕地不怕，周圍鄰居不高興歸不高興，誰也拿這個女人沒辦法。靠著兩條惡犬和一張利嘴，王雲香成了「小巷女王」。

除了養狗，王雲香還有一大愛好不受鄰居歡迎——跳舞。最近一段時間，王雲香經常在晚上去褲檔巷旁邊的小廣場跳社交舞，還約舞友們回家吃飯、喝茶、賞狗、練舞，有時會持續到深夜，搞得屋裡雞飛狗跳的。

住樓上的李老頭試過用鐵錘敲打地面表示不滿，結果第二天被王雲香堵在門口罵了個狗血淋頭。憑藉著這股潑辣勁，「小巷女王」王雲香擁有了一眾異性舞伴，其中有位退休老師長得最帥，人氣也最高。

老教師姓宋，六十幾歲，一百八十公分的個頭，身板筆挺氣質儒雅，說起話來很溫和，鼻梁上總架著一副老花眼鏡，整個人散發著一股書卷氣。

好幾位老太太都想成為宋老師的舞伴，但王雲香最終「勝出」，為此還惹得其他幾位老太太不高興。有個老太太和王雲香吵了一架，當然沒吵贏，還差點動手。

案發當晚，王雲香邀請了兩個朋友到家裡做客，其中一位正是宋老師。宋老師按約定的六點到了王雲香家，可王雲香家卻黑著燈。他說自己敲門，沒人回應，又打了王雲香家裡的家用電話，也沒人接。

宋老師轉身要走，碰上了另一位來王雲香家做客的好友李淑琴。她也給王雲香打了電話，還是打不通。琢磨著王雲香可能臨時有事，他倆就結伴去了小廣場，跳完舞八點多各自回了家。

凶宅那晚很熱鬧，訪客不少。兩人走後沒多久，一個男人領著一個小女孩也來敲王雲香的門，依舊無人應答。來人是沈業臣的外甥和他的女兒，王雲香曾下了死命令，不准這個外甥再踏進自家門半步。

沈業臣的外甥三十五歲了，還在當地一家理髮店裡混日子。當年做學徒的時候他曾向舅舅沈業臣借錢開店，最後理髮店沒開，錢也沒還。因為這事，王雲香一直不待見他。這次美其名來看望，十有八九還是跟舅舅、舅媽借錢的。

外甥敲了一會兒，也沒敲開舅媽王雲香的門，以為舅媽就是不樂意搭理自己，晃了一圈就走了。當晚沈業臣也不在家，他說自己是被王雲香特意支走的。王雲香約了舞伴宋老師，下午四點多就張羅著炒菜做飯，還給了沈業臣三十元讓他自己到外面吃。「我也不想湊那個熱鬧。」沈業臣知道家裡沒他的地方，拿了錢二話不說就出了門。

他出了褲襠巷，在附近街上逛到天黑，去了路邊一家常去的小店要了一瓶酒兩道菜，慢悠悠地打發時間。

據鄰居們觀察，王雲香和老伴沈業臣的關係一般。王雲香太強勢，喜歡罵人，有時還會動手「教訓」老伴。凶宅老舊隔音不好，鄰居們經常在夜裡聽到打罵聲，第二天就會看到沈業臣手臂和臉上有傷痕。

王雲香賺得越多，脾氣就越收不住。鄰居們經常看到沈業臣一個人在巷子裡閒逛，問他怎麼不回家，沈業臣就尷尬地笑笑，說老婆子在家搞聚會呢。

後來老兩口好像不怎麼吵了，偶爾吵也都是王雲香高分貝，從來聽不見沈業臣頂嘴。被自家老婆子擠對到這個分兒上，沈業臣實在憋屈。這麼個外面沒面子、家裡沒地位的男人，會不會一時衝動幹了傻事？沈業臣說，老伴年輕時其實是個性格溫和的人，還是廠裡一枝花，追求她的人排成隊，最後也不知怎的選了自己這麼個技術工人，「可能就是因為忠厚老實吧」。

沈業臣覺得，王雲香變成暴脾氣都是因為當年的一件委屈事。有天晚上，廠務主任把王雲香叫到辦公室「談話」，趁她不注意摸了她的胸，王雲香羞憤難當，捂著臉跑回了家。她向沈業臣哭訴廠務主任的罪行，沈業臣卻勸她別把事鬧大了。

王雲香抹了把眼淚說：「要是我爹還在的話，早就拿著棍子揍他了！」那天晚上王雲香一宿沒睡，第二天一早她問沈業臣：「你敢不敢去揍他？」沈業臣沒出聲，王雲香甩門就走，撂下一句：「你不去，我自己去！」

王雲香大鬧辦公室，廠務主任紅著臉認了錯，可王雲香不算完，每天都去主任辦公室鬧，最後主任實在沒辦法，只能換了職位。同事們都知道王雲香這個漂亮妞不好惹了。也是從那以後，家裡大小事，沈業臣都讓王雲香說了算。沈業臣知道，老伴心裡落了缺憾。

「她人真不壞，就是脾氣急了點。」相伴多年，沈業臣說自己早已習慣了自家「女王」的脾氣。王雲香時常會給他些零用錢，他就去路邊小店要一瓶酒兩道菜，一細細品嚐就是半天，覺得日子過得也還行。

沈業臣並不喜歡狗，為這事也和王雲香鬧過矛盾，但他懂老伴的心思。王雲香小時候家裡有條大黃狗，有次父母不在家，柴火燒到了鍋外面，濃煙滾滾，眼看她就要悶死在屋裡，是大黃狗拖著王雲香出了屋，王雲香撿回一條命。

後來，王雲香見人就說自己這輩子和狗有緣，忠犬救主的故事被她展現得神乎其神。她從年輕時就開始養狗，但一直都是養一隻，直到兒子交了女朋友，她又加了一隻，湊成一對。王雲香強勢，但為了兒子，她也有服軟的時候。兒媳從來不給她好臉色，她一肚子委屈無處傾訴，只能和狗聊天，經常偷偷抹眼淚。

當初，王雲香嫌兒子找的女朋友年紀太小不同意，兒子領著女朋友就走。後來答應了，還把房子給了兒子，可兒子結婚後回來看他們的次數越來越少，大多時候，兩老就和一群狗相依為命。

狗對王雲香意義重大，不光是能賺錢，還是生活裡重要的支撐。王雲香賣狗主要通過網路，這段時間她和群組裡一個暱稱叫「來生緣」的客戶聊得挺火熱。王雲香主動給對方推薦了自家剛出生不久的小白狗，但對方一直糾纏不休地砍價。

這位難纏的客戶當時一定不知道，自己正在和吵架最厲害的「小巷女王」討價還價；而王雲香也無從得知，頂著這個有點深沉的網名的，是個身高一百八十五公分，體重一百多公斤，圓臉大眼，性格柔弱的小夥子。

「來生緣」本名叫吳前程，才二十三歲，年紀輕輕的他卻對生活失去了信心。「這輩子很多事都無緣了，只能靠來生了。」在成為「來生緣」之前，他還有過一個被叫了很久的名字——小花。因為畏畏縮縮不愛說話，凡事都得向媽媽請示，班上同學都說他「不像個男人」，給他取了這個外號。

吳前程從小喜歡小動物，看到社區裡的小狗小貓就拔不動腿，但媽媽卻不同意他養寵物，理由很簡單，養寵物會分心，影響讀書。吳前程已經習慣了。從小，只要不遵從媽媽的意見就會被教育：「你將來是要幹大事的，別把時間浪費在這些沒用的事上。」

吳前程的考試成績一直排在中段，媽媽希望他能考上大學，進公家機關。可高考那年他沒發揮好，只上了一所職業學院。

畢業後的吳前程從謹小慎微的「小花」變成了深沉的「來生緣」。沒考上公家機關，也沒找到其他工作，媽媽給的錢花光了，他不願回家，就在網上攬一些雜活，幫人代練遊戲什麼的。

因為沒啥錢，吳前程只能一個勁兒和王雲香砍價。最終王雲香答應了四百元讓他抱走一隻，兩人約定三月五日在王雲香家見面。

三月五日下午四點多，吳前程給王雲香打了電話，約好五點去她家抱狗。吳前程按著約定，給了王雲香四百元，對方領著他進屋挑選小狗。吳前程一眼就看中了一隻小狗，渾身雪白可愛極了，他覺得很投緣，上前抱起狗就要往外走，卻被王雲香一把拉住，說：「這隻不行，你再重新選一隻吧。」

其他幾隻狗身上都有些雜色，吳前程並不喜歡，他堅持要抱走這隻純白的。「你要抱走這隻也行，再加一百元。」

王雲香突然坐地起價，吳前程很生氣，跟她理論：「做人怎麼能不講信用呢，說好的多少錢就是多少錢。」

「我沒空和你叨叨，你別耽誤時間。」王雲香不耐煩了。可吳前程身上沒多少錢，他很喜歡那隻小狗，又不願加價，猶豫著站在客廳，心裡盤算著怎麼和眼前氣勢很盛的女人再商量商量。

王雲香的話卻越來越難聽：「買不起就算了，反正你抱回去也養不起。」還嘲笑他，一百元還要嘮叨。吳前程上了火，跟王雲香說不買了，讓她把四百元還給自己，這下「小巷女王」王雲香可不幹了：「不行，狗已經賣給你了，咱這筆買賣就算完成了，就算你不要狗，錢也不能退！」

吳前程進退兩難，爭辯道：「哪有妳這麼幹的，妳別逼我！」吳前程口袋裡有把匕首，那匕首已經陪伴他多年了。「帶刀出門」是他小時候被逼出來的一個習慣，因為性子軟總被人欺負，吳前程只要獨自一人出門就會帶上它，權當是防身。可這回好巧不巧，偏偏他遇上了褲襠巷裡罵人最狠的王雲香。

「喲，你還挺厲害！」王雲香被吳前程激著了，踮起腳開始指著他的鼻子罵：「我就逼你了，你能怎麼樣？」

吳前程聽得腦子直發懵，王雲香卻罵個不停：「你也不撒泡尿照照鏡子，你個死白臉，一看就是個不中用的貨。」

巧的是，吳前程剛和女友分手，女友也說他不中用，王雲香這一罵算罵在了點上，每句話都讓吳前程感覺像刀子捅在心口一樣難受，好像誰都能來數落他沒用，誰都能來欺負他。吳前程著急，抱住小狗轉身要走，王雲香卻一把搶過來，大聲說：「站住！我賣出去的狗就不能再留著，死了也不給你！」

啪一聲，小狗被王雲香狠狠摔在地上，目睹著一切的吳前程覺得，自己的心也跟著摔在地上。小狗在地上抽搐著，發出嗚嗚的聲音，很快就沒了動靜。吳前程握緊了拳頭，深呼了一口氣，使勁壓著體內的怒火，王雲香卻變本加厲，堵住門口，左手緊抓著吳前程給的四百元，伸出右手，張開五個手指頭，嘴角一翹，冷笑道：「你弄死了我的狗，你得賠錢！」

吳前程雙眼一陣模糊——眼前，這個蠻橫女人漸漸和自己母親的身影重合了。「拚了！」這是吳前程最後一個念頭。他一直努力擺脫母親的控制，沒想到好不容易逃離開母親，又被這麼一個和母親相像的厲害女人纏上了。

吳前程本來生活在一個幸福的家庭，父親在公家機關上班，母親經營一家小賣部，一家三口溫馨和美。可在他十一歲那年，父親晚上加班後開車回家，撞到路邊一棵槐樹，人送到醫院沒救過來。

從那之後，他就再也沒有脫離母愛的「牢籠」。母親沒再結婚，一門心思放在兒子身上。她對吳前程嚴加管束，敦促他勤奮上進，對他的生活也極其照顧，每天變著花樣做飯，每週七天絕不重複，吳前程因此長得身高體壯。

母親反覆說，為了他不打算再婚了，她這輩子就指望他了，他要好好讀書，將來像爸爸一樣進公家機關。

吳前程在學校一直表現挺好，從來不惹事，可有次班上同學說他從小沒爹，沒有教養，吳前程瘋了似的撲過去和人扭打成一團。母親被老師叫到學校，她二話不說先把吳前程訓了一頓，吳前程蹲在地上嗚嗚地哭，周圍全是圍觀的同學。

晚上回到家，母親一把摟住吳前程，哭著對他說：「人家瞧不起你沒關係，你自己得爭氣，等你以後考上公家機關，出人頭地，別人就不會看不起你了。」

「考上公家機關，幹大事」就像一根鎖鏈，牢牢拴住了吳前程，勒得他喘不過氣。他覺得自己活得還不如一條狗。

過往的一幕幕從吳前程眼前閃過，他看到王雲香在張嘴，卻聽不到她說什麼，只聽到自己怦怦的心跳聲和沉重的呼吸聲，吳前程覺得自己的血液像火山一樣翻騰。

再回過神來，他被眼前的景象嚇出一身冷汗：剛剛惡狠狠要脅自己的女人瞪大了眼睛張著嘴，呼哧呼哧喘粗氣，鮮血從女人的左胸口不斷地噴出來，灑在床單上，女人的左手還緊抓著那四百元，而自己的手裡拿著那把相伴多年的匕首。

吳前程從床頭櫃上抽了幾張衛生紙，把匕首包起來再度揣進口袋。他轉身走到客廳，又忽然停下腳步，返回臥室——吳前程扒開王雲香的手，把四把元揣進褲兜，看了一眼王雲香手腕上的金鐲子，動也沒動。

吳前程環顧四周，發現門後小桌上有一部電話，他走過去順手刪除了下午打給王雲香的那條電話紀錄。但這並不能抹掉號碼在電信公司的紀錄，也不能抹掉他註冊號碼的真實姓名。

晚上七點左右，沈業臣吃完最後一口，仰脖喝光了那一小瓶二鍋頭，起身搖搖晃晃往家裡走。一陣冷風從褲襠巷裡吹來，沈業臣打了個冷顫。走到家門口，沈業臣發現家裡黑著燈，這次聚會進度怎麼這麼快？他轉念又想，老婆子肯定是出去跳舞了。

沈業臣開門進屋，看到屋中央有隻小白狗。「走開！」他踢了那狗一腳，狗被踢出去半公尺，還是趴在地上沒動靜。

沈業臣有點頭暈口渴，就給自己倒了杯溫水，瞥到一桌豐盛的飯菜，他有些生氣，自己嘀咕著：「連飯也沒吃，不知道這麼長時間都幹啥了。」

沈業臣搖了搖頭，在桌旁坐了一會兒，起身準備給狗餵食。幾年來，沈業臣已經習慣了每天的「工作」，只要王雲香不在家，他就得負責給狗餵食添水。

每次忙完能向王雲香討要五元，他存著買菸。有時王雲香不在家，沈業臣就直接去王雲香臥室的櫥子裡拿，但他從來不敢多拿。

夫妻倆已經分房睡多年，沈業臣哼著小曲推開王雲香的臥室門，摸到開關，一開——床上赫然躺著一個人，沈業臣咕咚一聲坐在地上，酒醒了一大半。

只看一眼，沈業臣就知道那是王雲香。「壞了，壞了！」沈業臣意識到出了事，哆嗦著從地上爬起來湊到床邊。此刻的「小巷女王」王雲香，已經是一具屍體了。

其實，在吳前程來之前，還有一夥人盯上了王雲香家。王雲香死在凶宅的第三天，我在城區一家賓館出了一個有點奇怪的現場——一個男人趴在地上，一隻手向前伸著，表情痛苦。

死者叫周順生，二十九歲，鄰縣人，賓館只登記了他一個人的身分資訊。派出所最初認定這是一起正常死亡。現場門窗完好，死者身上看不出明顯損傷，狀態很符合突發心腦血管疾病的表現。

但我對周順生解剖後，在他的左腳背上發現一個小針孔，並且看到了明顯的窒息徵象。事情可能並沒有表面上看到的那麼簡單。

在周順生包裡發現的東西更讓我詫異：一瓶無色液體、三支飛鏢。那飛鏢約莫十公分長，尾部分岔，中間是個空管，尖端像注射器針頭。在場的同事都不知道這玩意兒到底是幹啥用的。

但痕檢技術員看到我從賓館帶回來的三支飛鏢後，狠狠拍了拍自己的大腿，他曾在凶宅的院子裡撿到過一模一樣的！見多識廣的老技術員喜哥一眼認出這些飛鏢是毒狗針。周順生的包裡有毒狗針，凶宅裡也有毒狗針，這人和凶宅之間肯定有逃不開的關係。

賓館監視器顯示，王雲香出事當天，一輛無牌三輪車上的兩個人進了賓館，其中一人正是死者周順生。下午兩人一起外出，深夜又一起返回。可半小時後，另一個人離開賓館，再也沒回來。兩天後，周順生被發現死在賓館房間。

是同夥殺他滅口？

我們很快找到了周順生的同夥周大鵬，從他家搜出了弩弓、繩索和鐵籠子。他承認自己和周順生同住賓館，王雲香被殺的當晚，他們確實去了王雲香家。

「周氏兄弟」在他們那一帶很出名，附近鄰里都知道兄弟倆從網上買藥，偷狗得手後賣給狗肉館。鎮上的狗肉館生意興隆，是周氏兄弟的搖錢樹。

周大鵬扒過王雲香家的牆頭，知道院子裡有很多狗。案發當天，周氏兄弟在褲襠巷閒逛。午後的褲襠巷人流稀疏，街上有幾隻流浪狗跑來跑去，趁著無人注意，周氏兄弟用弩弓發射飛鏢，射中了三隻狗，有兩隻當場暈倒，被扔上三輪車。隨後他們來到凶宅，看四下無人，周大鵬一個箭步爬上牆頭，周順生掏出弩弓遞給周大鵬。

這時院裡忽然傳出一聲狗叫，周大鵬手一哆嗦，失了準頭，飛鏢射到院子角落裡。緊接著，院子裡的狗都開始叫了，聲音一下大起來，周大鵬跳下牆頭擺了擺手說：「狗太多，不好下手。」

「要不就天黑再弄吧。」周順生建議晚上再來。兩人先拉著打到的兩隻狗往家裡趕。途經一個村子時又「打」了一隻狗，湊夠三隻送到了狗肉館。

兩人很不甘心，一直惦記著凶宅裡的那些狗，又連夜趕回褲襠巷，但在後半夜到達的時候，看到褲襠巷附近圍滿了警車。

兄弟倆沒敢再往前走，在周圍閒晃了一圈，喝光一瓶酒，回了賓館。周大鵬去洗澡，從廁所出來就看到周順生倒在地上，腳上扎著一支飛鏢，人已經快不行了。周大鵬很害怕，趕緊拔出飛鏢，又是搓手又是掐人中，一通忙碌，周順生的身子卻越來越軟。

原來，周順生是在整理毒飛鏢時不小心扎到了自己，他的死竟然是個有點蹩腳的意外！可周大鵬因為偷狗心虛，不敢報警也不敢叫救護車，自己騎上三輪車就跑了。

周氏兄弟一定沒有想到，二人那晚折返回去看到的警車，正是為他們的目標王雲香而來。就在他們從狗肉館趕路回褲襠巷時，王雲香家正在發生一場「大戰」。

王雲香死後，沈業臣不願和兒子一起住，又獨自在凶宅裡住了三個月。他喝醉的次數更多了，有次喝了酒唱著小曲往家裡走，剛進褲襠巷，一陣風吹來，他沒站穩倒在路邊，一覺醒來就在醫院裡了。

兒子建議他留隻大狗看門，但沈業臣一隻也沒留，所有狗低價轉讓，落了個清靜。狗不在了，鄰居們舒坦了，隔壁趙大媽睡眠好了，整天笑呵呵的；樓上李老頭也打開了窗戶，不時有陣陣鳥叫聲傳出。一開始鄰居們對沈業臣都不錯，趙大媽有時包了餃子給他端去一盤，李老頭也多次拉著沈業臣去湊「老頭堆」打牌喝茶閒聊，但此後一段時間，這棟四層小樓又發生了幾件倒楣事。

凶宅旁邊一個住房有四戶人家遭竊，三戶人家的儲藏室被撬，雖然丟的東西都不值什麼錢，但居民們怨氣很大。

那年夏天有個五歲小女孩跑到凶宅的通道裡玩，見到一個男人把褲子褪到膝蓋下邊，咧著嘴朝她笑，把女孩嚇壞了。鄰居們覺得這些事情都是凶宅「招」來的，大家看沈業臣也越來越不順眼，慢慢對他冷淡下來。

這下沈業臣開始鬧騰了。鄰居們時常在三更半夜聽見沈業臣在凶宅裡大喊大叫，有時還唱戲，但第二天鄰居找來，他又不承認。王雲香臥室裡那張床沈業臣沒捨得扔，只是換了套新的床墊和被褥。一開始鄰居們都挺同情他，覺得他對老伴感情深，可時間久了大家都受不了了。

沈業臣徹底把鄰居們得罪了，大家開始砸老頭的牆，往老頭的院子裡潑髒水，時常還會有磚頭從天而降——「凶宅」真變成了凶宅。

老頭實在住不下去，搬去了兒子家。兒子多次催促他把房子賣了，要用賣房的錢炒股。但沈業臣不願賣房，房子是他最大的依仗，他對房子有感情，也不想在兒子那裡失去

「最後的價值」。

即便是凶宅，也依然逃不過一間房子原本的宿命。沈業臣找到一家房屋仲介，準備把房子租出去，可一連好幾撥租客，看房子時都挺滿意，後來就沒了音信。仲介偷偷告訴沈業臣，這房子不好租，周圍鄰居總使壞。

沈業臣讓兒子列印了一疊出租啟事，偷偷貼在一些不顯眼的角落裡，以防被鄰居們清理了。

有天，沈業臣從仲介公司出來，心情很差。那天下著雪，一個約定好簽約的租客在來的路上滑了一跤，摔斷了手臂。沈業臣想去自家命途多舛的凶宅看看，走了沒幾步腳下打滑，一屁股摔在地上，一個路過的男孩把他扶了起來。他一抬頭，男孩挺帥，身邊還站著一個面容姣好的女孩。

第二天，沈業臣又約了人看房，可一見面，雙方都愣住了——來看房的正是昨天在褲襠巷裡遇上的那對小情侶。

男孩原本和另外三個小夥子租住在褲襠巷附近的一處房子裡，幾天前女朋友從外地來投奔他，兩人準備在周圍再租一間房子。在褲襠巷扶起沈業臣後，他們在牆上看到一則招租訊息，沒想到正是沈業臣的房子。

沈業臣主動降了一百元租金，把房子租給了有緣的熱心小夥子，還省下了仲介費。小情侶對這間一樓庭院戶的大房子非常滿意，價格也優惠，雙方皆大歡喜。

沉寂已久的凶宅又迎來了新主人。這次的租客沒什麼擾民舉動，行事低調，鄰居們都很滿意。

可沒想到，半年後，這裡再次成了案發現場。

10

褲襠巷凶宅案三 亡命情侶

這世上從來就沒有什麼凶宅，有的只是一些無法控制自己惡念的人。

案發時間：二〇一一年四月。

案情摘要：胡志朋報案稱，弟弟胡志遠自老家回到本市後失蹤，手機關機，存款被領。

死者：胡志遠。

屍體檢驗分析：胡志遠手機的關機地點是褲襠巷？

褲襠巷的鄰居們估計怎麼也想不到，這對即將入住「凶宅」的小情侶中，二十歲出頭的男孩趙西濤，身上背著一條人命。

第一次踏進這條巷子的時候，巷道兩旁門臉裡傳出的嘈雜聲、各種小販的叫賣聲和不時疾馳而過的摩托車轟鳴聲，爭先恐後地湧進了趙西濤的耳朵裡。他環顧四周，附近光髮廊就五、六家，賣菜的阿姨、遛狗的老頭和來往的年輕女孩們擠擠挨挨，組成了巷子混亂的生活氣息。

趙西濤安心了——魚龍混雜的褲襠巷可以幫他藏住自己那些見不得光的祕密。他手上沾過人血，可他想在這座城市裡潛下去。更重要的是，生活下去。

他牽著女友陳倩倩的手，看到了褲襠巷裡一則租房資訊。一間帶院子的老宅，就在「褲襠」交會處。小院十幾坪，兩側種著無花果樹，爬山虎的藤蔓鋪滿牆面。內部兩房一廳，乾淨整潔，足夠兩人居住。而這樣的環境，每月只需五百元。只有一點不好，這宅子似乎很邪門。鄰居趙大媽專門找到趙西濤，告訴他這房子「出過幾次事」。

但趙西濤毫不在意。凶宅嚇人，自己也不是什麼善類，低廉的價格比幾樁舊案更吸引他。生人不敢靠近，鄰居避之唯恐不及，這裡像是為自己準備的天然藏身地，太適合開始新生活，也太適合開展「新計畫」了。

去年十一月，趙西濤在ＱＱ上認識了十八歲的陳倩倩。照片上的陳倩倩留著披肩長髮，大眼睛，鵝蛋臉，彎彎的眉毛，看起來溫婉俏麗。

陳倩倩一眼看中了高大帥氣的趙西濤。她從小父母離異，十七歲就跟著老鄉來到周圍縣城打工，在KTV裡工作。他們很快確定了關係，陳倩倩來市里投奔趙西濤，兩人新租了褲襠巷裡的這間宅子。

趙西濤搬進凶宅後，鄰居們總能看見四個小夥子進進出出。原來，趙西濤還有另外一重身分——「四大名捕」中的大哥。

這個名號源於趙西濤初中時，當時他沉迷武俠小說，看完後總忍不住朝著空氣比劃兩下，覺得自己有大俠潛質。那時學校裡有很多小幫派，諸如青龍幫、閻王門、風雲會。趙西濤也組建了自己的幫派——「四大名捕」。幫派中另外兩個人是趙西濤從小光屁股玩到大的弟兄，趙力健和趙有智，他們仨都來自趙家村。

趙力健是「追命」，長相魁梧、肌肉突起，適合當打手；趙有智是「冷血」，長相瘦小、賊眉鼠眼，但有點小聰明，適合踩點、打聽消息、站崗放哨。兩人剛好互補。趙西濤則化身「無情」，成了「追命」趙力健、「冷血」趙有智的老大。

上學時他們一戰成名。有一次趙有智被高年級同學搶走五元，趙西濤得知後，跟趙力健一人拆了一根凳子腿就去約打架，打架時專下狠手。從那之後，他們再沒受過高年級同學欺負。

住進褲襠巷後，三缺一的「四大名捕」迎來了新成員。精明的地頭蛇畢建偉出現了。畢建偉年輕時沉迷賭博，老婆一氣之下跑了，他開始在社會上瞎混，賣菜、裝修、小工都幹過，偷雞摸狗的事也沒少做。認識趙西濤後，畢建偉一眼就看出「他是幹大事的人」。畢建偉主動提出自己不當老大，說跟著年輕人混就行。兩人一拍即合。

畢建偉化身「鐵手」，大趙西濤二十歲的他成了軍師。二〇一〇年，四人正式聚首。他們打算搞個結拜儀式，學古人歃血為盟。可誰都不捨得弄傷自己，都覺得「捅破手指也怪疼」。

於是趙西濤在路邊「撿」了一隻毛色發亮的大公雞，割破牠的喉嚨放了一碗血，每個人端著碗意思了一下，就算是結拜了。大公雞也成了四人的下酒菜。四人常一起外出行竊，但他們立了個規矩：絕對不偷褲襠巷及周圍的人家。有天夜裡，他們行竊後回到褲襠巷，遇到一個正在偷自行車的小偷，還把小偷打了一頓，警告對方以後不許再來褲襠巷。

他們常駕駛三輪車，白天去外地踩點，凌晨行竊，曾用短短三天，偷了一千七百多公斤黃金梨。可搶幾個梨子無法滿足「四大名捕」的心，他們更想要那種來錢快、來大錢的路子，比如一個有錢的冤大頭。

就在趙西濤心思不定的時候，女朋友陳倩倩無意中的一句話讓他有了計畫。某天晚上，陳倩倩下班後醉醺醺地回來。一進門，她就對趙西濤說：「你以後可要對我好點，有個姓胡的老闆想和我好，他很有錢，比你強多了。」

陳倩倩明顯是醉了，語氣裡不由自主帶了些炫耀。可說者無意聽者有心，這話抓得趙西濤心裡發癢，他把這個姓胡的偷偷記住了。後面幾天，趙西濤開始有意無意地打問陳倩倩，關於這個胡老闆的事情。

胡老闆原名叫胡志遠，是個做配件生意的，效益還算不錯。三月初的時候，胡志遠和幾個朋友一起唱歌，遇到了正在坐檯子的陳倩倩。當晚的陳倩倩美麗、婀娜，一雙大眼睛又不失溫柔，一下子吸引了胡志遠的注意。

相互留了電話號碼之後，胡志遠開始每天給陳倩倩打電話、發簡訊。胡志遠向她吹噓說自己很有錢，在城區和郊區都有工廠，一個月就能賺三十多萬元。

過沒幾天，胡志遠又去唱歌，陳倩倩陪著他喝了不少酒。胡志遠把手搭在陳倩倩的大長腿上，俯身到她耳朵邊說：「妳以後就跟著我吧，給我當女朋友，我保證不虧待妳。」

陳倩倩對胡志遠也是有些好感的，他出手闊綽，開豪車、戴名錶，人長得也行，不像其他老闆那樣肥頭大耳。如果不是因為自己已經有了一個高大帥氣的男朋友，那胡老闆是個不錯的選擇。

陳倩倩那晚的醉話盤旋在趙西濤腦子裡，發酵成了一個綁架計畫。趙西濤把「四大名捕」召集到租住的凶宅裡，要和弟兄們商量件大事。

人在出租屋裡齊聚後，趙西濤點上一支菸，說最近知道了個姓胡的老闆很有錢，打算弄他點錢來花花。在他看來，胡志遠就是個有錢好色的小老闆，這種人一般貪生怕死，既然他一個月能賺三十多萬元，那綁了他，估計能弄個十萬二十萬的。

趙力健唯趙西濤馬首是瞻，當即表示同意。趙有智見狀也點頭，附和道：「行，這事算我一份。」只有畢建偉不說話，盯著桌子上的剩菜和空酒杯出神。

趙西濤說：「老畢，到時候弄到錢咱一起花，誰也不吃虧。」旁邊的趙力健有些急，十萬元不是小數字。他望著畢建偉說：「咱都是同生共死的弟兄，什麼錢不錢的，幹吧！」

但心機重的畢建偉沒有馬上答應，還說：「這事得謀劃好，我再考慮考慮吧。」缺了地頭蛇的助力，恐怕綁架還有風險。一週後，趙西濤思來想去，又打電話給畢建偉說：「老畢，你趕緊過來一趟，有件事咱們一起商量商量吧。」十分鐘後，畢建偉趕到了凶宅。

趙西濤又說了一遍計畫，強調弄來了錢弟兄們一起分，這次畢建偉沒有拒絕。第二天下午三點，四人在出租屋碰頭，商量具體行動方案。趙西濤提議，先把姓胡的騙到出租屋裡，四人一起動手。大家都同意了。

趙西濤覺得，畢建偉年齡最大，考慮事情也是最周全的，要成事還得聽他的建議。於是，趙西濤單獨找了畢建偉商議怎麼辦那個姓胡的，畢建偉給趙西濤列了張單子，讓他照著單子上的東西去買——一把砍刀、一條繩子、一塊黑布、一頂棕色波浪鬈假髮，還有一個頭套。

趙西濤還聽從畢建偉的建議，去通訊行辦了張四十元的不記名預付卡。此後幾天，四人有空就湊在一起，最終敲定了行動方案：先設計把胡志遠約到凶宅裡，然後再一起把姓胡的綁起來，索要錢財。

一開始構思綁架計畫時，趙西濤是瞞著陳倩倩的，他不想女朋友參與。萬一事後胡志遠回過神來，懷疑到陳倩倩，早晚會找到自己。

可後來趙西濤發現，這事必須讓陳倩倩參與才能成，否則他們沒理由把胡志遠「釣」出來。不得已之下，趙西濤把計畫告訴了陳倩倩，讓她出面把姓胡的約到凶宅裡。陳倩倩下意識否決了，趙西濤當下沒說話，卻一直陰著臉。

當天晚上，凶宅裡亮起燈，「四大名捕」再次在陳倩倩家碰頭。趙西濤對陳倩倩說：「必須辦那個姓胡的，這是大家的意思，誰也擋不住。」

看到四人樣子堅決，陳倩倩沒敢再反對。趙力健、趙有智給了陳倩倩一張預付卡。在眾人注視下，陳倩倩用新號碼給胡志遠發了條簡訊：我換新手機號碼了。很快地，胡志遠回覆說知道了。

畢建偉提議，到時候把陳倩倩也綁起來，趙西濤高聲說：「不用綁，綁什麼綁！」後來大家再沒提這事。

接下來幾天，陳倩倩總是忍不住流露不想傷害胡志遠的想法，趙西濤大怒：「妳不想辦他，就說明和他有姦情，看我不收拾妳！」其他人也都死死盯著陳倩倩，盯得她再也不敢開口。

案發前一天下午，胡志遠給陳倩倩發簡訊說第二天去找她。陳倩倩立刻告訴了趙西濤。第二天一大早，趙西濤火速召集大家把提早買來的砍刀、繩子和頭套等藏進凶宅的儲藏室裡。

晚上六點三十分，胡志遠給陳倩倩打電話問她在哪裡。陳倩倩按了免持，當著趙西濤的面，把位置告訴了胡志遠。十分鐘後胡志遠搭計程車找到了陳倩倩，本想帶她去參加飯局，但陳倩倩一聽扭頭就走。見她不樂意，胡志遠追上陳倩倩，塞給她兩百元，約好吃完飯就立刻來見她。

約莫只過了一小時，陳倩倩就接到了胡志遠的電話。電話那頭的胡志遠心情很好，問她要不去酒店開個房，陳倩倩只說想回出租屋。陳倩倩搭上一輛計程車，接到胡志遠後，讓司機開去褲襠巷。

褲襠巷一如往昔般嘈雜，此時天色已黑，行人很多，計程車在巷口停下，不願再往裡開。一下車，胡志遠就開始不老實，他伸手要摟陳倩倩的腰，剛碰到衣服，陳倩倩把身子一扭，嗔道：「別急！」

兩人走了一段路，胡志遠再次伸出了手，陳倩倩沒再躲閃，任由胡志遠的右手落在她右胯上，一股酒氣衝進她的鼻子。

吱呀一聲，凶宅的大門打開，黑乎乎的像是一張擇人而噬的大嘴，胡志遠哼著小曲，一步跨了進去。

胡志遠剛從老家回來，這次回家，他和哥哥胡志朋一起過了他的三十三歲生日。去年，胡志遠找了個合夥人一起做生意，生產銷售一種配件。胡志遠門路多，常常在飯局上喝著酒就把生意談了，很快一個月就能賺到十多萬元。

胡志遠從小和哥哥感情深厚，賺的錢大部分都交給哥哥保管，剩下一部分投資了古董生意。他專找不太「乾淨」的盜墓賊，更換成了「真傢伙」，賺得也不少。

去年秋天，哥哥在老家幫胡志遠選了處地方，蓋起了二層樓。「等樓蓋好了，你抓緊找個好女孩結婚。」這是全家人對胡志遠的唯一要求。

胡志遠心裡也急，他覺得在酒店認識的「初雪」，也就是陳倩倩不錯。雖然職業比較「特殊」，但她長得好看，年紀又小，當個女友養養，帶出去有面子。進到屋子裡後，胡志遠把上衣脫下來往床上一扔，光著身子徑直躺在床上：「寶貝，我可想死妳了！」

陳倩倩坐在床邊，只淡淡問他晚上喝了多少酒，最近生意怎樣，看上去心不在焉。胡志遠有點急不可耐，催促道「時間不早了」。他一把抓住陳倩倩的手，把她往床上拉。陳倩倩猛地把手抽出來，胡志遠疑惑地看向她，只聽見陳倩倩柔聲道：「你喝了這麼多酒，要不我先給你按按吧。」

胡志遠聽聞，卸了力氣，趴在床上。陳倩倩有一搭沒一搭地亂按，胡志遠嘴裡不斷發出嘶嘶的舒服聲音，像一隻喪失戒心的大狗。

他絲毫沒有注意到，陳倩倩總是抬頭看著屋裡的掛鐘，像是在等著什麼人。陳倩倩等待的趙西濤，此時在路邊買了一瓶二鍋頭，分給四人喝彼此壯膽。走到褲襠巷口時，那瓶酒剛好喝完，畢建偉拍了拍趙西濤的肩膀，說：「咱這回可是都豁出去了，弄到錢你打算怎麼分？」

趙有智拉了拉畢建偉的手臂，畢建偉回頭看了他一眼。趙西濤沒說話，把酒瓶隨手往路邊一扔，酒瓶落地摔碎，遠處傳來幾聲狗吠。

還沒走到「褲襠」處，趙西濤遠遠就看到凶宅亮著燈，幾個人先去儲藏室裡拿好傢伙。趙力健拿著砍刀走在最前面，趙西濤拿著繩子隨後緊緊跟上。他一揮手，說：「走，去辦他！」

趙有智手裡拿著黑色頭套，與空著手的畢建偉跟在最後邊。鑰匙擰開門，一聲脆響，趙力健拿著砍刀率先衝進房間。胡志遠正光著上身，趴在西側臥室的床上享受按摩，門口的動靜驚得他一下子從床上坐起，大喊：「誰！你幹什麼？」還沒等直起身，一把砍刀就架在了胡遠志脖子上。

他反應過來伸手就要奪刀，旁邊又衝來一個男人，把頭套整個罩到他腦袋上。胡志遠被幾雙手合力按在床上，被捆了個結結實實。慌亂中，胡志遠完全不知道陳倩倩跑去哪裡，他被移到東側臥室，啪啪被搧了幾個大耳光。幾個聽來聲音很年輕的人朝他叫罵。

胡志遠疼得雙腳亂踢，椅子一下歪倒，倒在地上的他掙扎著問：「你們幹什麼？」

他聽到一個人說：「你別害怕，我們哥兒幾個就是想弄點錢，你只要聽話，待會兒就放你走。」

原來是為了求財，胡志遠安心了幾分，不再掙扎。一個男人過來搜了胡志遠的衣服，搜出一個黑色錢包和一支手機，打開一看，錢包裡有兩千多元現金和幾張提款卡。

男人湊到胡志遠耳邊，壓低了聲音問：「提款卡裡有多少錢？」

「不到兩萬。」還沒等他詢問，胡志遠就主動說出了提款卡密碼，「別傷害那個女的，你要錢我給你就是。」

胡志遠惜命，非常配合，可沒想到這句話說出口，房子裡寂靜了幾分。

聽到這句話的趙西濤被戳中了痛處，心裡暗暗罵道：「我女朋友用得著他來關心，這不是明擺著要給我戴綠帽子？」

剛想動手，手裡的電話突然響了，趙西濤摸起手機，摘下胡志遠的頭套，把手機伸到他面前問：「這是誰？」

「我哥。」胡志遠看到面前男人一副陌生的樣貌，老實交代道。

見狀，趙西濤朝旁邊的趙力健使了個眼色，趙力健手中的大砍刀在胡志遠的脖子上輕輕劃了一下，胡志遠嚇得一哆嗦。電話接通了，胡志遠的哥哥問了些蓋房子的細節，胡志遠讓他自己拿主意就行。說完趙西濤掛斷電話，關機，把手機塞進了自己褲兜。

接著，趙西濤去儲藏室裡拿出假髮戴上，又穿上趙有智的一件寬大衣服，進入西側臥室，告訴陳倩倩，自己要去銀行提錢。

「老畢，你去外邊幫我叫輛車。」支走畢建偉後，趙西濤對陳倩倩說：「妳別出這個屋，發生什麼事也和妳無關。」

畢建偉出去後，並沒有幫趙西濤叫車。有件舊事一直梗在他心裡，之前有一次，他們一起偷葡萄，被人逮了個正著，四人落荒而逃，畢建偉身邊正好有輛三輪車，騎上就跑。一口氣竄出去兩千公尺後，畢建偉把車停在路邊，摸出一支菸點上。

糾結了一陣，他一咬牙，掉轉車頭，決定返回去「搭救」其餘三人。拐到果園小道，畢建偉看到前方有輛警車，警燈耀眼，眼看著逃走是很難了，他只好硬著頭皮往前開，沒想到被果園主人認出了自己的三輪車。

人贓俱獲，畢建偉支吾了一陣，沒找到合適的理由，被抓回去辦了保釋，從此留了個案底。因為這事，趙西濤覺得有點虧欠畢建偉，後來有什麼事情都會和他商量。

可畢建偉卻從此多了個心眼。畢建偉出去後，只是在褲襠巷轉了一圈，接著又回到凶宅附近，躲在一處黑暗角落，給趙西濤打了個電話：「附近沒有計程車，我去遠處找找。」不久，畢建偉看到趙西濤推著一輛自行車出了門。

畢建偉和趙西濤離開後，出租屋裡一直很安靜。胡志遠忽然吆喝了聲：「初雪，妳沒事吧？」

陳倩倩沒出聲，趙有智拍了拍胡志遠，警告道：「別惦記人家了，老實點別吆喝。」

大約半小時後，趙西濤騎車返回，進了屋，先給畢建偉打電話說：「老畢，不用找車了，你先回來吧。」

趙西濤告訴其餘三人，他分十一次取了錢，發現胡志遠的兩張卡裡一共只有一萬五千元，少說了四千四百元不說，遠遠不夠三十萬元。

趙西濤恨恨地盯著東側臥室的門，說：「錢太少了，咱還得繼續辦他，這點錢還不夠塞牙縫的。」

他大步走進臥室，嚴厲質問胡志遠，胡志遠縮了縮頭，解釋說最近生意不景氣，他也沒辦法。

「扯謊吧？」趙西濤狠狠打了胡志遠一個耳光，不小心說漏了嘴，「你不是一個月賺三十萬嗎？」

胡志遠沒有察覺到異常，或許是他平時露富太多。他滿臉通紅地說：「兄弟，我真沒錢，不騙你。」

趙西濤撂下一句話：「不拿出二十萬來，你今天走不出這個屋。」

胡志遠哆哆嗦嗦地說，只要把電話給他，他立刻找別人借錢。趙西濤琢磨起來，這時畢建偉突然插了句話，說這麼幹就把事情鬧大了，太危險，不能讓胡志遠打電話借錢，也不能放走他，甚至「絕對不能留活口」。畢建偉主動提出，最好的辦法就是除掉胡志遠。

趙西濤沉默了。剛才的種種在他的腦子裡迅速閃回，他首先想到了自己說漏嘴的那三十萬元。胡志遠有沒有注意到？他不清楚，起碼胡志遠沒有表現出來。

趙西濤又走進臥室，站在胡志遠面前，盯著胡志遠不說話。胡志遠使勁搖起了頭，努力求饒：「你別殺我，別殺我，我肯定不報警。」

胡志遠緊張極了，臉上的驚慌和他們闖進門時胡志遠回頭的表情一模一樣，那時他正舒服地趴在自己臥室的床上，女朋友陳倩倩的手還停在他裸著的背上。

「啪！」一個耳光呼在胡志遠臉上，趙西濤罵道：「你算個什麼玩意兒，敢勾引我老婆。」趙西濤起了殺心。

「不敢了，我再也不敢了。」胡志遠帶著哭腔，一個勁兒地道歉。

趙西濤沒再說話，搬了把椅子坐在胡志遠對面，手裡拿著一個空酒瓶。胡志遠身子發抖，眼淚鼻涕淌到了下巴上。

「這時候知道害怕了，你不是很有錢嗎？光會吹牛！」趙西濤毫無徵兆地舉起酒瓶，用力打在胡志遠頭頂上，啪一聲響徹凶宅，碎裂的酒瓶散落一地。鮮血順著額頭往下淌，從眉角滑落到臉頰，胡志遠被打懵了，哆嗦著嘴唇說不出話。

胡志遠的失蹤案，讓我們直接賠上了五一小長假。那天傍晚快下班的時候，門忽然被推開，大韓領著一個滿臉倦容、還跛著一隻腳的男人走了進來。男人瞇縫著眼，還沒說話就嘆了口氣：「員警同志，我弟弟胡志遠失蹤了。」一口濃濃的河南口音。

男人叫胡志朋，說弟弟從老家回來就失蹤了，不僅關了機，卡裡的錢也沒了。照片上的胡志遠西裝革履，頗有些氣勢，跟哥哥是兩種截然不同的形象。胡志朋說，胡志遠一年前離開老家來這裡做生意，賺了不少，經常往家裡匯錢，是家裡的頂梁柱。

此時的胡志遠，失聯十三天，兩張提款卡的錢被取走，家屬沒有接到任何索要錢財的電話，這些都指向一個危險的訊號——他可能遭遇了綁架，甚至生死未卜。

胡志朋說，弟弟有個生意合夥人叫王偉傑，關係很是密切，胡志遠從老家回來時就是他去接的，中午還把他送去公寓休息，很可能是最後見到胡志遠的人。

不過，我們很快排除了王偉傑的嫌疑，他沒有做案時間。王偉傑向我們提供了胡志遠的公寓地址，那是一處高檔酒店式公寓，面積不大但配套齊全。我們進去查看後發現，胡志遠的房間裡沒有明顯打鬥和翻找的痕跡。床頭還放著一只行李箱，裡面的五千元現金一分不少。

公寓監視器顯示，案發那天晚上六點多，胡志遠獨自離開，步履輕快，邊走邊打電話。這個電話打完沒多久，胡志遠的手機就關了機。關機地點在褲襠巷。

褲襠巷！我心裡緊張一聲，怎麼又是褲襠巷，胡志遠大晚上跑去褲襠巷幹什麼？根據胡志遠的通聯紀錄，我們發現了一個號碼，剛開通，連機主資訊都沒登記。這個號碼只聯繫過胡志遠一個人，而且電話簡訊互動非常頻繁。從胡志遠失蹤的那天晚上十二點開始，那個神祕的手機號同時消失了，關機地點也正是褲襠巷。這個手機號碼顯然是專為聯繫胡志遠準備的，我們懷疑胡志遠是被人盯上並被「釣了魚」。

偵查重心再次回到胡志遠身上，我們繼續圍繞他的社會關係展開調查，重點調查和他有利害關係的人，可是一無所獲。那幾天，褲襠巷周圍方圓十公里內的所有住戶，都被我們一一走訪過。我們人手一份胡志遠的近照，企圖從鄰居們口中找出一點線索，但所有人的答覆一模一樣：從來沒見過這個男人。

就在我們壓力越來越大的時候，對褲襠巷銀行監視器的調查有了新發現。案發那晚十點，一個瘦長臉、高鼻梁、留長髮的人用胡志遠的提款卡取走了錢。那是一張陌生的面孔，穿著一件寬大的衣服，嘴裡叼著菸，眉頭緊皺。從身高和樣貌看，這應該是個男人，可他的頭髮卻是女士波浪鬈長髮。

取錢過程中，那人不時回頭張望，看起來似乎很緊張。

趙西濤已經很難分辨，讓自己真正起殺心的，是胡志遠存款不到兩萬元的提款卡，是自己不小心說漏嘴的那「三十萬」，還是女朋友陳倩倩對胡志遠的袒護。

又或者，只是因為畢建偉的那句提議，讓他鬼使神差地想起了十七歲那年，在一片罪惡的黑松林裡，還未成年的他拿起鋼管，生生敲掉了一個男人的性命。這幾年，他沒跟任何人提過這條人命，包括三個弟兄。

二〇〇八年的夏天，趙西濤只有十七歲，「四大名捕」裡還沒有畢建偉，那時的「鐵手」是同村兒時玩伴趙煥禮。趙西濤和趙煥禮常在電子遊樂場廝混。那天，他倆遊戲打得上癮時，卻發現身上沒錢了。

趙西濤提議去弄點錢花。想來想去，他們打算找個認識的人下手。趙西濤提起他坐過一輛白色計程車，看到司機錢包裡有很多錢。兩人商量，不如就搶這個司機的。

趙西濤讓朋友約來司機林新華，十多分鐘車就到了。趙西濤拿著一把水果刀，跟趙煥禮上了車。他坐在司機身後，盤算著在路上找機會下手。因為途中一直有人和車經過，趙西濤指揮著司機七拐八拐，把車開去了自己租房的地方。

到了地方，趙西濤謊稱下車拿錢，讓司機進屋。剛進去，趙西濤就用被子蒙住他的頭，拿著一把塑膠手槍抵著司機的頭，有模有樣地說：「聽說你向員警報案了？」司機連忙搖頭。

趙西濤提議，司機跟他一起去找大哥對質，如果沒這事就算了，司機毫不猶豫地同意了。司機被帶到趙家村後面的一片黑松林裡，趙西濤謊稱要開車去接大哥，把司機的車鑰匙和手機都要了過來。

趙西濤讓趙煥禮看著司機，自己直接開車去了姥姥家。他想找繩子，只要能捆住司機，就好談條件。可那天不順，他沒找到繩子，便順手拿了一把鐵鍬，開車回到黑松林。

天色漸暗，黑松林裡越來越暗，趙西濤走到距離趙煥禮和司機一百公尺左右的地方停下腳步，用鐵鍬挖了一個七、八十公分深的坑，然後把司機叫了過來。趙西濤用手指著那個挖好的坑，表情十分嚴肅，指使司機蹲進去。司機本能地搖了搖頭。趙西濤語氣變得和緩下來：「沒事，我們只是怕你跑了，你進去等著我大哥來就行。」

司機剛進去蹲下，趙西濤就開始用鐵鍬往坑裡填土，司機沒敢動，但吆喝著問：「你們要把我埋死？」

趙西濤沒有停手，飛揚的泥土不斷朝司機身上、頭上落下。土埋到胸部位置時，司機大喊：「不行了，不行了，我有心臟病，喘不過氣。」他掙扎著從坑裡跳了出來，問：「你大哥怎麼還不來？我還得回家吃飯呢。」

眼見這條路行不通，司機生了疑心，趙西濤急中生智，掏出手機假裝打電話，往遠處走了十來步，然後折返回來告訴司機：「大哥這就快來了，吩咐要我去接他，你老實在這裡等著。」

趙西濤又開車走了，司機沒辦法，車還在趙西濤手裡，他只能在原地等著。十分鐘後，司機的手機鈴聲突然響起。趙煥禮讓司機接了電話，那頭是司機的妻子，問他怎麼還不回家，說飯做好了，自己和女兒都在等著他。

電話那頭傳來小女孩的聲音，興高采烈地說：「爸爸，這次考試我考得不錯，得了獎學金，別忘了之前答應請我吃大餐。」司機笑著說等他回家，說完就掛斷了電話，把手機老實交給了趙煥禮。

或許在他心裡，這兩個毛頭孩子不會做出什麼出格的事情。

趙西濤錯過了這一幕，他徑直開車回家，找出了三根鋼管。再回到黑松林時，整片林子已然和夜幕融為一體，像一隻黑色巨獸。

趙西濤拿著鋼管下了車，向深處走去，剛一見到司機，就拿起鋼管向他打去，一下子把司機打倒在地上。司機哀號著說別打了，趙西濤置之不理，繼續拿著鋼管，直到司機沒了聲音。

趙煥禮蹲下身子，看到他已經不能動彈，嘴裡發出咕嚕咕嚕的聲音。兩人一起拉著司機的手臂，拖進了黑松林，把司機丟到剛剛挖的那個坑裡，又拿過鐵鍬，往坑裡填了些沙土，才放心地離開那裡。

趙西濤開車往鎮上走，手止不住地發抖，但又不可抑制地想，自己可能要有錢了。半道上趙西濤打了個電話，問從事二手車交易的朋友要不要車，車很新。朋友說沒手續費不要，趙西濤直接掛了電話。到家後，趙西濤先把鋼管、鐵鍬放下，然後把車裡裡外外翻了個遍，在駕駛座下面翻出個錢包，可裡面只有兩、三百元。

趙西濤自認為事情辦得還算漂亮，可保險起見，他還是準備跑路，去投奔趙力健和趙有智。離開之前，他從容地把房東的家具和電視運到了自己家，那是趙西濤父母最後一次見到兒子。

那輛計程車則被趙西濤隨意停在一個廣場，車鑰匙也被隨手扔進了垃圾桶。細想想，對自己來說，那個司機遠沒有胡志遠可惡，再殺一個又如何。

趙西濤鐵了心。他指示強壯力大的趙力健進屋，把胡志遠活活悶死。趙力健進屋後，對胡志遠說了句「對不住了」，便隨手拿起一個枕頭，按在了胡志遠臉上。胡志遠拚命掙扎著，卻不見斷氣。

趙西濤又讓趙力健拿著針管往胡志遠右手手背打空氣。空氣進了血管就是一把刀，但胡志遠還是沒死。

趙西濤又想到用刀片割斷胡志遠的血管，讓趙力健臨時去買了三個刀片。趙力健先用刀片劃向胡志遠的脖子，胡志遠大聲喊叫起來，趙力健手一哆嗦，刀片掉在地上。

趙力健又用刀片割向胡志遠的手腕，血液頓時噴濺而出，胡志遠又吆喝了一聲，趙力健心裡害怕，沒再繼續割。

右手已沾滿血跡的趙力健走出臥室，告訴趙西濤：「這個辦法也不行。」

趙西濤有點惱，說四人一起上。四人一起進了屋，畢建偉在胡志遠身後，用手捂住他的嘴和鼻子，趙有智按住胡志遠的腿，趙力健按住胡志遠的肩膀和手臂。

胡志遠開始劇烈反抗，嘴裡發出嗚嗚的聲音，身子也抖動得厲害，他心裡應該很清楚，想活著走出去恐怕是很難了。

「再吆喝就弄死你！」趙西濤掏出隨身攜帶的匕首，朝著胡志遠的左胸部捅了一刀，胡志遠睜大了眼睛，臉憋得發紫。刀子拔出時，鮮血濺到趙有智的手臂上。胡志遠不再吆喝，慢慢閉上眼，手臂也耷拉下來。

眾人鬆開手，胡志遠猛地睜開眼，大聲喊了句：「初雪！」胡志遠的喊叫再次刺激到趙西濤，他拿起砍刀，朝胡志遠脖子右側狠狠砍了一刀，勢大力沉，胡志遠連同椅子一起倒在地上，鮮血從脖子上汩汩地冒了出來。

側倒在地上後，胡志遠扭動著身子，掙扎著抬頭，嘴裡發出哼哧哼哧的聲音。四人就在旁邊靜靜地看著，像圍觀一隻被放血的雞。

四、五分鐘後，胡志遠再也沒有動靜，頭耷拉在地上，底下一灘血。胡志遠的眼睜得很大，死不瞑目。

擦洗血跡、抬屍到雜物間、更換胡志遠身上帶血的衣服，四人忙完已是凌晨一點多。

後來，隔壁趙大媽告訴我們，那晚她其實聽到了有人吵架，可她平時見了趙西濤他們都躲得遠遠的。「我可不敢得罪他們，那幾個小夥子肯定住不長久，萬一臨走使個壞，我找誰說去？」

那晚樓上李老頭也沒睡安穩，但他沒多想，也沒下樓看，只是覺得「年輕人愛鬧騰也正常」。

像六年前第一個女租客韓小霞被害的那晚一樣，凶宅的鄰居們都有默契地忽略了凶宅裡的動靜。

在胡志遠消失近一個月的時候，案子陷入僵局。王偉傑被胡志遠的哥哥三天兩頭鬧得沒法，跟我們提起了一件事。

胡志遠好喝酒，還喜歡酒後去一家高檔KTV唱歌，每次都點一個叫初雪的坐檯小姐。初雪年輕貌美身材好，胡志遠總愛提她。可當大韓趕到那家KTV時，主管卻說，初雪已經好多天沒上班了。

大韓打了冷顫，趕忙問：「從哪天開始不上班的？」主管說四月十五日就辭職了。四月十五日，正是胡老闆失蹤的第二天。

主管告訴我們，初雪真名叫陳倩倩，東北人，十九歲。同事立刻要了陳倩倩的電話號碼打過去，卻無法接通。陳倩倩有個關係很好的朋友，她說陳倩倩有一個男朋友，是混社會的，兩人一起租住在褲襠巷。又是褲襠巷。

查了一圈，有人說最近看見陳倩倩出現在城區另一家KTV。同事立刻趕了過去，當晚就看到了陳倩倩。她看上去驚恐極了，同事亮明身分後，陳倩倩支支吾吾，藉口說先去趟洗手間。

在KTV後門，同事攔住了想跑的陳倩倩。偵訊的過程並不順利，陳倩倩明顯心裡有鬼，又打定主意不開口。我們亮出了胡志遠的照片，她只說自己不認識。

我們檢驗了陳倩倩的手機，發現她確實和胡志遠有過聯繫。偵訊室裡的陳倩倩低頭盯著地面，緊閉著嘴，兩條細長的腿緊併在一起，身上有一股淡淡的香水味。

我沒有憐香惜玉，手起針落，陳倩倩修長的手指指尖上冒出了血滴。採血後，陳倩倩的肩膀控制不住地顫抖。陳倩倩開始承認自己認識胡志遠，但只說兩人認識時間很短，而且已經好久沒見面了。

她神情閃躲，顯然在說謊。她的顧慮八成和胡志遠的下落有關。當天晚上我值班，忍不住反覆琢磨這件事。陳倩倩、胡志遠、褲襠巷，這幾個看似不相關的人名、地名，在我腦中不斷纏繞又分離，我試圖找到那根串起一切的線。

不一會兒，同事拿著一串鑰匙來找我，說：「你猜猜這個陳倩倩住在哪裡？」我盯著同事搖搖頭，他笑了笑說：「走吧，咱去褲襠巷。」

深夜的褲襠巷有些冷清，只有三兩家商店還亮著燈。看到凶宅小院的一剎那，過往的事情像放電影一樣在我腦海裡閃過——第一起命案，出事的是女租客韓小霞和她的貓，然後是第二起，買下凶宅養狗的「小巷女王」王雲香。

這時，一個男人從凶宅的陰影裡走出來迎我們，我認出他是凶宅房東的兒子。幾年前，他母親王雲香被殺時，我們曾見過兩次，但他沒認出我。

我推開大鐵門走進院子，上次來時這裡還被五十多隻狗占據著，現在，狗和狗窩都不見了，院子裡顯得空落落的。無花果樹枝繁葉茂，忽然，黑暗中躥出一隻貓，眼睛發著光。牠張開嘴朝我叫了一聲，然後順著院子裡的雜物攀上了牆頭。我渾身寒毛都豎起來了，突然竄出來的貓和當年從地裡挖出的韓小霞的那隻簡直一模一樣。

打開房門，我跟隨痕檢技術員進了屋，一股潮濕發霉的氣息一下衝進我的鼻腔。燈光昏暗，依稀能看出屋裡很整潔，但擺設變化很大，房子比以前更空了。

我們在屋裡轉了一圈，很快就發現不對勁。東側臥室開著門，裡面一張靠牆擺放的單人床旁邊，地面上有一處一公分見方的紅點，不仔細看很難發現。

我對這間東側臥室印象很深，六年前，也是在這間臥室的床板下，我發現了那處確定韓小霞在家中遇害的關鍵血滴。一年前，穿著大紅衣服的王雲香倒在床上，四周的黑暗裡，都是不吠一聲卻緊盯著她和我的狗眼睛。

而此刻，床南一張木質長椅的腿上也有少許噴濺狀疑似血痕。西側臥室關著門，裡面有一個壁櫥，我們在一堆衣服下面發現了一個棕色的假髮頭套，髮長十六公分，同監視器裡那個男人戴的一模一樣。

臥室裡還有個暗間，地面上同樣有滴落狀疑似血痕。門後牆角處有四塊碎玻璃，每塊玻璃上也都沾著血——儼然一副案發現場的模樣。

我們把血痕一一採了樣，只等ＤＮＡ比對出那個我預想中的結果。證據面前，陳倩倩不再抵賴，捂著臉哭起來，對我們說：「員警叔叔，我年輕不懂事。」陳倩倩供述，是她的男朋友趙西濤等人綁架了胡志遠，她並不清楚具體的過程。

當天下午，專案組兵分三路，對「四大名捕」進行抓捕，當晚四人全部歸案。

偵訊一開始，四人嘴都挺硬，可我們並不犯愁，嫌疑人眾多對偵訊來說是件好事，更何況我們已經從陳倩倩那裡找到了突破口。

熬了半宿，趙力健首先扛不住了，他嚷嚷著肚子餓了，最先倒了。後來，五個人「咬來咬去」，但彼此印證之下，還是還原了褲襠巷凶宅第三案的全部經過。

趙西濤為了拖延時間，不惜供出十七歲時那起命案。我們當天就聯繫了他老家的公安局，專案組立刻趕了過去。

三年了，那名司機活不見人死不見屍，司機妻女一直生活在各種傳言中，艱辛度日卻一直不願相信他被人害了。在當地法醫配合下，我們在黑松林裡挖出一具白骨化屍體和一些衣物。

看到黑色短袖T恤衫和黑色襻帶式皮涼鞋的那刻，司機妻子癱坐在地上，淚流滿面。DNA檢驗鑑定結果證實，死者正是司機本人。

後來，刑警隊的同事押著「四大名捕」去指認凶宅的命案現場，褲襠巷饅頭鋪的老闆看到後驚訝極了。有次夜裡，他家的饅頭店失火，恰好「四大名捕」從外面回來，還上前幫著滅火。畢建偉的眉毛都被燒了個乾淨。

「我一直以為這幾個小夥子是好人。」饅頭店老闆說。

一年半後法院宣判，趙西濤被判死刑，其他三人被判死緩或無期，陳倩倩判刑十一年。參與殺死司機的趙煥禮事隔多年後也被抓回，判刑十三年。

至此，三起命案，舊案新案齊齊告一段落。與那棟四層小樓有關的所有過往是非似乎隨著時間漸漸平息，褲襠巷要拆遷的消息傳得沸沸揚揚，卻始終沒見有動靜。

凶宅依然完好地佇立在路的盡頭，像一處歷經磨難的遺跡，提醒著周圍的居民這裡曾經發生過的事，也不時給那些帶著歪邪心思投去目光的人一點威懾。

這世上從來就沒有什麼凶宅，有的只是一些無法控制自己惡念的人。從那以後很久，我沒再因「工作」進過凶宅。

前段時間，為了調查一起案子，我又去過一次褲襠巷。路過凶宅的時候，我看到院牆上又爬滿了鬱鬱蔥蔥的爬山虎，兩棵無花果樹依舊挺拔蒼鬱，凶宅像變了模樣，裡裡外外一派生機。

一問才知道，這裡新住進四個小夥子，他們是一家裝修公司的員工，平時很安分，也很少和周圍鄰居打交道。

我不知道他們是否了解凶宅的過去，但我真心地希望，那些帶血的過往能夠給後來人一些警示，讓他們能安穩地長久住下去。

我還記得那天，痕檢技術員鄭重地關上凶宅那扇老舊的大鐵門，落鎖那一刻，我渾身一震，像是所有的惡念、惡行都被牢牢鎖住了。

但願，褲襠巷再無凶宅，這座城市再無凶宅。

國家圖書館出版品預行編目資料

我的骨頭會說話：法醫真實探案手記 2/ 劉八百作 . --
初版 . -- 臺北市：三采文化股份有限公司, 2023.12
面； 公分 . --（Focus；106）
ISBN 978-626-358-225-5（平裝）

1.CST: 法醫學 2.CST: 鑑識 3.CST: 個案研究 4.CST: 中國

586.66 112017390

◎封面圖片提供：
PixieMe - stock.adobe.com
iStock.com / Vladi333

FOCUS 106

我的骨頭會說話

法醫真實探案手記 2

作者｜劉八百
編輯二部 總編輯、選書編輯｜鄭微宣 主編｜李媁婷 美術主編｜藍秀婷
封面設計｜李蕙雲 內頁排版｜陳佩君 校對｜黃薇霓 版權副理｜杜曉涵

發行人｜張輝明 總編輯長｜曾雅青 發行所｜三采文化股份有限公司
地址｜台北市內湖區瑞光路 513 巷 33 號 8 樓
傳訊｜TEL：（02）8797-1234 FAX：（02）8797-1688 網址｜www.suncolor.com.tw
郵政劃撥｜帳號：14319060 戶名：三采文化股份有限公司
本版發行｜2023 年 12 月 8 日 定價｜NT$420